“十二五”国家重点图书出版规划项目
非洲城市化建设实证研究丛书/甄峰主编

国家自然科学基金项目(编号:41171139、41130747、40410204130、40201018)
陕西省“百人计划”陕西师范大学特聘教授项目资助(编号:999705、993743)

非洲城市交通发展战略与规划

曹小曙　李　涛　黄晓燕　张　爽　刘夏琼　编著

东南大学出版社
SOUTHEAST UNIVERSITY PRESS
南京·2015

内容提要

非洲自主城市化的不断发展与低质量的城市机动性之间的矛盾已经成为未来非洲城市可持续发展的主要障碍。本书围绕城市可持续交通这一核心主题，对非洲城市交通发展问题进行了系统梳理。首先，总结了城市交通与城市空间发展的理论与方法，特别是小汽车交通与城市发展的关系；其次，系统论述了非洲区域的经济社会与交通发展，针对不同区域对城市交通发展进行了介绍，选取拉各斯和约翰内斯堡为案例，对其在公共交通发展和管理方面的经验进行了论述；最后，以世界城市轨道交通的发展规律与特征为基础，提出了未来非洲可持续城市化及交通发展的战略方向。

本书旨在为政府部门、科研单位以及专家学者参与非洲城市发展的相关工作提供参考和借鉴。

图书在版编目(CIP)数据

非洲城市交通发展战略与规划/曹小曙等编著. —南京：东南大学出版社，2015.9

(非洲城市化建设实证研究丛书/甄峰主编)

ISBN 978-7-5641-6035-7

Ⅰ.①非… Ⅱ.①曹… Ⅲ.①城市交通—交通运输发展—研究—非洲 ②城市交通—交通规划—研究—非洲 Ⅳ.①F574 ②U491.1

中国版本图书馆 CIP 数据核字(2015)第 223082 号

书　　名：非洲城市交通发展战略与规划
编 著 者：曹小曙 等
责任编辑：孙惠玉　徐步政　　　编辑邮箱：894456253@qq.com
文字编辑：莫凌燕

出版发行：东南大学出版社
社　　址：南京市四牌楼 2 号　　　邮　　编：210096
网　　址：http://www.seupress.com
出 版 人：江建中

印　　刷：江苏凤凰数码印务有限公司
排　　版：南京新翰博图文制作有限公司
开　　本：787 mm×1092 mm　1/16　　印张：13.25　　字数：267千
版 印 次：2015 年 9 月第 1 版　　2015 年 9 月第 1 次印刷
书　　号：ISBN 978-7-5641-6035-7
定　　价：39.00 元

经　　销：全国各地新华书店
发行热线：025-83790519　83791830

引言

人类的特殊本领之一，就是不但他本身能够从一个地方移动到另一个地方，并且能使其他物体同样发生移动。城市交通的出现便是人类这种本领的具体体现。交通作为人类社会发展进程中的一个基本要求，其本质是能够克服时空障碍将人与物资从一个地点移送到另一个地点，是“人和物的运输和流通”。虽然要对城市下一个定义是比较困难的事情，但城市在空间上集中的表现却是体现在交通能力上。现代的城市交通已远远超过交通本身的含义，涵盖了经济、社会、文化、政治、生态等与人类社会相关联的众多方面。

城市交通系统的发展有助于塑造城市形态，改变城市的空间结构。在西方发达国家，密集的、混合功能的“步行城市”在 19 世纪中期占据着主导地位。随着工业革命而出现了“公共交通城市”，它是一种建立在交通通道基础上的城市形式。20 世纪 40 年代开始出现分散的、使用汽油的“汽车城市”。20 世纪 40 年代以后，能源价格的下跌和小汽车保有量的增加使西方城市发生了较大变化。小汽车的使用大大扩大了城市地区的规模，城市密度越来越低，出行距离增加，人们对小汽车的依赖越来越强。因此，一旦选择了占主导地位的交通方式，城市化形成也就随之确定了。20 世纪 80 年代以来，由于西方发达国家的城市一方面在小汽车使用上的增长区域平稳甚至下降，另一方面城市公共交通的发展均处于增长状态，所以小汽车交通对城市空间结构的影响也趋于稳定。

目前西方发达国家城市已进入后汽车时代。由于发达国家在 20 世纪最后几年完成了向后工业经济和社会的转变，因此内城区的移动方式将继续适应其地理环境。随着内城区的位置成本的平均化，非经济力量形成了高技术（其他也如此）活动的分布。20 世纪最重要的城市交通运输挑战集中在多中心且分散的城市区域人口的移动效率上。新的公共交通运输系统的建设仍然被作为一种可能解决都市交通运输问题的途径而继续着。

20 世纪 90 年代以来，小汽车在中国开始大规模出现。进入 21 世纪，随着中国汽车市场的全面开放和国内汽车产业的快速发展，小汽车供应量大为增加、价格大幅下降，中国政府采取了一系列鼓励小汽车进入家庭的政策，私人小汽车拥有量快速增长。快速增长的小汽车交通给中国的城市规划与建设带来了巨大的挑战。西方发达国家小汽车普及过程所造成的社会分化与环境污染以及对城市空间发展的影响在中国也逐步显现出来。

小汽车交通就个人角度而言，是一种具有舒适、快捷、个性、私密等优点的交通方式。从经济角度来看，小汽车消费的增长，不仅给作为中国支柱产业之一的汽车产业带来发展，还将带动众多相关产业的迅速发展。与此同时，越来越多的小汽车的出现，将更加导致城市道路交通堵塞、交通事故增加，导致城市空气质量下降、噪音污染严重、城市环境恶化。随着小汽车在中国大城市家庭中的逐渐普及，小汽车出行开始在居民出行结构中的比例日益加大。根据对小汽车出行者个体行为特征的调查，发现多数家庭购车是在经济条件允许的情况下以提高出行质量为目的的，而公共交通的服务水平充足与否对小汽车的购买和使用影响甚微。小汽车使用一旦超过两年，其自身属性将由奢侈品转变为生活必需品，其使用水平也将居高不下，因此单纯依靠公共交通自身的改善很难提高吸引力。

小汽车增长速度明显快于城市空间的变化过程，因此，目前中国小汽车交通与城市空间的发展正处于混沌复杂的状态之中。原有以公共交通和自行车交通为主的旧城区，道路和停车场所的空间不够，对小汽车交通具有明显的抑制作用，在出行结构中小汽车出行比例远低于步行与公共交通。如要适应小汽车的发展，必须对旧城区进行全面改造与拆除重建，形成依附型小汽车交通社区。当然城市旧城区是否要适应小汽车交通，有待商榷。城市新城区的道路空间较大，停车方式多元，小汽车平均拥有率及出行所占比例明显高于旧城区，形成功能型小汽车交通社区。小汽车交通与城市空间发展的相互影响将有一个长时期的存在与变化。

迄今为止的人类历史，是以西方文明和东方文明之间的相互赶超为主线展开的。虽然我们的发展并不是完全按照西方的模式在进行，但不可否认的是众多涉及技术变革的发展依然是沿袭了西方的发展模式，也许未来非洲的发展也不例外。按照伊恩·莫里斯的观点，生物学与社会学能解释全球范围内的相似之处，而地理学则能解释区域差异。地理因素决定了社会发展脚步在世界什么地方最快，而社会发展又改变了地理的意义。中国对非洲的影响是显而易见的，中国的到来营造了一种竞争环境，使非洲国家不再仅仅依靠西方国家，中国的作用在于提升了非洲在世界经济中的战略地位。中国的巨大发展以及由此带来的贫困人口的减少，引发了这些发展中国家的极大兴趣，他们想知道中国会为他们提供哪些经验和教训。与西方国家对非洲的"瓜分"不同，中国对非洲的介入并未产生大的矛盾，与欧洲殖民者相比，中国一直是非洲发展的坚定支持者。我们不但要了解非洲的经济发展过程，也要了解它的历史、政治、文化和传统。否则，我们将陷于盲人摸象的过程，根本无法对其发展发挥真正的作用。中国政府提出将与非洲合作建设非洲高速铁路网、高速公路网和区域航空网络的蓝图，是可以改变非洲地理可达性的重要举措，而作为这些网络组成节点的城市又有着举足轻重的意义。

技术的变革作用常常被作为决定城市空间发展的关键，像马力驱动向蒸汽动力以及后来向汽油驱动或者更近的新远程通讯系统的转变一样。19 世纪对主要的铁路公司的控制可以影响整个城市发展的强大的政治权力。到了 20 世纪要反抗比他们更有权势的政治说客——汽车制造企业，因为这些企业能够取消一些城市开发中公共交通系统的有限权，从而确保巨大的汽车需求。城市交通系统的不断改进、资本主义经济的周期性增长均促进了相应的城市增长，使现代城市具有了一系列不规则的明显的郊区地带。现代城市可以被看作是经济组织变革的产物，反映了隐含于这些变化中的社会关系受盛行的主导交通方式的影响，并且不断地被根植于时代主导精神的公共政策与个人生活方式所再塑。

目录

引言 …… 1

1 城市交通与城市空间发展 …… 1
1.1 城市交通运输发展 …… 1
1.1.1 城市交通运输核心概念 …… 1
1.1.2 城市交通运输与城市空间演化 …… 2
1.1.3 城市居民出行与城市物流 …… 4
1.1.4 城市交通问题及相关政策 …… 5
1.2 城市交通对居住空间影响研究 …… 5
1.2.1 国外相关研究 …… 6
1.2.2 国内相关研究 …… 8
1.3 城市小汽车拥有及使用决策 …… 10
1.3.1 城市小汽车拥有及使用决策理论研究基础 …… 11
1.3.2 城市小汽车拥有及使用特征与影响因素 …… 12
1.3.3 城市小汽车拥有及使用决策的模型方法 …… 17
1.3.4 结语 …… 20

2 非洲区域与交通发展 …… 22
2.1 非洲区域发展 …… 22
2.1.1 区域一体化 …… 22
2.1.2 区域经济共同体 …… 23
2.2 经济社会发展 …… 29
2.2.1 区域贸易 …… 29
2.2.2 区域人口变化 …… 32
2.2.3 社会经济发展特征 …… 36
2.2.4 面临的主要挑战 …… 41
2.3 区域交通发展 …… 45
2.3.1 公路运输 …… 46
2.3.2 铁路运输 …… 51
2.3.3 航空运输 …… 60
2.3.4 海洋运输 …… 67

3 非洲城市交通分区发展 …… 72
3.1 东部非洲城市交通发展 …… 74
3.1.1 布隆迪、科摩罗、卢旺达、索马里 …… 74
3.1.2 吉布提、厄立特里亚、埃塞俄比亚、肯尼亚、塞舌尔、坦桑尼亚、乌干达 …… 76
3.2 西部非洲城市交通发展 …… 83
3.2.1 贝宁、布基纳法索、加纳、几内亚比绍、利比亚、马里、尼日尔、塞内加尔、多哥 …… 83
3.2.2 佛得角、科特迪瓦、冈比亚、几内亚、尼日利亚、塞拉利昂 …… 91
3.3 中部非洲城市交通发展 …… 97
3.3.1 喀麦隆、加蓬 …… 97
3.3.2 中非、乍得、刚果(布)、刚果(金)、赤道几内亚 …… 99
3.4 南部非洲城市交通发展 …… 102
3.4.1 安哥拉、博茨瓦纳、马拉维、毛里求斯、纳米比亚、南非、赞比亚、津巴布韦 …… 102
3.4.2 莱索托、马达加斯加、莫桑比克、斯威士兰 …… 109

4 非洲城市交通发展实践案例——拉各斯与约翰内斯堡 …… 113
4.1 公共交通主导型模式——拉各斯 …… 113
4.1.1 拉各斯城市道路交通系统 …… 113
4.1.2 拉各斯城市交通出行结构 …… 116
4.1.3 拉各斯城市快速公共交通和轨道交通系统 …… 119
4.2 轨道交通主导型模式——约翰内斯堡 …… 125
4.2.1 社会经济发展和政策规划背景 …… 125
4.2.2 城市道路系统和出行结构 …… 126
4.2.3 快速公共交通系统实践 …… 130
4.2.4 轨道交通为主的公共交通系统改革 …… 133

5 全球城市交通发展与非洲可持续城市化 …… 137
5.1 全球城市交通与气候变化:发展中国家的角色 …… 137
5.2 世界城市轨道交通发展规律 …… 138
5.2.1 世界城市地铁建设的空间网络特征和影响因素 …… 138
5.2.2 世界城际轨道交通的发展规律 …… 146
5.3 世界轨道交通站点及其周边地区发展 …… 151
5.3.1 火车站地区土地利用结构和形态 …… 152

5.3.2 火车站与地区经济社会发展 …… 153
5.3.3 火车站地区与城市空间结构 …… 154
5.4 非洲城市化发展 …… 155
5.4.1 非洲城市化发展历程 …… 155
5.4.2 非洲城市化发展主要特征 …… 157
5.4.3 非洲城市化发展趋势 …… 162
5.5 非洲城市可持续交通战略 …… 164
5.5.1 非洲可持续城市交通的挑战 …… 164
5.5.2 非洲城市交通可持续发展战略选择 …… 167

6 结语 …… 173

参考文献 …… 176
图片来源 …… 199
表格来源 …… 201

1 城市交通与城市空间发展

交通作为人类社会发展进程中的一个基本要求，其本质是能够克服时空障碍将人与物资从一个地点移送到另一个地点。虽然要对城市下一个定义是比较困难的事情，但城市在空间上集中的表现却是体现在交通能力上。城市交通是城市的重要组成和支撑部分，它的发展与城市社会、经济、环境的发展密切相关。现代的城市交通已远远超过交通本身的含义，已涵盖了经济、社会、文化、政治、生态等与人类社会相关联的众多方面。虽然全球各个区域与城市的发展不尽一致，但人们的本质目的是一致的，就是为城市交通发展寻求一条合理、高效的途径与道路。

1.1 城市交通运输发展

1.1.1 城市交通运输核心概念

城市交通运输的发展始终围绕着几个重要的核心概念展开，包括通达性与机动性（Accessibility & Mobility）、居住与工作方式（Residential & Employment Patterns）、公平性（Equity）。

通达性是指在确定的距离或出行时间内到达活动场所机会的多少。通达性概念最早由汉森（Hansen）提出，他将其定义为相互作用机会的潜力大小，国内学者也称通达性为可达性、易达性。通达性是目前国际交通运输地理的研究热点之一。机动性是指在不同的活动场所之间移动的能力。城市通达性与机动性的研究与城市交通系统及其自身发展、社会文化的交流密切相关，同时与土地使用方式紧密联系在一起。交通运输与土地使用的共生关系是地理学家对城市交通运输感兴趣的重要原因。

居住与工作是城市区域内的主要活动方式，城市居住方式与工作方式的变化与社会变化紧密联系。社会变化如老年人口、外来移民增加、收入悬殊加剧、信息技术发展以及工作地点等变化对城市交通运输发展会产生影响。人口在空间上的变化、住户类型的变化（涉及年龄、贫富、性别等）、工作方式的变化均与城市交通运输紧密联系在一起。所以居住与工作方式始终是城市交通运输地理学研究的焦点。

城市交通运输对城市生活结构的重要性在很大程度上体现了社会公平问题，所以在城市交通运输地理的研究中始终贯穿着公正性这个概念。城市交通使用的缺乏会造成社会排斥。空间上的排斥通常发生在低密度地区，那里的公共交通运行在经济上缺乏可行性，或者发生在城市周边地区，那里的服务设施不完善或是需求大于供给；时间上的排斥牵涉到的问题主要是针对夜晚出行者，他们或者是很早出门，或者是周末外出，那时公共交通服务往往没有或者不充足；造成个体排斥主要是因为性别、年龄、种族背景、疾病或残疾等个人特点；经济上造成排斥是指人们没有能力来支付交通费用。

上述几个核心概念间存在相互紧密的联系（图 1-1）。移动水平和约束性的范围主要是依赖于出行个人因素，例如健康、金融资源和交通基础设施的应用。每个人的生活圈在不同的阶段都经历不同的机会和需求。实际目前的移动性由个人的移动能力所决定，移动能力又由个人资源和交通基础设施所决定，个人资源和基础设施又与区位是紧密联系在一起的。这一切的综合又体现着社会的公平性。

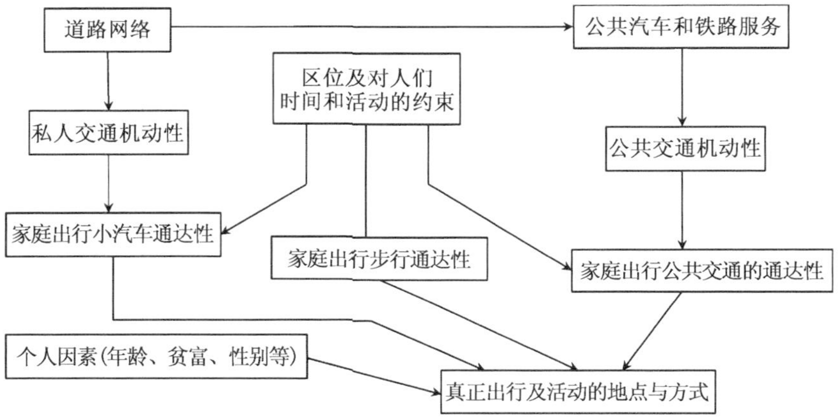

图 1-1　通达性—机动性—个人出行相互关系的基本组成

1.1.2　城市交通运输与城市空间演化

城市的结构、城市的大小及其扩展、城市的生活方式及特点全都是由城市交通系统的性质和服务质量来决定的。

1）城市交通运输与城市形态及空间结构

城市作为区域的中心，其与区域及区域外的物质联系主要依靠对外交通来实现，因此，城市交通的发展促进城市空间扩展并改变城市外部形态。从历史上看，城市交通系统的发展有助于塑造城市形态。在西方发达国家，密集的、混合功能的“步行城市”在 19 世纪中期占据着主导地位；随着工业革命而出现了“公共交通城市”，它是建立在交通通道基础上的一种城市形式；在 20 世纪 40 年代开始出现分散的、使用汽油的“汽车城市”。经典城市地理学理论中，在不同的城市交通方式的影响下西方城市空间结构大致经历了紧凑混杂、扇形辐射、多核分化等各异的时段。

20 世纪 40 年代以后，能源价格的下跌和小汽车保有量的增加使西方城市发生了较大变化。小汽车的使用大大扩大了城市地区的规模，能为承担起费用的人提供便利，使各种活动相互间的距离扩大，同时零售业（免下车商店、超大型自助市场、郊外购物中心）、集中就业和新住宅区的开发与建设也鼓励了小汽车的使用，甚至使其成为必要的交通工具。城市密度越来越低，出行距离在不断增加，公共交通线路覆盖的人数减少，其结果是，对小汽车的依赖越来越强。小汽车在西方城市郊区化的发展进程中起到了重要的作用，它为中产阶级打开了通向郊区的大门，这是小汽车对城市内部空间结构最突出的推动作用。

虽然西方发达国家随着城市的日益繁荣，一方面人们对小汽车的依赖程度与日俱增，而另一方面城市的人口密度越来越小，这已成为城市发展的一般趋势，但近 20 年来在许多富裕的城市出现了密度增长的情况，另外使用公共交通、依靠步行或自行车的人数增加了，而乘小汽车出行的人数减少了。由于西方发达国家的城市一方面在小汽车使用上的增长趋于平稳甚至下降，另一方面城市公共交通的发展均处于增长状态，所以小汽车交通对城市空间结构的影响也趋于稳定。学术界的研究重点转向更多关注小汽车的使用政策以及私人小汽车与公共交通的平衡对城市空间的影响方面，因为主流的城市运输方式对城市结构和形态具有重要的约束和引导作用。

20 世纪 90 年代以来，中国学者开始重视城市交通系统对城市空间结构的影响。他们认为交通技术创新对城市空间形态演变具有不可替代的作用，道路交通系统的调整对城市空间结构、城市规模、城市发展起到重大的决定作用。中国城市必须建立公共交通导向的以中央商务区（CBD）为中心、沿着放射状的公共交通线站点为次中心的、疏密相间的多中心城市空间结构模式，特别是轨道交通线网的不同模式直接影响城市空间形态的扩展模式。

近年来信息技术为交通技术及交通方式带来了革命性的变化。智能交通系统（ITS）与智慧城市交通的出现就是明显的证据。通过利用先进的计算机处理技术、信息技术、数据通讯传输技术及电子自动控制技术等，智能交通系统提高了整个城市交通系统的运行能力及管理水平，同时也影响着城市的空间发展与变化。新技术新方法的应用也是城市交通研究中的重点。除了定量方法与模型模拟以外，地理信息系统（GIS）是将支持城市交通运输分析的诸多方面的信息集成起来的一种有效的方法，并能达到数据管理、空间分析和地图显示的目的，而城市交通运输地理对此研究相对薄弱。

2）城市交通运输与土地利用

城市交通运输的特征决定了通达性，即从一个地方迁移到另一个地方的便捷性，而通达性又反过来影响土地的利用类型。城市交通运输与土地利用之间的关系是一种循环的作用与反作用的关系。土地利用结构决定了城市内交通运输的需求，而道路及交通设施的改善又反过来改变了土地利用的强度和模式。

城市交通运输的发展影响到土地需求总量和需求结构的变化，也影响到土地的价格。城市交通运输不仅为固定的出行量提供运输服务，而且其本身也会产生新的交通需求，并引导城市的土地使用。城市交通设施的改进使城市向外扩张成为可能，城市建设用地不断扩大。城市交通设施沿线及附近的土地空间通达性的提高，会引起土地价格的上涨，特别是中国目前轨道交通系统的建设更是如此。土地价格的升高使土地的开发强度提高，进而引起使用功能在空间上的重新选择，促使各类建设用地的数量发生变化和空间重新分布。城市交通系统引导土地开发利用，引起用地布局特征的变化，进而影响城市空间格局。交通线路的布局和分布格局改变了城市居民的住宅空间结构和居民住宅区位的再选择行为。

城市土地使用方式要求有相应的城市交通运输系统与之相适应。城市土地开发密度的高低会影响单位面积上的交通量，因此相应地需要高效的交通运输设施来适应。城市土地利用布局决定了城市交通运输的发展模式，包括交通发生的强度、交通转换的发生频度等。

1.1.3　城市居民出行与城市物流

1）城市居民出行

城市交通运输在研究交通系统与土地利用关系时引入居民出行研究，包括对移动者的属性研究及其活动的地域研究。城市交通运输地理目前集中在对居民出行行为的研究，包括城市通勤活动、购物活动、休闲活动及迁居活动等的时空结构研究等，具体为居民出行行为、居民时间利用特征与时空间结构、通勤活动及其时空间结构、购物活动及其时空间结构、休闲活动及其时空间结构、城市内部人口迁移与居住空间郊区化等方面。西方国家对此的研究更为细化，如女性的时间空间行为特征及公共交通对女性的制约等。

20 世纪 60 年代西方国家的居民出行研究进入非聚合出行方式阶段。城市的聚合出行模型是一个使用区域而非个人作为基本分析单元的模型。此区域可以是城市的地理亚区，如人口调查区或城市街区，用以估计从不同区位到其服务市场之间距离总覆盖的方法。该模型一般用于个体参与各种活动所产生的所有出行的集合，包括了出行发生模型、出行分配模型、方式分离模型与路线选择模型。聚合出行模型适合规模较大、范围较广的城市交通运输研究，其目的是总体考察城市交通运输系统的运行。

非聚合出行模型是把个人或者家庭作为分析单元，而不是以区域为分析单元。其主要研究个人活动，即个人的日常生活，而不是研究两个区域之间的流动。其研究的主要数据包括：个人出行活动方式、个人出行活动特征、个人出行决策的城市环境。城市交通运输地理的研究集中在影响出行的个人和家庭特征，如收入、性别、工作地位、年龄、职业、家庭成分等多方面。

2）城市物流及货运交通

城市物流及货运交通在城市交通运输地理研究中属于相对薄弱的环节。城市物流及货运交通具有非常重要的作用，是维持人们日常生活方式的基础，在城市商业服务及贸易活动中起到重要作用，同时在维持城市在区域中的竞争力方面也有不可替代的作用。物流和货物运输的总成本是经济效益的指示，对区域商品消费成本的影响较大。城市物流及货运交通对城市环境产生重要的影响，如污染、噪音和显而易见的侵扰等。经济影响方面，如造成拥挤、资源浪费等；环境影响方面，如污染物的排放、石油和土地等不可再生资源的大量使用、轮胎等大量废物的丢弃；社会影响方面，如污染气体的排放影响公众健康、交通事故造成的伤害与死亡、生活质量的降低等。

目前国际上对城市物流及货运交通的主要研究视角有三个方面：城市物流及货运交通在维持城市经济活力中的重要性；城市物流及货运交通在城市发展中所带来的负面效应；城市物流及货运交通的可持续发展战略、手段与措施等。国内地理学界对城市物流及货运交通的关注较少。

1.1.4 城市交通问题及相关政策

城市交通问题的研究是目前国内外学者所较多关注的。其研究内容包括交通移动、交通事故、公共交通、停车问题、步行者的困难、环境影响等方面。城市交通运输地理的研究主要包括交通安全和交通阻塞两个方面。城市在经济迅速发展的同时也给城市交通带来了巨大的压力，大中城市普遍存在着道路拥挤、车辆堵塞、交通秩序混乱的状态，如果不能及时得到有效的解决，必将对城市经济的持续发展构成威胁。

城市交通运输是一个必不可少的层次较高的政策主题，这是因为交通运输活动本身代表着大量资金。城市交通运输基础设施巨大，并且这些设施影响着社区生活的质量，除了为就业、货物、服务以及社会活动提供运输通道以外，城市交通运输系统还是城市空气污染最重要的来源。城市交通运输系统是由相互关联的公共和私有资源组成的网络，网络之中存在各种利益主体，城市交通运输系统的政策策略实际是关于成本和利润的分配政策。如城市交通运输堵塞定价，它带来的是出行者支付交通运输服务费方式的基本变化。

城市交通政策的研究包括了下述几个方面：城市公共交通运输政策；交通运输投资对土地利用的影响政策；运输与能源；城市交通运输的公正性，有资金平等权、利益平等权、财政公正、运输津贴、服务的平等权等；城市交通运输的环境影响，如噪音、空气质量、城市交通的可视影响等。

1.2 城市交通对居住空间影响研究

随着城市人口、经济的持续增长，居住日渐成为城市居民的主要消费热点，而城市化和机动化进程的加快使得城市交通问题日益突出，如何处理好居住和交通发展的关系引起了理论界、规划界和政府部门的高度重视。

1.2.1 国外相关研究

1）城市交通对住房价值的影响研究

西方城市交通对土地价值的影响研究可以追溯到冯·杜能19世纪初对农业土地利用圈层结构的研究。他将农业生产方式的配置与距城市的距离联系起来，阐明了交通系统对农业土地利用区位的重要作用。阿朗索提出的地租理论，从土地区位和租金的角度进一步论述了城市交通系统与土地价值之间的密切联系。20世纪70年代以后城市交通对住房价值的影响研究逐步深入，相关学者从不同角度对其进行了大量的论述。

城市轨道交通对住房价值的影响作为该领域的研究重点和热点，其内容主要集中在轨道交通对住房价值影响的区域性、时效性等方面。

城市轨道交通对附近地区的住房价值具有一定的影响，就这种影响产生的机制而言，一些研究者认为是轨道交通资本化所致，即轨道交通产生的正负外部性通过内部机制转化为附近地区的住房价值，进而对其产生积极、不明显或消极的影响。鲍斯和伊兰费尔德（Bowes et al，2001）在评述前人研究的基础上指出，城市轨道交通对附近住房价值的影响是通达性改善、社区商业吸引等正外部性和社会因素（噪音、空气污染、震动、交通拥挤、社区犯罪吸引、景观等）等负外部性综合作用的结果。其对亚特兰大地铁系统（MARTA）的实证研究显示，紧邻站点地段（1/4英里）（1英里≈1 609.344 m）因负外部性影响大于正外部性房地产售价比3英里范围以外低19%，而距站点1—3英里范围的房地产因负外部性影响的显著降低其售价明显高于更远距离范围内的房地产。

国外学者就城市轨道交通对住房价值的影响研究非常强调区域性，对其的研究也相对较多，总的来看，主要侧重于轨道站点对住房价值的影响研究，重点研究与同一站点的距离不同、站点所处的区位不同时其对住房价值的影响。轨道站点的影响范围并不是无限的，大多数研究表明轨道站点的影响半径一般在1 600 m左右，其中800 m距离内站点对住房价值的影响尤为显著。而且与站点距离不同对住房价值的影响也有所不同，对此许多研究者从实证的角度运用定量方法进行了大量的个案研究。大多数研究表明，距站点远近对住房价值具有显著影响，仅少量研究显示影响不明显。研究者们发现，在站点附近（400—1 000 m范围内），住房价格与距站点的远近呈负相关，越接近车站住房价格越高，但在紧靠车站附近（400 m范围内），由于噪音、拥挤等原因，住房价格有所下降，且住房价格与距站点的距离成正相关。就站点所处的区位差异对住房价值的影响而言，现有文献主要是从站点距市中心的远近、站点所处区位的社区特征等方面进行分析，通常距市中心的距离不同，轨道站点对房价的影响也不同，距市中心越远，其对房价的影响越大。麦克唐纳和欧休吉（McDonald et al，1995）发现，站点距商业区每增加1

英里，其附近的居住用地价值约上升 1.9%。社区的收入水平不同，站点对房价的影响亦有所不同，一部分学者认为这种影响在高收入社区比低收入社区更大；而另一部分学者则认为由于低收入居民对公共交通较强的依赖性，在低收入的社区这种影响比高收入社区更为明显。

关于城市轨道交通对住房价值影响的时效性，研究者们基本上是就宣布期、规划期、施工期、投入运营初期、投入运营中后期等不同时期其对住房价值的不同影响进行论述，其中运营以前交通设施预期效应（Anticipatory Effect）对住房价值的影响受到了特别关注。麦克唐纳、麦克米兰等人对芝加哥连接商业区和中途机场的高速交通线进行的研究显示，该线路在开通运行之前就对住房市场产生了深刻影响，住房价值在预期效应的作用下大为提升，而紧临线路的住房因对交通设施建设过程中负面影响的预期，其价值有所降低。

另外，部分研究亦提到随着城市交通设施的建设和完善，不同地段交通条件的差异将逐渐缩小，由交通引起的区位差异对住房价值的影响也将逐渐减弱。研究者对香港九广铁路（KCR）所做的研究发现，1983 年 KCR 的电气化在提升沿线房地产平均价格的同时也明显缩小了沿线不同地段之间房地产价格的差距。

相比之下，关于城市道路交通对住房价值的影响研究要少得多，有限的研究主要侧重于交通负外部性对住房价值的影响，特别是交通噪音对住房价值的影响。兰利（Langley, 1976）研究华盛顿特区的环路时发现，距离环路 300 m 以内，由于道路交通负外部性的作用，住房价格随距离的增大而上涨，住房价格与距环路的远近成正相关。一些研究者还指出，住房价值越高，通常其业主对周围环境的要求也就越高，相应交通负外部性对住房价值的影响也就越大。休斯和西尔曼（Hughes et al, 1993）发现，在其他条件不变的情况下，位于市区的住房价格一般高于郊区，相应地交通负外部性对住房价格的影响也大于郊区。

尽管大多数人都认可“城市交通对于住房价值是非常重要的”，但对城市道路交通对住房价值积极影响的深入研究却较少。斯默希和史密斯（Smersh et al, 2000）对佛罗里达州杰克逊维尔镇东北部拿破仑大桥所做的研究显示，该桥建成后，其北部因与全市通达性的改善房地产价值明显提升（约 8.7%）。城市道路交通对于收入水平不同的社区的住房价值来说其影响程度也有所不同。一些研究者指出，低收入群体对于公共交通的较强依赖性使公共交通的便捷度对该类社区住房价值的影响较大，而对于中高收入群体而言，公共交通的便捷度远远小于小汽车和轻轨对房价的影响力。

此外，部分学者就临近机场对住房价值的影响亦进行了专门的研究，结果显示，机场噪音的干扰程度与住房价值呈显著负相关，机场对紧邻房地产价值的影响则有所差异；部分学者发现交通政策的变化对房价亦有一定的影响。

2）交通通达性对居住区位选择的影响

霍伊特（Homer Hoyt）于 1939 年提出的扇形模型是最早揭示交通通达性对

居住区位影响的理论之一，该理论认为各类居住用地倾向于沿着主要交通线路呈扇形发展。其后，阿朗索(Alonso)、墨思(R. F. Muth)、伊文思(A. W. Evans)等人分别在1964年、1969年、1973年从城市交通费用和住房费用相互关系的角度对住宅区位做了进一步研究，他们认为家庭选择住宅区位的原则是在随距城市中心距离的增加而趋于下降的住宅费用与趋于增加的交通费用之间进行“互换”，并挑选综合费用最低的区位。尽管20世纪70年代后城市交通对居住区位选择的影响研究已开始受到相关学者的关注，但专门针对交通影响的研究较少，总的来看，主要集中在居住区位选择的影响因素、交通通达性对居住区位选择的影响程度、交通通达性对不同住户群体居住选址的影响等方面。

关于居住区位选择的影响因素，学者们进行了大量的论述，其中交通便捷度、家庭收入、房价、与工作地的通达性、种族、社区环境等被认为是影响居民居住区位选择的主要因素。就交通便捷度对居民居住区位选择的影响程度而言，研究者们的观点有所分歧。大多数研究者认为交通便捷度对居民居住区位选择有重要影响，部分研究者却认为这种影响极为有限。

此外，研究者们还发现交通通达性对不同住户群体居住选址的影响亦有不同，中低收入家庭趋向于选择公共交通便利的地区，高收入家庭则更看重住房质量及社区环境；郊区居民注重住房质量，市区居民则更看重交通便捷程度；单身和夫妻家庭对上下班便捷度有更高的要求。

1.2.2 国内相关研究

受经济发展水平、市场化程度等因素的制约，国内有关城市交通对居住的影响研究从20世纪90年代开始才得到了相关学者的关注和重视。但因政治、经济和文化背景的差异，中国相关研究与国外既存在共同点，也存在不同点，概括起来，主要包括以下三方面内容：城市交通对居民住宅区位选择的影响；城市交通对住宅空间分布的影响；城市交通对商品住宅价格及其分布的影响等。

1) 城市交通对居民住宅区位选择的影响

在就城市交通对居民住宅区位选择的影响进行研究时，部分学者从不同角度对住宅区位的内涵给予了具体阐述。一些学者认为住宅区位是指住宅在城市区域中所坐落的位置，另外一些学者则认为住宅区位不仅指住宅所在的空间位置，而且包括该位置所处的经济、生态、人文环境，如交通状况、商业设施、环境质量、文化氛围及邻里关系等方面。

国内学者于20世纪90年代初期开始住宅区位选择的理论探讨和实证研究，研究方法包括问卷调查、行为分析、统计分析等；研究内容主要集中于居民住宅区位选择的影响因素及各因素的影响程度等方面，其中以北京、广州、大连为例进行的实证研究最具代表性。对北京市居民住宅区位选择进行的研究显示，交通便捷度、空间位置和住宅价格是居民居住选址首要考虑的最为重要的三个要素，均占被调查居民的50%以上，其中交通便捷度高达77.13%。虽然研究者都普遍认同城市交通对居民住宅区位选择有重要影响，但国内却很少有人对其进行专门的研究，对其影响机制的深入研究更为稀少。

2）城市交通对住宅空间分布的影响

就城市交通对住宅空间分布的影响而言，大多数研究主要着眼于城市住宅开发与交通发展的相互关系、住宅空间分布的交通指向等方面；方法上多是定性分析与描述，深入系统的研究很少，但也有少数学者借鉴西方的研究方法并结合中国的实际情况，开展了部分个案及实证研究。

关于城市住宅开发与交通发展两者之间的关系，研究者们从不同的角度给予了具体论述，认为两者之间存在相互联系、相互制约的关系，城市住宅开发的区位和规模直接影响着交通线路的走向和交通流量；反之，交通线路布局和分布格局的变动所带来的通达性变化也相应影响城市住宅空间的重组。

关于城市住宅空间分布的交通指向研究，现有文献主要侧重于住宅空间分布的交通影响机制及城市交通对郊区住宅空间扩展的影响，且大多数仅仅是对住宅沿交通通道拓展这种现象的定性描述。20世纪90年代后期，相关学者对北京、广州、大连等主要大城市的居住空间分布与扩展进行了实证研究，发现城市交通干道（轻轨、高速公路、主要公路）对居住空间扩展具有明显的指向作用。对北京所做的相关研究发现，近年来北京市的住宅空间分布呈现沿交通干线放射扇面拓展、沿环路同心圆扩展的态势，住宅的空间分布和扩展与交通干线的布局具有密切的关系，主要交通干线沿线、高速公路出入口和轨道交通站点周边地区常常是住宅空间分布的集中区和住宅区开发的最佳区位。从郊区住宅的脉络上来看，郊区住宅的开发建设很大程度上依赖于交通条件的改善程度，相应的，交通状况对郊区居住用地分布和扩展的影响也更为突出，郊区居住空间分布常具有明显的交通指向，常沿交通干线线状伸展或围绕交通站点组团式分布。对广州所做的研究发现，郊区住宅对城市高速公路和其他快速路的依赖性很强，城市对外交通干线是其在郊区放射状分布的主要因素。

3）城市交通对商品住宅价格及其分布的影响

国内相关学者在该领域专门针对交通影响的研究不多，大多数研究只是将交通作为影响因素之一进行相关的分析。研究方法主要包括等值线分析、回归分析、因子分析和聚类分析、GIS空间分析技术等；研究内容主要涉及城市住房价格及其分布的影响因素、城市交通对住房价格的影响程度等方面，结合GIS等进行相关的实证研究是近年来学者们研究的热点，也是研究较为深入的领域之一。

在国内，地价、交通条件、环境条件、城市功能、商业繁华程度等常是影响住房价格高低及其分布的主要因素。交通状况的变化常意味着城市土地区位及其开发条件的变化，土地区位特征发生变化，必将又引起土地适宜使用功能的变化及其对市场吸引力的变化，从而影响土地的经济价值，进而引致地价及房价的变化。

对广州进行的研究发现，由轨道交通建设带来的通达性的改善大大提高了沿线土地及房地产的价值，地铁物业一般比其他物业的价格高20%—30%。

城市交通对住房价值的影响常因地而异，对于不同城市而言，因历史背景及经济发展水平等方面的差异，城市交通的影响常有所不同。对上海市商品住宅价格的空间分布规律的分析发现，在影响商品住宅价格分布的诸多区位因素中，交通条件的影响程度居第一位。对南宁市房地产价格分布规律进行的研究发现，交通便捷程度是主导全市房地产价格分布的三大影响因素之一，交通条件越好、便捷度越高的地段房价也越高。而且即使同一城市的不同区位，城市交通的影响也可能大相径庭。城市中心区由于城市发展较为成熟，交通通道对房价的影响不明显，但在城市边缘和外围地区，交通通道对房价的影响非常显著，具有明显的廊道效应。

1.3 城市小汽车拥有及使用决策

自1908年美国福特汽车大规模生产后，世界范围内开始出现小汽车进入家庭的浪潮，特别是20世纪50年代以来，随着城市交通的加速发展，发达国家的小汽车已普及到千家万户，成为普遍应用的交通工具。在发展中国家，由于大城市具有强大的资本和人口集聚功能，机动化的发展表现得更加明显。2002年世界银行研究报告——“畅通的城市：世界银行城市交通战略评估报告”表明，发展中国家的机动车拥有率及使用率每年将以15%—20%的速度上升。机动化是一种复杂的社会现象，是人类社会进步的综合反映，从全球范围来看，机动化和汽车化的发展在很大程度上扩大了人们的活动范围，加强了地区间的联系，促进了地域分工，使世界进入城市化时代。然而，随着世界范围内小汽车拥有量及小汽车使用的迅速增加也带来诸如拥挤、噪音、空气污染和能源消耗等环境和社会成本的增加，直接威胁着城市的未来和命运。同样，中国作为最重要的发展中国家之一，改革开放30多年来，以难以置信的规模和速度经历了经济、社会和空间转型。伴随着城镇化的快速发展，小汽车迅速进入家庭，机动化发展迅猛，使得城市交通出行总量、出行频率及出行距离均大幅增加，交通拥堵正在中国大多数大城市中迅速蔓延。

小汽车的迅速发展所引发的一系列负面效应正成为制约城市可持续发展的瓶颈，政策制定者、交通规划者及学术界已普遍认识到单纯依靠增加投资、进行大规模交通基础设施建设的传统方法，已不能适应城市交通的迅速发展。而对交通需求进行有效管理，诱导乃至强制个人交通工具的选择取向，减少小汽车产生的外部效应成为城市交通可持续发展的新路径之一。在此背景下，小汽车拥有及使用决策的研究作为城市交通规划、投资及政策制定的基础，成为学术界关注的重要话题。从20世纪50年代开始，国外学者就开始广泛讨论了土地利用、城市形态（或叫建成环境）、社会经济特征、个体行为偏好等因素对城市小汽车拥有及使用决策的影响，涌现出大量研究成果，逐渐形成了完整的理论和方法体系。国内关于城市小汽车交通的研究起步较晚，到20世纪90年代才开始逐渐受到重视，但随着研究的深入，研究内容已从单纯关注小汽车的快速发展对城市带来的影响及对策研究到开始关注小汽车交通与城市环境的相互作用机制，研究方法也正得到不断的改进和创新。

1.3.1 城市小汽车拥有及使用决策理论研究基础

关于小汽车拥有及决策的探讨最早可见于从经济学的方法和角度考察经济增长、人均收入与小汽车拥有量的关系并预测小汽车拥有量，以及在土地利用与交通模式选择的关系研究中分析土地利用特征对小汽车拥有及使用决策的影响。具有代表性的理论有空间相互作用理论（Spatial Interaction Theory）、需求理论（The Theory of Demand）、随机效用理论（Random Utility Theory）及时空限制理论（Temporal and Spatial Constrains Theory）。

空间相互作用理论是城市地理学的重要基础理论，用重力熵形式和函数描述了区位间的交通出行量，表明选择到某一特殊地点的出行决策是由出行距离和该地点的吸引力所决定的，这也就在一定程度上表明其在城市空间环境和交通出行行为之间存在联系。在早期对交通行为的研究中，主要是将空间相互作用理论及模型融入到交通规划模型中，来预测交通需求、交通方式及路径的选择，而关于小汽车拥有及使用决策的研究被涵盖于此类研究中，作为交通规划的基础。

经济学中的需求理论也被应用到交通研究中。该理论假设个人主要基于他们对消费物品的偏好，以及物品与可提供资源的相对成本做出选择。应用到交通需求中来说，就是随着某种特定模式出行成本的减少，这种模式的需求就会增加。众多研究成果表明，街道网格、混合的土地使用模式和步行邻里社区的吸引力都能改变出行时间成本或相对成本，导致人们选择不同的交通方式出行，从而影响小汽车拥有及使用的决策。

从20世纪60年代开始，西方经历了社会经济的转向，从以经济发展为目标开始注重社会发展，关注人与社会的实际问题。特别是到20世纪70年代末，社会化和人文化的研究倾向得到进一步加强，时间地理学及行为地理学的相关理论被引入到交通研究中。交通行为的研究方法从简单的描述向解释深层次的影响机制转变，研究视角也从主要关注宏观层面交通小区的交通需求逐渐走向微观，以实际产生交通活动的家庭和个人为对象。其中，时间地理学的时空限制理论为个体交通出行行为的研究奠定了一个重要的理论基础，被运用于城市交通规划的交通预测及交通方式的选择研究中。该理论认为一个人要满足需要，一般要从一个住所移动到另一个住所，然而这种移动受到时间和空间的共同制约，包括能力制约、组合制约和权威制约。基于时空限制理论的研究方法把城市交通出行整合在移动—活动系统中，同时把时间分配和空间选择的概念相联系，分析个人时间利用、活动与出行的时空间特征，这为更加深入地理解人们的小汽车拥有及使用决策过程提供了支撑。

行为地理学的随机效用理论主要用来解决多方案选择问题，是交通科学中的代表性理论之一。该理论将微观经济学中消费者行为理论的最大效用假设与概率论相结合，以离散选择模型(Discrete Choice Models)为主要研究手段，令交通研究方法发生了革新。随机效用理论与需求理论具有不同的理论观点，它认为每一种选择为寻求最大效用的个体都提供了一个明确的“效用”或价值。应用于交通出行行为中，也就是说选择何种交通模式出行的个人逻辑决策主要取决于该决策的条件以及和其他模式的比较优势，可以用货币成本(如燃油成本、交通税费、通行税)、时间成本和便利程度(如公共交通发车间距、换乘次数)等相关变量来量化。如交通可达性高，以步行为导向设计的社区可以增加步行和乘坐公共交通的效用，从而导致小汽车拥有及使用的降低。

相对于研究集合行为的空间相互作用模型，时空限制理论及随机效用理论为研究者提供了更加深入探究交通行为与空间环境之间复杂关系的有力支撑。伴随着获得个人行为数据的手段越来越丰富，基于随机效用理论的离散选择模型从20世纪80年代逐步取代空间相互作用模型，成为交通行为研究的主流模型框架之一。然而，随机效用理论以“理性决策人”的假设为前提，以效用最大化为原则，这种假设在现实中并不绝对存在，人们在不同的环境和情景中可能会使用不同的原则，个人价值和偏好会随着时间和情形的不同发生变化，因此随机效用模型对个体差异化的影响因素考虑不足。而基于时间地理学的时空限制理论虽然通过时间与空间的结合，增强了时空间中对人的交通行为研究的有效性，但由于个体时空间数据获取的难度大，在应用中也受到一定的限制。

1.3.2 城市小汽车拥有及使用特征与影响因素

从20世纪90年代中后期开始，中国的小汽车发展进入快速增长期，小汽车的发展及其对区域和城市的影响成为学术界广泛关注的话题。然而，国内大量的研究者都把研究视角放在小汽车交通发展的特征及拥有量的预测、小汽车快速增长对城市带来的影响、应对的措施及交通发展政策等方面。对小汽车拥有及使用决策影响机制的研究不够深入，其中对小汽车拥有量影响因素的分析，多包含在对小汽车拥有量的预测过程中。这类研究普遍使用集计资料，即以某个城市或地区为研究对象，采用相关分析、非参数模型等方法分析城市经济发展水平、人均收入等因素对小汽车拥有量的影响，并进行预测。在交通出行与相关影响因素的作用机制研究方面，学者们研究了城市空间结构、城市形态、基础设施的建设、土地利用等因素与居民出行的相互作用机制与程度，并进一步在道路建设、公共交通发展和交通管理等方面提出了具有针对性的对策和建议。

国外的研究则主要集中在对城市小汽车拥有及使用决策影响机制的研究，从现有文献来看，影响小汽车拥有及使用决策的因素主要可以分为三大类：一是源于行为主体的外部环境(或被称为建成环境)，包括城市规模、形态、居住区位、土地利用功能及混合使用程度、密度、环境友好程度、交通条件等；二是源于行为主体的社会经济属性，包括性别、学历、职业、收入、年龄、家庭构成等；三是行为主体的个性特征，如环境偏好与自我选择。

1）城市小汽车拥有及使用特征

国外对城市小汽车拥有及使用特征的研究非常深入，并已经进入成熟阶段。从20世纪90年代以来，专门针对城市小汽车拥有及使用特征的研究已较少，主要是从微观层面考察不同人群的交通需求特征。如部分学者研究了老年人的小汽车使用特征，认为老年人对私人小汽车的依赖性高，使用频率高，并认为不同年龄段的老年人在小汽车交通需求方面也存在差异。也有学者分析了女性的小汽车使用特征，认为女性在出行时更多地依靠公共交通和男性，小汽车出行的频率低于男性。总的来看，国外的研究重点已从特征研究转为关注城市小汽车拥有及使用的影响机制。

国内对小汽车交通发展特征的分析较多，但主要从宏观层面总结小汽车的发展模式及类型，或者对小汽车的发展阶段进行划分。对小汽车拥有量的分析也主要以国家、省或城市为单位，分析小汽车快速增长的特征，并对小汽车拥有量进行预测。其中，王峰(2002)以广州市交通为例，分析了私人小汽车的发展，认为私人小汽车数量的增幅远远大于其他类型车辆，并认为大力发展汽车工业的国家产业政策是小汽车进入家庭的强大动力，而是否具备购买和使用小汽车的经济承受能力是小汽车进入家庭的先决条件。解云和叶鹰选择2002年中国31省市的私人汽车拥有量进行分析，发现各省市私人汽车市场发展水平与经济发展水平呈现东、中、西的阶梯发展特点。陈尚和、朱松丽等人对北京市小汽车的发展进行了研究。

国内对小汽车使用的研究大多被包含在交通出行特征的研究中，早期一般在开展居民出行调查的基础上，利用调查数据统计分析城市居民出行的总体特征，其中涉及小汽车出行的比例及特征，但仅仅是简单概括性的描述和归纳，专门针对小汽车使用特征进行分析的研究并不多见。随着国内对居民出行研究方法的不断改进和创新，积累的数据越来越丰富，加之受到西方交通行为研究中更加强调直接从居民行为等相关的因素入手展开研究的影响，国内的研究开始更加关注"人"的需求，部分学者开始将需求层面的研究作为考察小汽车拥有及使用决策不可或缺的视角。其中，何保红等人于2005年使用问卷调查数据分析了南京市小汽车出行者的个体行为特征，研究发现多数家庭购车是在经济条件允许的情况下以提高出行质量为目的，而公共交通的服务水平充足与否对小汽车的购买和使用影响甚微。李雪铭、杜晶玉以大连市为例，通过对居民通勤行为、偏好及社会属性的调查，揭示了距市中心不同距离处私家车的分布规律、私家车在居民通勤方式中所占的比例及私家车对于边缘区居住空间的扩展作用。

2）城市小汽车拥有及使用的影响因素

（1）建成环境

关于建成环境和交通之间的联系研究可以追溯到20世纪50年代，以米契尔

(Mitchell)和拉普金(Rapkin)于1954年出版的著作《城市交通：土地利用功能》为代表。早期的研究主要关注土地利用和交通模式的一体化发展，认为合理的土地利用方式可以有效地减少小汽车的出行距离，改善公共交通服务水平，促使人们更多地使用非机动交通模式。尤其是到了20世纪六七十年代，发展了大量的土地利用与交通一体化模型来分析土地利用对交通模式的影响。但总的来看，这一阶段主要是从宏观层面探讨影响小汽车拥有及使用的客观影响因素，如至城市中心区的距离、城市区域的规模等。直到20世纪90年代开始使用建成环境这一术语(或者叫城市形态)扩展和延伸了以前关于土地利用、职住平衡与交通模式的研究，并开始以微观层面的个人或家庭为研究主体，更加注重分析行为主体自身因素对小汽车拥有及使用的影响(图1-2)。从已有文献来看，研究者选取了多类变量来表征建成环境，主要可识别为四类影响因子：空间密度、空间多样性、空间设计特征及可达性。

空间密度对交通出行的影响研究有较长的历史，并有了较清晰的认识。研究者普遍认为空间密度主要对交通需求量、交通出行方式选择及交通出行率有重要影响。随着空间密度的增加，通达性得到改善，小汽车拥有量减少且使居民更多地选择公共交通出行，从而减少了小汽车的使用率，尤其对弹性出行的影响更大。毕竟，在高密度的区域，公共交通的组织更加有效，同时空间密度越高，拥挤程度越高，小汽车出行成本越大，从而在一定程度上减少了小汽车使用率。

空间多样性被认为是建成环境中影响小汽车拥有及使用决策的第二大关键因素。研究者常选用职住比率、土地利用类型的平衡程度、土地利用类型与个体环境的联系与差异程度等指标来表征空间多样性。研究者普遍认为，混合开发的土地利用模式能提供多样化的交通方式，可以减少小汽车出行，缓解城市交通的压力。

在空间设计特征对小汽车拥有及使用的影响研究中，一般将社区划分为郊区社区或传统社区来进行分析，主要的结论有两种观点：一种观点认为传统的邻里街区有相对完善的步行系统及有限的停车设施，能提高非机动交通方式的出行比例，减少小汽车的使用，而郊区社区具有小汽车导向型的设计特征，从而使居住在郊区社区的居民拥有较高的小汽车拥有量及使用率。但部分学者在研究中也表明虽然空间设计特征会影响交通模式的选择，但也主要对购物或娱乐出行产生影响，对通勤的影响较小。另一种观点则认为，与社会经济等因素相比，空间设计特征对小汽车拥有及使用的影响相对很小。

可达性被认为是对小汽车拥有及使用决策产生影响的重要的建成环境变量，它代表了通过某种出行模式的行为活动到达某一位置的能力。大多研究表明，可达性对小汽车拥有及使用有显著影响，并认为某种出行模式的可达性越高，就越有可能选择该种模式出行。公共交通可达性对选择小汽车出行产生重要影响，越接近公共交通和铁路站点、公共交通可达性越高的社区，小汽车使用频率越低，具有越高的公共交通和非机动交通出行比率。类似的，如在步行范围内有便利的商店、银行、学校、医院，居民就会更多地选择步行出行，更少地使用小汽车出行。然而，也有部分研究认为某些区域即使有很高的小汽车可达性，但小汽车使用率仍然很低，这是由于这些区域往往土地价格更高、停车场更少以及道路更加拥挤。

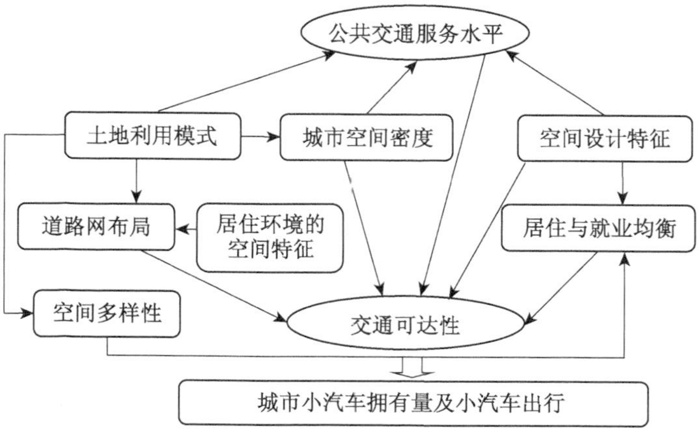

图 1-2　建成环境各要素对城市小汽车拥有及使用的影响

而国内对于小汽车出行与城市空间结构及城市形态作用机制的研究侧重于从宏观层面入手，探讨城市空间结构、布局与出行的相互作用机制。万霞等对国内 17 个城市的小汽车出行时耗进行研究，发现非组团城市随着城市规模的增长小汽车出行时耗增加，而组团式城市的小汽车出行时耗基本趋于一个稳定值。周素红和阎小培从广州市居住—就业空间均衡性和宏观空间组织模式的转化出发，分析广州的居住—就业空间特征及其对居民出行行为的影响，认为居住空间对城市空间的引导作用日渐突出，对居民出行空间和出行方式的选择都产生重要的影响。王东根和柴彦威应用结构方程模型，以北京为例研究了居住来源、职住关系、交通模式、通勤时间等因素间的相互关系，结果表明，住单位房的人比住商品房的人通勤距离更短，且更多地使用非机动化交通模式。除了宏观尺度的研究，部分学者探讨了微观城市形态与居民出行之间的关系。如潘海啸等人于 2003 年研究了土地利用、规划设计和道路交通设施特征对上海四个街区居民出行方式的影响，研究表明街区的空间设计特征对绿色交通的选择有显著影响；2009 年，他在上海的实证研究中又得出结论，传统街区有利于短距离出行和选择非机动化出行方式。

城市土地利用与交通需求的相互关系也是国内学者关注的热点，但侧重于分析城市土地利用特征对居民出行空间分布、强度及距离的影响，专门分析土地利用特征与居民出行方式选择，特别是对小汽车拥有及使用决策的影响研究并不多见。其中，刘俊娟、王炜等分析了团块状单中心大城市的土地利用特征对居民出行方式选择的影响，认为土地利用密度和区位对居民出行方式的选择有显著影响，但土地混合利用程度对其的影响不明显。

（2）社会经济差异

在社会经济属性对小汽车拥有及使用决策的影响方面，目前已有不少国外学者针对不同城市和地区开展了实证研究，主要研究变量包括年龄、性别、收入、就业、受教育程度、家庭规模及结构、驾照持有与否等。研究普遍认为居民自身的社会经济属性差异对小汽车的拥有及使用决策有重要影响，不同年龄、性别及家庭类型的社会经济群体有不同的交通出行率及出行模式。

研究者发现年龄是影响小汽车拥有及使用决策的一个重要变量，65 岁以上的老人小汽车拥有量及使用率都很低，且即使在小汽车出行中，他们也更倾向于短距离的出行。男性和女性在不同目的的出行行为中有很大差异，部分研究者认为由于女性的收入更低且琐事较多，更倾向于使用公共交通、自行车、步行通勤，而男性更倾向于使用小汽车通勤。但在非工作出行中，由于女性承担了更多的家庭任务，小汽车使用率更高，且出行距离更长。但也有研究者得出了相反的结论，施瓦恩（Schwanen）等人于 2002 年在实证研究中发现，在购物出行中女性比男性花费了更少的小汽车出行时间，并认为女性更可能选择步行或骑自行车去购物。

国外研究普遍认为，收入是小汽车拥有量的决定因素。宏观层面，小汽车拥有量随着人均国内生产总值（GDP）或人均收入的发展呈现出“S”形增长。达盖（Dargay）和盖特利（Gately）使用集计资料以经济合作与发展组织（OECD）国家及中国、印度、巴基斯坦等共 26 个国家的小汽车拥有量和经济发展资料为基础，分析了人均汽车拥有量和人均收入的关系，研究发现，收入对小汽车拥有量具有决定性的影响，最高的汽车增长率发生在收入低但收入增长率高的国家。微观层面，希梅克（Schimek）的研究表明，家庭经济收入水平对小汽车出行量有影响，家庭收入增加 10%，则导致小汽车交通增加 3%。朱利亚诺（Giuliano）和达盖使用美国和英国的日出行资料发现，家庭经济收入水平的提高会使居民的交通需求增加，小汽车的拥有率及使用率提高。受教育程度、就业地位和收入密切相关，一般来说受教育程度越高的人，收入也越高，越可能在中央商务区或高密度的办公区域工作，参与的具体工作也更多，导致受教育程度越高的人越可能使用小汽车出行，出行距离也越长。同样，国内的研究也普遍认为人均收入对小汽车拥有量有决定性的作用，同时发现，收入分配不均对中国的汽车拥有率有重要影响。

家庭规模及结构对小汽车拥有及使用决策也会产生重要影响。由于家庭内部决策和每一个家庭成员的行为相关，家庭规模越大，就业者的数量越多，就具有越强的小汽车使用倾向，小汽车拥有量及出行距离也越长。此外，研究还发现家庭中有小孩将导致小汽车拥有量及出行距离的增加。但是也有研究者表明，由于不用花时间照顾小孩，单身或没有小孩的夫妻会具有更长的小汽车出行时间。

国内也有部分学者探讨了居民个体因素对居民选择小汽车出行的影响。李萌等以上虞市的居民出行调查数据为基础，研究了城市居民个人属性（性别、职业、受教育程度）与出行方式链的相互关系，研究表明个人属性对选择何种交通方式出行起着至关重要的作用。以北京市为例，采用交通行为分析方法讨论停车费用对交通方式选择的影响，分析结果表明，出行者的收入、职业、年龄、出行目的和停车时间等因素对他们的出行方式选择具有明显的影响。

（3）个性特征

在20世纪80年代早期，部分研究者就提出应该考虑出行者的个性特征（如对各种模式的主观倾向和感觉），并认为人们对出行模式选择的偏好将和空间环境因素一起决定出行模式的选择。自20世纪90年代开始，大量的研究文献分析了居民自我选择对交通出行模式的影响，其中也涉及对小汽车拥有及使用决策的分析。研究者认为人们将根据个人偏好和态度选择居住社区，从而导致他们根据个体偏好选择交通方式，因此在传统的有关建成环境对交通出行方式的影响研究中，由于未考虑个性特征的影响，其研究结论有所偏差。部分研究者的研究结论进一步加强了这种观点，他们发现在控制住居民自我选择后，建成环境对出行行为的影响非常小（图1-3）。

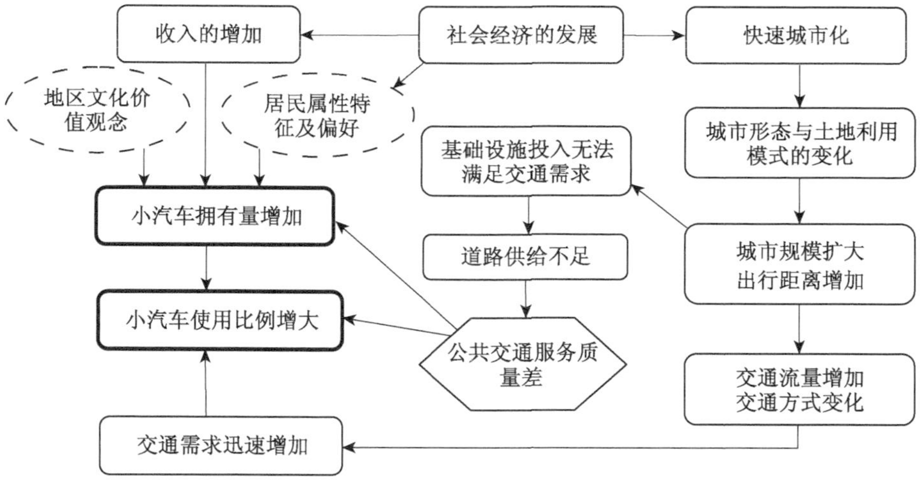

图1-3　城市小汽车拥有及使用决策的作用机理示意图

1.3.3　城市小汽车拥有及使用决策的模型方法

关于小汽车拥有量的模型，邦奇（Bunch，2000）将其分为五大类，德容（De Jong）在2004年将其分为九大类。而关于小汽车使用的模型主要被涵盖于更大领域的交通出行的研究中。本书结合相关文献成果，根据模型的研究基础、方法特点及研究内容体系将小汽车拥有及使用的模型及方法归纳为五大类：模拟研究、集计模型、非集计模型、选择模型和基于活动的行为分析方法。

早期关于小汽车拥有及使用决策的研究以模拟预测及集计类研究为主。模拟预测研究相对于更早时期经济学领域仅仅使用单线性回归来分析收入与小汽车拥有量的关系，已经有了很大的进步，经济因素、家庭因素及城市交通环境因素被纳入模型综合模拟及预测小汽车拥有量。如辛德勒（Shindler）和费拉里（Ferreri）在1967年模拟了几种可选择的交通系统，并分析了不同类型交通系统对小汽车拥有量的影响。1974年由美国房地产公司所做的著名的“蔓延成本”研究，使用模拟方法测试了六种不同发展模式的社区小汽车拥有量和出行时间的不同。早期的模拟预测研究主要使用传统的交通规划模型，或将交通规划模型与劳瑞（Lowry）模型联合使用，以模拟及预测小汽车的拥有及使用情况。道格拉斯（Douglas）在1991年使用交通规划模型测试了新泽西区域不同发展模式下的小汽车出行范围，研究结果表明，在设计中通过增加到中心区的公共交通通道、步行通道，小汽车出行将减少30%。模拟预测研究事先就假定解释变量对小汽车拥有及使用有明确的关系，然后使用这些假设关系来预测不同区域的小汽车拥有及使用情况，并未对影响小汽车拥有及使用的影响机制进行深入探讨。且其结果的可靠性往往依赖于假设条件的变化，并未提供切实的实证证据，同时，在模拟过程中，常对空间环境和交通行为进行简化，在实际使用上具有局限性。

集计模型（Aggregate Model）从20世纪50年代开始在国外大中城市得到广泛应用，并于60年代始用于主要道路的基础设施投资决策。集计模型以交通小区为基本单位，采用回归分析等推定方法对交通小区的总体土地利用、居民出行特征和社会经济等相关的统计数据进行处理和分析，着眼于研究交通小区总体的特征，使交通规划的研究模型化、精确化。国外学者使用集计方法做了大量的关于小汽车拥有及使用决策的实证研究，其中，马塔斯（Matas）和雷蒙德（Raymond）分析了西班牙过去20年小汽车保有量的结构变化，并量化了各影响因素对小汽车保有量增长的相对重要性，结果表明收入弹性系数随着汽车拥有量的增加而减少，大城市的小汽车保有水平对公共交通质量较敏感。在小汽车使用的集计类研究中，结论往往表明城市建成环境对小汽车出行方式的选择、出行频率及出行总量有较大的影响，并因此认为可以通过优化土地利用模式来减少小汽车的使用倾向。

然而，由于集计模型往往直接套用物质性模型，其研究主要建立在机械的、非行为的交通需求预测基础上，较少考虑社会、心理等因素对个人交通行为选择的影响，对出行需求的表达缺乏行为随机性质及对交通政策的反映。因此这类研究引发了较多的争议，被认为除了比较具有不同文化、政治、历史背景的地点间交通出行的特征及影响因素等基础问题外，仅仅提供了对小汽车拥有及使用决策的较浅理解。随着行为视角的加强，交通行为本身成为研究对象，描述交通行为的特征并从微观层面探讨个人或家庭社会经济属性及建成环境对交通出行模式的影响成为研究的重点。相对于研究集合行为的集计模型，非集计模型和离散选择模型借助能够解释个人行为决策的优势，使研究者具备了更加深入地探究个人与交通出行模式选择的有力工具，因此成为小汽车拥有及使用决策研究的主流模型框架。

非集计模型（Disaggregate Model）产生于20世纪70年代，从80年代至今得到广泛的应用，其主要从微观机制上研究出行方式、出发时间及交通工具的类型选择并进行交通需求预测。与集计模型相比，非集计模型以明确的行为假说为基础，逻辑性强，具有更高的统计效率和灵活性，是有效地分析和理解交通行为活动的重要手段。在小汽车拥有及使用决策的研究中，非集计类研究不仅表明在不同类型的社区间出行模式不同，也揭示了这些不同隐含行为的复杂性，其结论常常表明，城市空间环境的描述变量对小汽车拥有及使用决策的解释能力在集计类研究中被夸大了，相对来说，社会经济变量的解释能力更强。甚至部分研究还表明，好的交通可达性与较低的小汽车出行小时数相关，是因为好的可达性导致工具出行距离变短，但并不足以促使居民从小汽车模式转化为非小汽车模式。

选择模型从 20 世纪 60 年代开始，被用于关于交通模式选择的研究中，其以随机效用理论为基础，预测了个体或家庭基于有效性做出特别选择的可能性。从这类研究中，研究者普遍得出结论，街区的类型及建成环境的特征对购物和其他非工作出行的交通模式选择产生有意义的影响，但对于究竟是城市形态、建成环境特征的哪些方面，怎样导致交通模式选择的差异，研究结论较为模糊。此外，尽管离散选择模型在交通领域已被广泛接受，但在基于活动方法的交通需求预测领域，其应用一直遭到质疑。离散选择模型框架提供了一个很好且严格的方法来对多项选择进行建模，但其模拟的交通行为主要是出行的模式选择而不是行为现象的本身，它并不能够很好地考虑出行以及出行者之间的依赖性，也没有考虑活动参与和交通行为之间的约束条件，特别是家庭对出行者出行的影响，并无法处理基于活动方法中的一个重要参数——活动的持续时间，这些都导致了离散选择模型在交通需求预测研究中存在缺陷。

正是基于以上的认识，随着交通出行理论和方法的不断完善和推进，但基于活动的行为分析方法成为小汽车拥有及使用决策研究中一个更具有探索性的方法。研究者试图放开思路，将出行作为活动的衍生物，出行的目的是参与某项活动，对活动和出行行为进行分析，从而在更加广泛的出行者日常行为模式的背景下来测试出行者的行为。虽然非集计模型和选择模型已经将个人或家庭的具体的特征加入到目标模型中，但基于活动的行为分析方法则使用了更具有功能整体性的方法来评估社会经济特征，联合定义了“角色”和“生命周期”在小汽车拥有及使用决策中的作用。基于活动的行为分析方法研究的核心是行为模式，除了关注特别的出行特征或者一系列的模拟决定，更加关注一整天的全部模式，而不是单一的出行。同时，在对出行的决策者进行分析时，在模型中融入活动参与的时间、空间以及个人之间的约束，并根据活动需求的差异，对家庭或个人进行分类。因此，总的来说，基于活动的行为分析方法在传统方法的基础上对出行需求分析特别是对分阶段探索研究，进行了进一步的补充。小汽车拥有及使用决策研究提供了比集计模型更灵活的拓展空间来纳入多样化的空间环境、个人因素等的影响，与选择模型相比，其不局限于对单次选择行为的研究，将视角延伸到对行为链的研究。但基于活动的分析模型在对交通需求的长期性预测、交通出行及需求状况的宏观判断和描述上有一定的局限性。

国外小汽车拥有及使用决策的研究起步较早，在继承前人研究成果的基础上，经历了一个不断改进和变革的过程，更加注重理论层面的研究及新技术的应用，偏重于定量研究和模型构建，逐渐形成了完整的理论和方法体系。经历长期的发展，西方发达国家已进入交通基础设施的调整与有效利用阶段。随着社会对短期规划与管理政策需求的增多，社会行为学与时间地理学的方法被重视，研究对象逐渐接近真实的行为主体，从关注宏观层面的城市空间环境对小汽车拥有及使用决策的影响转向更加关注微观层面个人或家庭的需求和属性特征，研究方法也从计量与建模模型走向多元化。在小汽车拥有及使用决策的实证研究方面，国外大量学者探讨了城市规模、城市空间结构、城市形态、土地利用等行为主体的外部环境特征和居民自身的属性特征、出行态度及偏好对出行方式选择的影响，力图通过实证研究，归纳总结出小汽车拥有及使用决策与相关影响因素之间的作用机理，并审视相关规划及管理政策作用下的效果。然而，国外在相关理论和方法的讨论逐渐深入的同时，其应用也存在争议，实证研究的结论存在矛盾，主要集中在真实性、有效性，数据来源，在规划及政策制定中的角色等方面。

1.3.4　结语

国内对小汽车拥有及使用决策的研究起步较晚。在研究方法上，长期以来偏重于对国外出行需求预测模型和方法的借鉴与改进，以集计类研究为主。一般借助统计分析把大量的动态交通结果静态化，建立预测模型，从而进行诸如公共交通线路、停车站场等静态交通的配置。对小汽车交通发展特征的分析较多，但主要从宏观层面总结小汽车的发展模式及类型，划分小汽车的发展阶段；对小汽车出行的研究大多被包含在交通出行特征的研究中，缺乏专门针对小汽车拥有及使用决策的系统性研究。近年来，随着研究的深入，中国国内研究从早期单纯关注小汽车的快速发展对城市带来的影响及对策研究到开始关注小汽车交通与城市环境的相互作用机制研究。在研究视角上，从单纯地基于交通工程、交通规划出行的研究视角转向从人类空间行为的视角来解读小汽车拥有及使用决策，从制度变化的视角来分析交通出行方式选择的深层影响机制。研究的尺度也不仅仅局限于宏观层面的出行特征描述及影响因素分析，逐步以微观层面的家庭及个体为研究对象，分析其交通行为特征及影响因素。然而，总的来看，基于微观个体行为视角及关注活动—移动行为影响的小汽车拥有及使用决策研究缺乏，在研究框架的合理性、研究数据的完整性、研究方法的科学性等方面也有待进一步深化和改进。

未来研究的趋势主要包括以下几个方面：

（1）探讨影响城市小汽车拥有及使用决策的新因素、新模式与新机制。现有研究视角和切入点尚不能满足小汽车拥有及使用决策作用要素日益多元化和复杂化的发展趋势。全球化、信息化、生态化已经成为时代的主题。在全球化语境下，信息与通信技术的进步，正在引起日常生活和整个社会经济系统的根本性改变，对社会经济的空间组织及人们的日常行为产生深远的影响。在中国的制度、经济、社会转型和快速城镇化背景下，探讨信息与通讯技术如何引起居民活动时空特征的重构，对居民交通行为中小汽车拥有及使用决策带来怎样的影响，是未来可能的研究方向，亟须国内相关学者的关注、思考并进行实证研究。

此外，中国的制度体制、城市空间结构特征、城市交通发展特征均呈现出不同于西方国家的显著特点。国外相关研究的理论、方法及结论，很难直接应用于中国的研究。中国小汽车的产业发展政策、交通发展政策及特殊的人文背景对小汽车拥有及使用均产生了巨大影响，处于转型期的中国单位制度、户籍制度、住房制度、特有的城市边缘环境和城市化模式也导致中国城市中居民小汽车拥有及使用的空间分异。因此，未来的研究应注重具有中国特色的小汽车拥有及使用决策的理论及方法体系的构建。

（2）低碳视角下的政策选择与效应检验。在人类应对全球气候变化的挑战中，“低碳”问题引起了国际社会的广泛关注，低碳经济成为当今世界经济社会发展的总趋势，低碳城市也成为低碳经济发展的重要空间载体。而低碳交通作为低碳城市内涵中的核心战略，对低碳城市的建设起着重要的支撑作用。因此，亟须在此背景下探讨如何通过调整空间或行为来形成低碳出行、低碳生活方式及低碳的城市空间；特别是通过多维视角分析小汽车拥有及使用决策的新模式与新机制，在此基础上探讨引导人们更多使用低碳交通出行方式的有效措施；并通过实证研究，对相关政策措施的实施效应进行检验，为中国城市低碳交通的发展提供支撑。

（3）拓展及创新城市小汽车拥有及使用决策的研究方法。目前用于小汽车拥有及使用决策的模型及方法较多，但各种方法由于侧重点不同，都有一定的局限性和不足，需要在研究的广度、深度以及研究的技术方法上进行提高。未来的研究应当充分利用经济学、社会学、行为地理学及时间地理学方法，在现有分析方法的基础上进行创新和拓展，形成一套完整的理论及技术体系；有效地量化各种作用要素与小汽车拥有及使用决策的相互作用机制，减少模型计算时耗，提高计算效率，增强研究成果的科学性、应用性。

2 非洲区域与交通发展

非洲是“阿非利加洲”的简称，位于亚洲的西南面；东濒印度洋，西临大西洋，北隔地中海与欧洲相望，东北角以苏伊士运河为非洲和亚洲的分界；大陆东至哈丰角，南至厄加勒斯角，西至佛得角，北部至吉兰角；面积约为 3 020 万 km^2（包括附近岛屿），约占世界陆地总面积的 20.2%，仅次于亚洲，为世界第二大洲。非洲为高原型大陆，北宽南窄，呈不等边三角形形状，地势较平坦，山脉集中于南北两端，平原多分布于沿海地带。其地势大致以刚果（金）境内的刚果河河口至埃塞俄比亚高原北部边缘一线为界，东南半部较高，西北半部较低。非洲大陆海岸线全长 30 500 km，海岸较平直，少海湾与半岛。非洲是世界各洲中岛屿数量最少、沙漠面积最大的洲，拥有世界上最大的沙漠——撒哈拉沙漠。非洲内陆水资源丰富，河流大多分布于西北部，大多由东南向西北方向流动。其中，尼罗河、刚果河、尼日尔河和赞比西河是非洲的四大河流。非洲的湖泊集中分布于东非高原，少量散布在内陆盆地，高原湖泊多为断层湖，主要集中于东非大裂谷带，其中维多利亚湖是非洲最大湖泊和世界第二大淡水湖。

2.1 非洲区域发展

2.1.1 区域一体化

非洲长期处于殖民统治之下，自从独立开始，他们就将非洲区域一体化视为促进经济发展、可持续发展和改善非洲人民生活水平的手段。非洲国家重组整体战略的目标是反抗殖民影响，建立一个联合的非洲，推动了非洲统一组织（Organization of African Unity，OAU）的形成。非洲联盟委员会（African Union Commission，AUC）、联合国非洲经济委员会（U. N. Economic Commission for Africa，UNECA）、非洲发展银行（African Development Bank，ADB）、区域经济共同体（Regional Economic Communities，RECs）都在非洲区域一体化中起着关键的作用。

非洲大陆领导者建立了一系列行动来确认区域一体化的重要性，其中重要的行动包括：1963 年，建立非洲统一组织；1980 年，制定推动非洲经济发展的《拉各斯行动计划》；1981 年，起草《非洲人权和民族权宪章》；1985 年，制定《1985—1990 年非洲经济复苏优先方案》，以解决 20 世纪 80 年代的经济危机；1991 年，制定《非洲经济共同体条约》，也就是著名的《阿布贾条约》；1999 年，制定《苏尔特宣言》；2000 年，制定关于非洲大陆安全、稳定、发展与合作的宣言；2000 年，建立非洲联盟项目、制定《非洲发展新伙伴计划》（New Partnership for Africa's

Development)；2001 年，制定《非洲联盟组织法》；2009 年，非洲联盟委员会，联合一些区域经济共同体建立了最小一体化项目（Minimum Integration Program）。随后，非洲联盟委员会组织了非洲在负责一体化方面的部长会议，在这次会议上明确了亟须合理化及协调区域经济共同体的活动和项目。

非洲统一组织现在为非洲联盟，其形成是促进非洲大陆联合的第一步，自从其成立之初，就已经取得了一些重大的新突破。非洲联盟的主要任务是维护和促进非洲大陆的和平与稳定，推行改革和减贫战略，实现非洲的发展与复兴。截至 2011 年 8 月，非洲联盟共有 54 个成员国。非洲经济委员会是联合国经济和社会理事会下属的区域委员会之一，其主要任务是倡导并参与促成各成员国一致行动的措施，以发展非洲经济，提高非洲经济活动的能力和成员国的生活水平，保持和加强非洲国家彼此间及其与世界其他国家间的经济联系。非洲发展银行成立于 1964 年 11 月，1966 年 7 月开始营业，原规定只吸收非洲独立国家为成员国，1979 年做修改，美、日、西德、加、法等 21 个非本地区国家加入，1985 年 5 月有成员国 75 个（其中非洲国家 54 个）。其宗旨是“帮助非洲大陆制定总体战略”，“协调各国的发展计划”，为成员国的经济和社会发展提供资金，以便达到“非洲经济的一体化”。

尽管如此，非洲在区域一体化过程中取得的成功相对有限。非洲区域一体化目标发展缓慢在很大程度上可归因于非洲正面临着许多重大的挑战，包括财政资源紧缺、宏观经济不稳定、政府管理差、冲突和战争、艾滋病流行。除此之外，非洲成员国同时也是不同区域一体化组织的多重成员，极大地放缓了非洲一体化的进程。

2.1.2 区域经济共同体

非洲联盟认可的区域经济共同体目前有八个，分别为西非国家经济共同体（ECOWAS）、东南非共同市场（COMESA）、中部非洲国家经济共同体（ECCAS）、南部非洲发展共同体（SADC）、东非共同体（EAC）、萨赫勒—撒哈拉国家共同体（CEN-SAD）、阿拉伯马格里布联盟（UMA）、政府间发展组织（IGAD）。

1）西非国家经济共同体

西非国家经济共同体是非洲最大的区域性经济合作组织，其成员国总面积达 511 万 km^2，超过非洲总面积的 1/6，人口近 2.3 亿人，约为非洲人口总数的1/3。其有 13 个成员国：贝宁、布基纳法索、多哥、佛得角、冈比亚、几内亚比绍、加纳、利比里亚、马里、尼日尔、尼日利亚、塞拉利昂和塞内加尔。西非国家经济共同体以促进成员国经济、社会和文化等方面的发展与合作为宗旨，最终目标是实现西非地区经济一体化。目前，西非国家经济共同体与西非经济和货币联盟一起建立了自由贸易区和关税同盟。2004 年 1 月，西非国家经济共同体签订了财政补偿协议，该协议在四年内有效。尽管拥有跨境贸易规定，西非国家经济共同体仍面临着持续的贸易壁垒。许多国家的员工故意违反上述规定，且该区域很大一部分的贸易规模小而且是非正规的，国家间的价格波动持续。过去，贸易商之间的这些活动被视为走私，受到了安全机构不公正的待遇。

西非国家经济共同体在自由流动方面取得了很大的进展。六个国家即贝宁、利比亚、尼日尔、尼日利亚、塞内加尔和多哥都已经在使用西非国家经济共同体共同护照，这个护照在2000年引入，允许西非国家经济共同体成员国进入该区域的任何国家都不需要签证，代替了国家护照。自2005年开始，西非国家经济共同体采取了将边境地区转变为试点单元，以便于边境地区居民的自由流动。这些试点单元包括民间社会组织、法官、国会议员和多种媒体。在2006年1月举行的西非国家经济共同体国家和政府首脑会议中，采取了跨境行动项目(Program of Cross-Border Initiatives)和跨境合作便利基金(Cross-Border Cooperation Facilitation Fund)。西非国家经济共同体也考虑建立一个电子身份证，以便于边境地点的进出登记，并取代国家身份证。为了确保人员和商品自由流动，改善道路交通系统，国家和政府首脑当局采取了建立国家委员会以监管西非国家经济共同体在人员和车辆自由流动方面的决定和协议的规定。2008年，西非国家经济共同体的西非货币机构成立，其主要任务是加速批准和实施所有西非国家经济共同体与人员、商品、服务自由流动有关的协议和惯例，并拥有在西非货币区建立商贸活动的权力。

2）东南非共同市场

东部和南部非洲共同市场(简称东南非共同市场)是非洲地区成立最早、最大的地区经济合作组织，其前身为1981年12月成立的东部和南部非洲优惠贸易区。东南非共同市场的远景目标是“成为具有国际竞争力的地区经济组织，实现完全一体化，使成员国民众享受较高的生活水平，最终成为非洲经济共同体的一部分”。东南非共同市场现有19个成员国，它们分别是布隆迪、科摩罗、刚果(金)、吉布提、埃及、厄立特里亚、埃塞俄比亚、肯尼亚、利比亚、马达加斯加、马拉维、毛里求斯、卢旺达、塞舌尔、苏丹、斯威士兰、乌干达、赞比亚和津巴布韦。东南非共同市场成员国总人口约为4亿人，国内生产总值超过3 600亿美元。

《东南非共同市场条约》规定了东南非共同市场的议程，涵盖许多领域和活动。为了成为一个更有效的机构，东南非共同市场的中期发展重点是“通过贸易和投资促进区域一体化”。东南非共同市场集中在以下几个方面：货物和服务贸易；货币一体化，包括支付和结算安排；促进和便利投资；基础设施建设(航空、道路、铁路、海上和内陆交通、信息技术和能源)。东南非共同市场于2009年6月建立了关税同盟，允许使用单一关税，即东南非共同市场所有成员国国家的共同对外关税，为期三年。东南非共同市场通过国家和区域层面的组织结构来实施消除非关税壁垒的项目。到2025年，东南非共同市场将消除所有的关税壁垒。东南非共同市场、东非共同体和南部非洲发展共同体之间正在进行磋商建立共同自由贸易区，这三个区域经济共同体之间将协调它们的计划以形成一个包含三方的关税同盟。东南非共同市场实行关税同盟不会容易，已经显现出几个艰难的的任务，包括：实施东南非共同市场关税同盟前所有成员国加入到东南非共同市场的自由贸易区；服务贸易区域框架的最终确定；全面应用东南非共同市场贸易和过境运输便利化设施，以提高运输和过境交通移动；建立东南非共同市场区域无缝衔接的铁路交通网络；建立东南非共同市场金融机构，为东南非共同市场货币联盟的建立做好必要的准备。

东南非共同市场成员国在对待签证问题上有很大的灵活性，利用逐步放宽签证的协议，其成员国国家允许在个人抵达机场时给予签证。东南非共同市场也通过了两个协议，一个是在人员、劳动力、服务、建设权和居住权的自由流动方面，该协议在2001年的第六届东南非共同市场会议上通过。另一个是逐步放宽和最终消除签证，于1984年被采用，但是仅有少数成员国签署了该协议。为了移除自由流动的所有障碍，东南非共同市场制定了2000—2014年的时间表，如表2-1所示。

表2-1　2000—2014年东南非共同市场计划项目的时间表

时间范围	项目
2000—2002年	逐步取消签证要求
2002—2006年	熟练劳动力和服务流动
2006—2010年	建设权力(Right of Establishment)
2014年	居住权(在东南非共同市场入境之日起20年)

3）中部非洲国家经济共同体

1983年10月17日至18日，中部非洲国家元首和政府首脑在利伯维尔举行会议，于18日签署成立“中部非洲国家经济共同体”条约。中部非洲国家经济共同体于1985年1月开始运作。该共同体的宗旨是促进成员国之间在经济和社会活动的各个领域进行协调和合作；主要目标是取消成员国之间的关税和其他所有进出口商品的税收，建立和保持共同对外的贸易关税率，制定对共同体以外国家的统一贸易政策，逐步取消成员国在人员、财产、劳务、资金等方面自由流动的障碍，建立合作和发展基金。中部非洲国家经济共同体成员国有10个(截至2010年)，包括安哥拉、布隆迪、喀麦隆、中非、乍得、刚果(布)、刚果(金)、加蓬、赤道几内亚、圣多美和普林西比。

中部非洲国家经济共同体自由贸易区成立于2004年7月，目标在于到2008年建立一个拥有共同对外关税的关税同盟。中部非洲国家在实现其和平安全方面取得了很多成效。中部非洲国家经济共同体成员国采取了逐步放弃共同体内部贸易关税费用的计划，又被称为中部非洲国家经济共同体的优惠关税。降低关税费用的计划时间如下：对于传统手工艺品和除了矿产品以外的当地产品，从2004年7月1日开始降低100%；对于矿产品和原产地工业制成品，从2004年7月1日起降低50%。中部非洲国家经济共同体也开始协调有关原产地规则的商业政策，并与中部非洲经济和货币联盟一起减少关税。中部非洲国家经济共同体计划在2008年实现关税同盟，但是政治和金融障碍延期了该计划，政治的不稳定性也推迟了该计划的实施。

中部非洲国家经济共同体在区域一体化方面落后，尤其是在人员、商品和服务自由流动方面，这主要是由于区域基础设施网络落后、安全因素导致的一些成员国之间强制签证所引起的。尽管如此，中部非洲国家经济共同体正在努力改善这种境况，例如制定协调条约和提供法律援助，并在国家和政府首脑会议上通过。

4）南部非洲发展共同体

南部非洲发展共同体简称“南共体”，是非洲经济一体化发展水平较高的区域性组织，其前身是1980年成立的南部非洲发展协调会议。南部非洲发展共同体的宗旨是在平等、互利和均衡的基础上建立开放型经济，打破关税壁垒，促进相互贸易和投资，实行人员、货物和劳务的自由往来，逐步统一关税和货币，最终实现地区经济一体化。南部非洲发展共同体有15个成员国（截至2009年9月）：安哥拉、博茨瓦纳、刚果（金）、莱索托、马拉维、毛里求斯、莫桑比克、纳米比亚、南非、斯威士兰、坦桑尼亚、赞比亚、津巴布韦、马达加斯加（2005年8月加入，2009年3月被中止成员国资格，同年4月马达加斯加宣布退出南共体，后又加入）和塞舌尔。

2008年1月，南部非洲发展共同体自由贸易区开始启动，并于同年8月在南非约翰内斯堡举行的南部非洲发展共同体首脑会议上正式实施。然而，这些项目并没有得到有效的实施。南部非洲发展共同体成员国并没有完全参与，商界和公众参与度也不完全。南部非洲发展共同体开展了两项初步研究为其关税同盟做准备，其部长委员会批准成立技术工作组，以开始在关税同盟问题上取得进展，如共同对外关税、税收的征管、分发和共享机制（包括发展基金），法律和制度安排，协调工业、农业、基础设施、竞争和其他部门政策。南部非洲也在加速商品、服务和资本的自由流动上取得进展，采取了以下措施：建立协调海关程序的措施（包括电子海关交换数据）、出台单一海关行政文件以协调南部非洲发展共同体的海关申报、通过关于南部非洲发展共同体的海关模型法律，以便于海关在国家法规中的协调；采用共同关税；提出和发展区域发展框架、计划和发展区域交通框架；2007年启动审查原产地规则（一国根据国家法令或国际协定确定的原则制定并实施的，以确定生产或制造货物的国家或地区的具体规定）；建立贸易便利化软件；2007年更新非关税壁垒以通知、监管和消除非关税壁垒；由南部非洲发展共同体、东南非共同市场和东非共同体三方组成的工作势力来协调贸易自由化，起草贸易和人力、商品、资本及服务自由流动的协议，建立区域资历框架以协调区域交通系统便于人员及人力的自由流动。南部非洲发展共同体原本打算在2010年实施关税同盟，然而却面临着一些困难。鉴于一些东南非共同市场的成员国也属于南部非洲发展共同体，因此在2009年7月举行的第13届国家和政府首脑会议中就开展了东南非共同市场关税同盟，并预期在三年内实施。当这两个关税同盟全部运营时，这两个区域经济共同体的成员国将面临着许多挑战。

南部非洲发展共同体在人员自由流动方面也落后于其他区域经济共同体，南部非洲发展共同体的公民免除签证协议实施较为缓慢，在19个成员国中，仅有9个国家签署了这个协议，仅有4个国家认可该协议。2009年9月7日，南部非洲发展共同体外交事务部长会议在南非桑顿举行，该会议表达了实施免除签证协议的迫切性。在此次会议期间，南部非洲发展共同体成员国最终一致同意免除签证协议。更多关于免除签证以便于流动的双边协议在2010年南非举行的自由贸易区世界论坛上建立。南部非洲发展共同体采取了重要的行动以便于商品和服务的自由流动，包括协调海关程序和文件，采用单一行政文件以简化南部非洲发展共同体的海关申报，建立专门的共同关税，通过南部非洲发展共同体、东南非共同市场和东非共同体三方共同协调贸易自由化。

5）东非共同体

东非共同体是在一体化方面变化最多的地区，开始于20世纪早期，并最先在三个创始国肯尼亚、乌干达和坦桑尼亚之间建立了关税同盟。在建立了一些机构后，该共同体在1977年瓦解。1999年，肯尼亚、乌干达和坦桑尼亚决定重新建立共同体，并于同年12月30日签订了一个条约，该条约在2000年7月7日得到实施。随后2007年，卢旺达和布隆迪加入东非共同体。东非共同体的宗旨是加强成员国在经济、社会、文化、政治、科技和外交等领域的合作，协调产业发展战略，共同发展基础设施。其战略是逐步建立关税同盟、共同市场和货币联盟，并最终实现政治联盟，建立东非国家政治联邦。自1999年重建以来，东非共同体取得了很多成就，包括允许东非共同体成员国通过共同的护照进出不同的国家，为期六个月。

东非共同体的主要目标为通过增值生产、增加竞争、贸易和投资来改善人民的生活水平。其试图促进可持续发展，培育一个繁荣、具有国际竞争力、安全、稳定和政治统一的地区。就东非的情况而言，共同的历史、语言、文化和个人联系提高了成员国之间根深蒂固的、长期的承诺，深化了包含政治、经济、社会和文化广泛项目的合作。根据其条约，东非共同体的展望是实现增量发展，经过关税同盟、共同市场、货币联盟及最终政治联盟等阶段。东非共同体的关税同盟于2005年1月1日启动，其主要目标是在东非地区组建一个单一关税区。关税同盟的核心任务是发展区域贸易。在关税同盟的机制下，各成员国致力于取消关税壁垒和非关税贸易壁垒，采取统一的对外关税，把东非五国融合成一个统一市场和投资目的地，壮大经济规模。随着东非共同体关税同盟的实施，所有东非共同体成员国都取得了进步，特别是在促进投资、贸易和减少关税上。东非共同体也免不了受到不利贸易环境的影响，其进口是出口的两倍左右，或者就贸易价值而言，消费是生产的两倍左右。东非共同体成员国出口的大多数是初级未经加工的产品，而进口的主要是成品消费品和资本货物。目前东非共同体成员国的主导经济活动是农业，占据了其39%的GDP，提供了85%的就业；旅游业占据了GDP的14%，投资32.30亿美元；工业占据了GDP的10.4%，投资21.31亿美元。这说明东非共同体仍需要增强其工业和制造业部门，并提高粮食安全。

6）萨赫勒—撒哈拉国家共同体

萨赫勒—撒哈拉国家共同体（简称萨—撒共同体）成立于1998年，有28个成员国(截至 2012 年),超过非洲联盟成员国的半数,其宗旨是加强成员国间的政治和经济合作,维护地区安全,促进地区一体化建设。萨赫勒—撒哈拉国家共同体实施了自由贸易区,但是在实施过程中却面临着许多困难,特别是在体制和政策协调方面。在贸易和一体化方面,萨赫勒—撒哈拉国家共同体按照 1991 年 7 月的《阿布贾条约》推行了贸易自由化。人员和服务的自由流动在萨赫勒—撒哈拉国家共同体的主要目标中名列前茅,建立共同体的条约包括语言许可移除阻碍萨赫勒—撒哈拉国家共同体成员国集聚的限制,采取措施来确保人员、商品、资本和成员国利益的自由流动,居住、所有权和经济表现自由、贸易自由以及来自签约国的商品和服务流动。萨赫勒—撒哈拉国家共同体的外交护照持有人可以免除签证义务,这个特权应该被扩展到学生、商务人员、学者及其他人中去。受到西非国家经济共同体经验的激励,萨赫勒—撒哈拉国家共同体也在详尽自由流动协议。同时,该区域采取了转换措施免除外交和服务护照持有者及特使签证的义务。除了非洲内部贸易,萨赫勒—撒哈拉国家共同体的主要贸易伙伴是欧盟,占据了其出口的 36%,非洲占其共同体贸易流的比例少于 10%。与其他区域经济共同体一样,萨赫勒—撒哈拉国家共同体必须有一个协调区域和非洲大陆范围的方法来促进基础设施的融资、体制和政策的协调。改善该地区的交通基础设施对于提高区域内外的贸易而言十分关键。

7) 阿拉伯马格里布联盟

阿拉伯马格里布联盟成立于 1989 年 2 月 17 日,由摩洛哥、突尼斯、阿尔及利亚、利比亚和毛里塔尼亚地处北非马格里布地区的国家组成,简称马盟。其常设秘书处设在摩洛哥的拉巴特。其宗旨是在尊重各成员国的政治、经济和社会制度的前提下,充分协调经济、社会方面的立场、观点和政策,大力发展经济互补合作;在外交和国际领域协调立场,进行合作;优先实现经济一体化,最终实现阿拉伯统一。1994 年 11 月,埃及正式要求加入马盟,但截至 2013 年马盟都未审议埃及的要求。元首委员会为马盟最高决策机构,由各成员国元首组成,每年举行 1 次例会,主席由马盟执行主席担任;外长理事会为马盟常设议事机构,由各成员国外长组成,负责审议后续工作委员会和各部长专门委员会提交的工作报告,为元首会议做准备,并列席元首委员会例会;常设秘书处由各成员国 1 名代表组成,在执行主席国家元首的主持下轮流在 5 国进行工作;咨询委员会(即马盟议会)设在阿尔及利亚,由各成员国选派 20 名代表组成,其主要职责是对元首委员会做出的计划与决定提出意见,并就加强马盟活动和实现马盟目标提出建议;后续工作委员会由各成员国主管马格里布事务的国务秘书组成,负责落实元首委员会的决议;部长级专门委员会设有粮食安全、财政经济、人力资源和基本建设 4 个专门委员会;此外还设有马盟法院,由成员国 2 名法官组成,设在毛里塔尼亚。

8) 政府间发展组织

政府间发展组织(Intergovernmental Authority on Development),简称伊加特(英文简称 IGAD),于 1986 年 1 月成立,原名为“政府间抗旱与发展组织”。

1984 年 10 月 4 日，东非六国外长在纽约开会，讨论成立抗旱与发展组织。1985 年 2 月六国在吉布提举行首次部长会议，确定吉布提市为该组织所在地，推举吉布提外交和国际合作部长穆明·巴敦为协调员。同年 5 月、11 月和 1986 年 1 月分别举行了部长级会议和专家会议，就该组织的预算、机构、章程和行动计划达成了原则协议。1996 年 3 月改为现名。截至 2011 年，伊加特共有成员国八个：埃塞俄比亚、吉布提、肯尼亚、苏丹、索马里、乌干达、厄立特里亚和南苏丹。其面积为 521 万 km^2，人口为 1.6 亿人。伊加特的组织机构包括：①国家元首和政府首脑会议，即最高权力机构。其原职责是制定伊加特发展指导原则及控制旱灾和相关自然灾害的方案，现主要负责促进地区的政治、安全、经济合作。1996 年内罗毕第二次特别首脑会议决定自该年起每年至少举行一次会议，应成员国要求并经多数成员国同意，可随时举行特别首脑会议。②部长理事会，即由成员国各派出一名部长组成，负责制定组织方针和行动计划，批准拨款和预算。每年至少举行两次会议，如成员国提出请求并获多数成员国同意，可随时召开会议。会议由协调员召集，经成员国一致同意形成理事会决议。③大使委员会，即由成员国驻总部国家大使或特别代表组成，负责指导或向执行秘书提供咨询。④执行秘书处，即常设机构，执行部长理事会赋予的职责。执行秘书由部长理事会任命，任期为四年。秘书处设有行政与财政、计划研究与情报、行动与方案协调、经济合作、农业与环保以及政治与人道主义事务等六个委员会。

2.2 经济社会发展

2.2.1 区域贸易

非洲在世界贸易中的份额在近几年仅有轻微的改善，从 2006 年的 2.9%上升到 2008 年的 3.4%(图 2-1)。非洲许多经济增长缓慢的国家要么正处于冲突中要么就最近出现冲突，这严重影响了它们融入世界贸易体系里的能力。地理也在塑造非洲国家经济方面起着重要的作用，非洲有 15 个国家为内陆国家，导致它们在地理和经济上都远离主要的世界市场，这导致了较高的贸易成本。正是这些较高的贸易成本隔离了这些国家，并使得它们难以得到全球化的好处。自 1990 年以来，南南贸易在世界上的份额增加了两倍，工业制成品在发展中国家商品贸易中的份额在过去 20 年里从 20%增加到 80%。2006—2008 年，非洲占全球贸易中的份额表现为上升的趋势，从 2006 年的 6 740 亿美元上升到 2008 年的 10 150 亿美元，这主要是由对非洲原材料的需求上涨引起的。目前，与亚洲的贸易占非洲贸易的 30%，已经跟非洲传统贸易伙伴(欧盟和美国)占据同样重要的地位。鉴于中国(更广泛地说是亚洲)进口原材料、出口工业制成品正好与非洲的贸易模式相反，这两个区域的互补性是巨大的，商业规模扩大的趋势强劲。然而，如果非洲的交通物流，特别是许多非洲国家海上关系的瓶颈不改善的话，这个贸易无法持续增长。

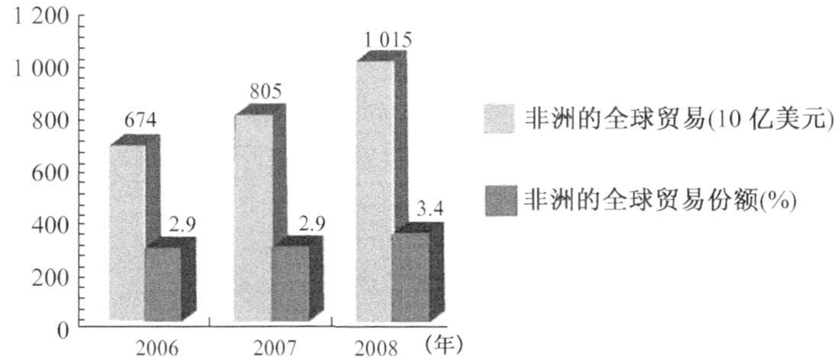

图 2-1　2006—2008 年非洲占全球贸易的份额

非洲的贸易表现并不一致，一些国家比其他国家的贸易状况更好。就区域的角度而言，北部非洲、东部非洲和南部非洲比西部非洲和中部非洲拥有更高的贸易总量。南南贸易在过去 20 年里的全球激增只是反映出了部分非洲内部贸易的高增长。非洲国家不仅降低了最惠国关税，并且建立了多种自由贸易区，使得非洲很多贸易的关税有所消除。2004—2006 年，非洲内部贸易在非洲贸易总额中的份额低于 10%，这也低于其他区域内贸易的平均水平，表明非洲跟世界上其他地区的贸易增长要快于非洲内部的贸易增长。有几种相关因素可以被用来解释这种趋势，其中非洲国家间的互补性不足导致了区域内的贸易总量相对较低。虽然非洲内部贸易相对于其他区域而言较低，但是在过去几年里增长很快，自 20 世纪 90 年代开始，非洲内部贸易表现出持续上升的趋势，这个增长主要得益于三个事件：第一，许多国家采取结构调整项目开放非洲经济，创造了有利的环境；第二，南非结束种族隔离为与邻国贸易开辟了道路；第三，区域贸易协议加强，例如 1989 年的阿拉伯马格里布联盟(UMA)、1992 年的南部非洲发展共同体(SADC)、1994 年的东南非共同市场(COMESA)，这些都增强了区域合作、整合和贸易。目前，非洲超过 3/4 的内部贸易均在区域贸易集团之间发生，这表明它们对于加强非洲内部贸易有利(图 2-2)。

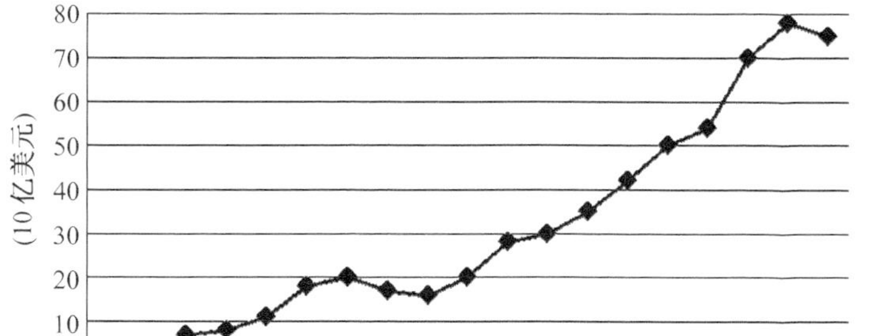

图 2-2　1990—2008 年的非洲内部贸易

2000—2007年，就区域经济共同体内部出口占非洲出口总额的份额来看，前五大区域经济共同体为萨赫勒—撒哈拉国家共同体（CEN-SAD，33%）、南部非洲发展共同体（SADC，33%）、西非国家经济共同体（ECOWAS，22%）、东南非共同市场（COMESA，16%）、阿拉伯马格里布联盟（UMA，9%），西非经济货币联盟（UEMOA）出口份额约占7%。所占比例在1%左右和低于1%的区域共同体有中非经济与货币共同体（CEMAC）、中部非洲国家经济共同体（ECCAS）、印度洋委员会（IOC）、大湖国家经济共同体（CEPGL）和马诺河联盟（MRU）（图2-3）。

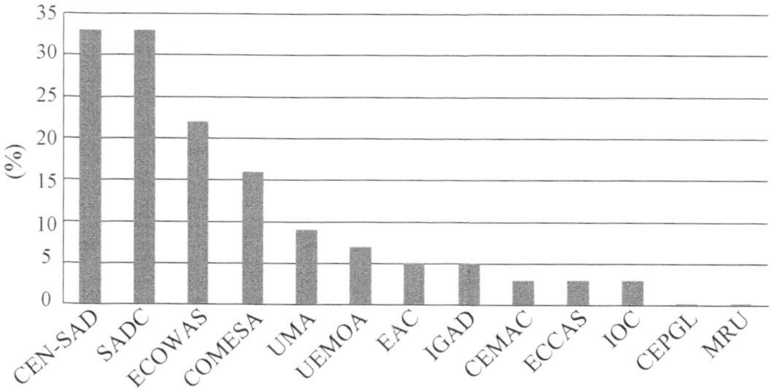

图2-3 非洲各区域经济共同体内部出口份额

在萨赫勒—撒哈拉国家共同体中，82%的贸易来自少数国家：尼日利亚为28%、科特迪瓦为22%、利比亚为9%、突尼斯为9%、埃及为8%、塞内加尔为6%。在南部非洲发展共同体中，64%的出口由南非提供，而其他国家的出口份额在0.4%到10%之间。在西非国家经济共同体中，区域经济共同体内部出口由尼日利亚（44%）和科特迪瓦（34%）占主导。在东南非共同市场中，82%的共同体内部出口由肯尼亚（29%）、利比亚（15%）、埃及（13%）、赞比亚（11%）、津巴布韦（8%）和乌干达（6%）占主导。阿拉伯马格里布联盟内部出口由突尼斯（37%）、利比亚（30%）和阿尔及利亚（23%）占主导，这三个国家总共占据了阿拉伯马格里布联盟90%的出口。在其他区域经济共同体中，共同体内部的出口也主要来自于少数国家。

区域经济共同体的主要出口目的地为欧盟和美国，平均占据了57%的非洲区域经济共同体出口，对于一些区域经济共同体而言，欧盟和美国占据了它们出口市场的60%以上（图2-4）。

2000—2007年，非洲区域经济共同体内部进口的前五大区域经济共同体为萨赫勒—撒哈拉国家共同体（CEN-SAD，34%）、南部非洲发展共同体（SADC，32%）、西非国家经济共同体（ECOWAS，22%）、东南非共同市场（COMESA，16%）、阿拉伯马格里布联盟（UMA，9%）。在萨赫勒—撒哈拉国家共同体中，66%的贸易来自少数国家：埃及为24%、尼日利亚为16%、摩洛哥为15%、突尼斯为11%。在南部非洲发展共同体中，69%的进口由南非提供，其次为安哥拉

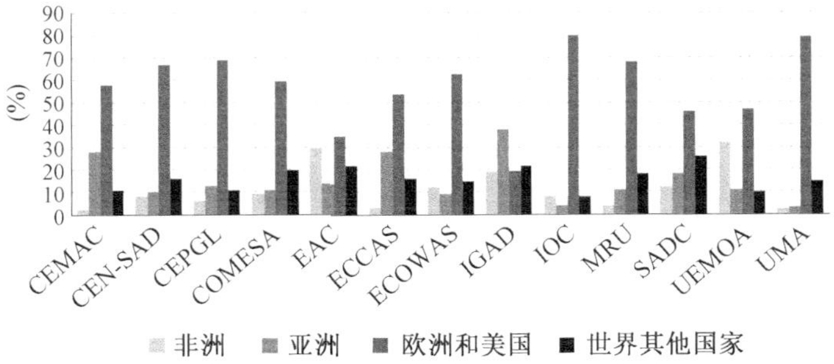

图 2-4　非洲区域经济共同体的总体出口方向

(9%)。在西非国家经济共同体中,区域经济共同体内部进口由尼日利亚(40%)、利比亚(14%)、加纳(11%)和科特迪瓦(9%)占主导。在东南非共同市场中,66%的共同体内部进口由埃及(45%)、利比亚(12%)和肯尼亚(8%)占主导。阿拉伯马格里布联盟内部进口由安哥拉(32%)、摩洛哥(31%)和突尼斯(22%)占主导。

从各个国家的贸易情况来看,南非是非洲进出口的主导国,2000—2007 年,南非的出口商品价值为 59 亿美元,占据了非洲内部出口贸易的 29.6%;其次为尼日利亚,其出口商品价值为 30 亿美元,占据非洲内部出口贸易的 10.4%。非洲其他重要出口国为科特迪瓦(9.3%)和肯尼亚(4.7%)。就进口而言,南非也是非洲最大的进口国,其次为津巴布韦、赞比亚和加纳。

2.2.2　区域人口变化

非洲国家独立后,随着经济、科学的发展和医疗卫生事业的进步,非洲人口的死亡率大幅度下降,而人口的出生率仍保持在高位的水平,加上许多国家领导人对人口增长问题的忽视,导致非洲的人口生育长期以来处于严重的失控状态。非洲的人口发展主要表现出以下几个特征:

人口高速增长。从 20 世纪 50 年代至今非洲人口一直保持着高速的增长势头。从 20 世纪 70 年代开始,非洲人口的增长速度就超过了原先最快的拉丁美洲,成为世界上人口增长率最快的地区,尤其是 70 年代中后期到 80 年代,其人口增长达到巅峰,年平均增长率将近 3%,此后增长率因多种原因有所减缓,但减幅不明显,至今一直处于世界的最高位,接近全世界年平均人口增长率的 2 倍。伴随着高速的人口增长率,非洲的人口总量也处于持续上升的过程中,其总人口由 1980 年的 4.82 亿人增长到 2010 年的 10.32 亿人,30 年间翻了 1 倍多。非洲人口的增长势头反映了人口增长处于过渡初期阶段的特征,即人口的增长由原先的高出生率、高死亡率、低自然增长率的“高高低”的传统增长形态向低出生率、低死亡率、低自然增长率的“低低低”的现代人口增长形态过渡(图 2-5)。

人口分布极不均衡。非洲人口主要分布于沿海国家,在 2010 年非洲人口密度前 10 名的国家中仅有卢旺达、布隆迪和乌干达 3 个内陆国家,其余的均为沿海

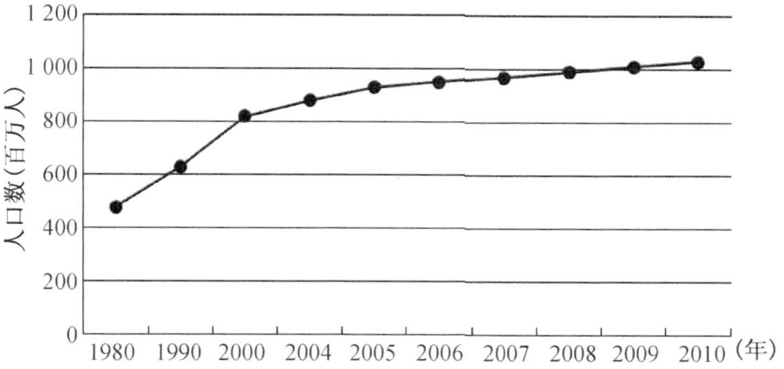

图 2-5　非洲人口增长

国家或岛国,其中毛里求斯人口密度最大,是排在第 2 位的卢旺达的 2 倍左右。非洲人口密度最低的国家是纳米比亚,仅为 2.7 人/km²,与排名第 1 位的毛里求斯每平方千米相差 600 多人(图 2-6,表 2-2)。

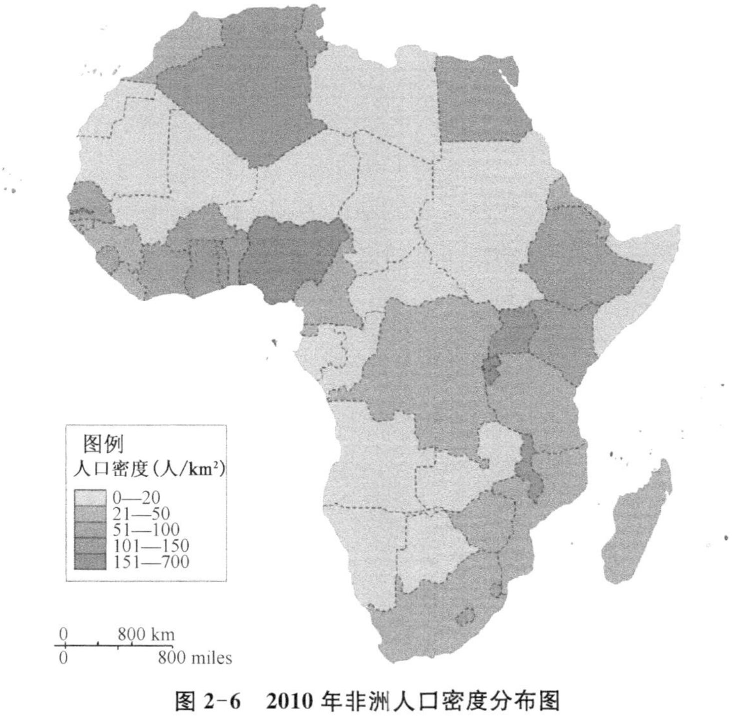

图 2-6　2010 年非洲人口密度分布图

表 2-2　2010 年非洲人口密度前 10 名国家

国家	人口密度(人/km²)	排名
毛里求斯	635.8	1
卢旺达	390.2	2
科摩罗	309.2	3

续表 2-2

国家	人口密度(人/km^2)	排名
布隆迪	306.1	4
塞舌尔	186.8	5
尼日利亚	171.3	6
圣多美和普林西比	171.2	7
冈比亚	155.0	8
阿尔及利亚	148.4	9
乌干达	140.2	10

以青少年为主的人口年龄结构。2008 年非洲 0—14 岁、15—64 岁、65 岁以上的人口数分别为 4.1 亿人、5.4 亿人、0.4 亿人,比例分别为 41.4%、54.5%、4.1%。非洲人口的年龄结构突出表现在三个方面:一是极度的年轻化,这是非洲的人口年龄结构最显著的特征。长期以来非洲的人口增长率居高不下,人口规模 20 多年就会扩大 1 倍,而人口的平均寿命又是全世界最低的,因此人口呈年轻化倾向。1950 年非洲人口的年龄中位数为 19.0 岁,而到 2000 年仅为18.4 岁,有减无增。这其间的 70—90 年代,非洲的年龄中位数都还不到 18 岁。二是人口年龄结构变化非常小,人口的年龄段波动不大。三是当前非洲人口的年轻化趋势表明,在未来相当长的一段时间里,人口增长将继续保持迅猛的势头。

老年人口逐步上升,面临着人口老龄化的挑战。2010 年,非洲 65 岁以上的老年人口为 0.36 亿人,占非洲总人口的 3.6%。1980 年,65 岁以上的老年人口占总人口的 3.1%,老年人口在过去 40 年里得到了稳步地上升。其中,1980 年,女性 65 岁以上的人口占女性总人口的 3.4%,到 2010 年上升到 3.9%;同时期,男性 65 岁以上的人口占男性总人口的比例分别为 2.8%和 3.2%。2010—2030 年,非洲老龄人口的数量增长将加速。据估计到 2030 年,老年人口将占非洲总人口 4.5%;到 2050 年,老年人口将占总人口的 10%(图 2-7)。

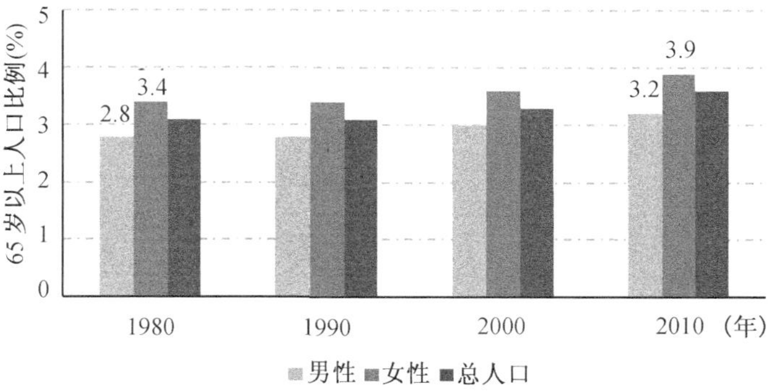

图 2-7　1980—2010 年非洲男女 65 岁以上人口所占比例

非洲人口老龄化现象与青年人口前所未有的增长同时发生。目前，非洲人口老龄化面临着不同的挑战。非洲许多国家的卫生保健系统薄弱，不能充分解决老年人所产生的健康问题。同时，许多非洲区域缺乏可靠的社会安全网络，增加了贫困的普及，特别是在以老年人为首的家庭中以及艾滋病毒和艾滋病肆虐的国家中，照顾者急剧减少。与艾滋病毒和艾滋病流行相关的是家庭结构的不断变化，老龄父母的数量增加，并要照顾受艾滋病毒侵害的孙子。目前，非洲超过 50%的孤儿与其祖父母生活在一起，祖父母靠有限的资源和不稳定的收入来维持他们的生活。

从国家层面的人口变化趋势来看，1990 年和 2010 年间，1/3 的国家(53 个国家中的 16 个)65 岁以上的人口少于 4%。1990 年，加蓬老年人口比例最大，为 5.6%，其次为佛得角(4.8%)和突尼斯(4.6%)。到 2010 年，突尼斯超过其他国家，成为老年人口比例最大的国家(7.3%)，其次为毛里求斯(6.9%)。这两个国家的老年人口在过去 20 年里几乎翻了一番。其他国家如利比亚、博茨瓦纳和南非也经历了类似的现象。然而，非洲国家之间十分不同，加蓬、圣多美和普林西比、赤道几内亚的 65 岁以上的老年人口比例在下降，而中非在过去 20 年里老年人口比例保持不变。加蓬、圣多美和普林西比、赤道几内亚这三个国家老年人口比例下降的原因现在尚不清楚(图 2-8)。

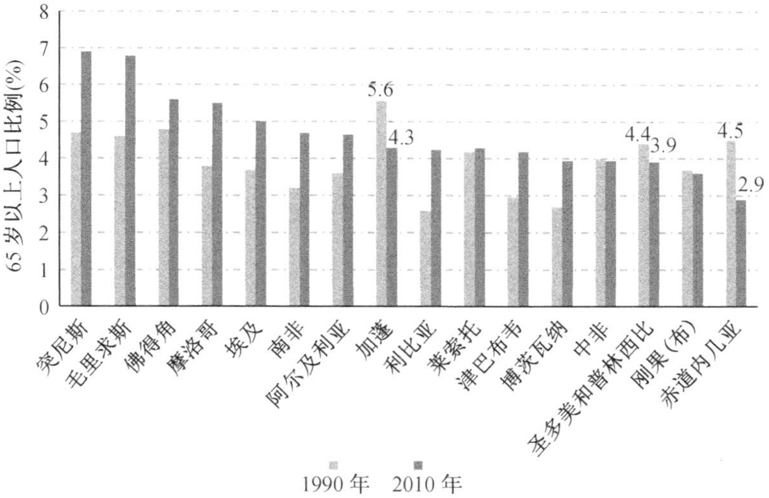

图 2-8　1990—2010 年非洲 65 岁以上人口比例超过 4%的国家

总的来说，中等收入国家如毛里求斯、突尼斯、摩洛哥、阿尔及利亚、埃及和南非人口老龄化增长最快，这些国家 65 岁以上的人口占总人口的比例在 4.5%和 7.3%的范围内。其他国家如利比亚、博茨瓦纳、津巴布韦和吉布提也经历了较快的老年人口增长。在过去的 40 多年里，相比于非洲其他国家而言，这些国家的老年人口增长与生育率急剧下降相关。许多国家在改善卫生保健服务系统、减少儿童死亡率方面取得了显著的进步，因此提高了出生时预期寿命和健康预期寿命。

然而，对于南非、博茨瓦纳、莱索托、津巴布韦和斯威士兰等国家，老年人口比例规模的上升可以归因于艾滋病毒和艾滋病的高流行性导致青年和中年人口紧缩，事实上，生育率持续下降的同时，这五个国家的出生时预期寿命也在下降。

人口出生时预期寿命较低。与工业化国家相反，在发展中国家，特别是在非洲，出生时预期寿命仍相对较低。1990 年，非洲的平均出生时预期寿命为 53 岁。近年来，非洲平均出生时预期寿命有了稳定的上升，2010 年为 56.0 岁。1990 年，非洲女性的出生时预期寿命为 54 岁，较男性高，男性出生时预期寿命为 51岁。2010 年，男女出生时预期寿命分别为 55 岁和 57 岁。非洲健康预期寿命（各年龄的预期寿命权重，考虑到不同生命历程的健康水平）在 2000 年时较低为 39.5 岁，2002 年增加到 42.7 岁，2007 年增加到 48.9 岁。非洲人口预期生命指数反映出人口结构的变化（图 2-9）。

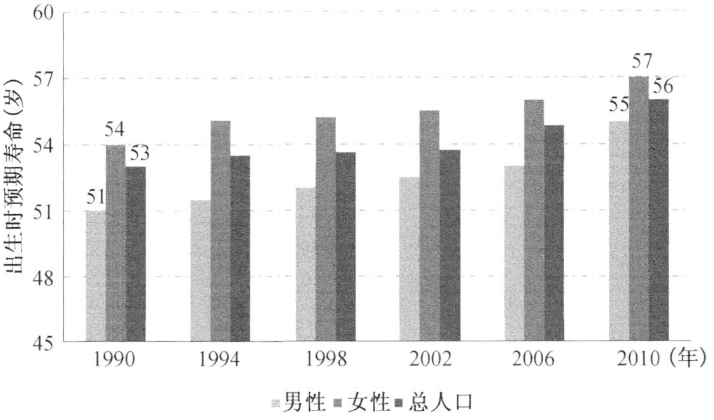

图 2-9　1990—2010 年非洲出生时预期寿命

2.2.3　社会经济发展特征

非洲目前是世界上经济发展水平最低的洲。大多数非洲国家经济落后，采矿业和轻工业是非洲工业的主要部门；黄金、金刚石、铁、锰、磷灰石、铝土矿、铜、铀、锡、石油等的产量在世界上占有重要地位；轻工业以农畜产品加工、纺织为主；木材工业有一定的基础，制材厂较多；重工业有冶金、机械、金属加工、化学和水泥、大理石采制、金刚石琢磨、橡胶制品等部门。非洲的经济发展表现出以下的特点：

1）增长与贫困并存，两极分化明显

非洲已经成为世界上经济发展最快的地区之一。2001—2008 年，非洲年均经济增长率从 20 世纪 90 年代的 2.3%增加到 5.6%，是 21 世纪初全球平均增长率的两倍多。2001—2008 年，在所有非洲国家中，超过1/3 的国家经济增长率超过 5%。非洲经济高增长率的趋势已经得到了稳定的基础，即使在金融危机时期，2009 年非洲国家仍保持着 2.5%的增长率。非洲近年来的经济一直保持在持续

上升的态势，并且按照非洲开发银行的估计，这种增长态势还将持续。2009 年非洲 GDP 为 14 797.5 亿美元，人均 GDP 为 1 452 美元，实际 GDP 增长率为 3.1%，通货膨胀率为 10%(图 2-10、图 2-11)。

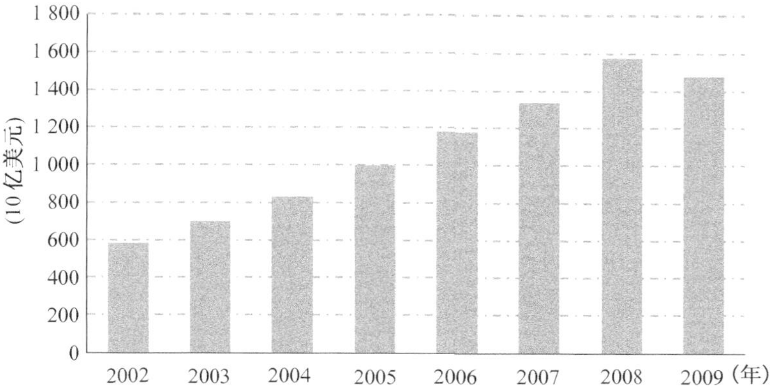

图 2-10　非洲历年地区生产总值

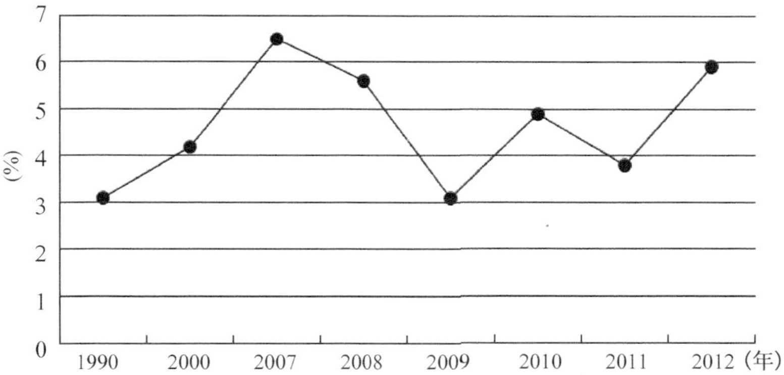

图 2-11　非洲历年 GDP 增长率

注:2011 年和 2012 年的数据为估算值。

在看到非洲经济不断发展和具备继续发展潜力的同时，我们同样不能忽视非洲仍是世界上最不发达的洲这一事实，非洲市场在世界中仅占一小部分份额。非洲国家的国内生产总值与世界发达国家之间的差距仍然很大，并且这种差距有逐渐扩大的趋势，其中有一部分国家面临着边缘化的危险。非洲仍有许多国家处于贫困之中，其贫困人口在世界贫困人口中占据了很大部分。在过去的 20 年里，非洲的贫困人群数量扩大了 1 倍，从 1.5 亿人增加到 3 亿人，占该地区人口总量的 40%以上。非洲是唯一在大多数千年发展目标[联合国全体 191 个成员国一致通过的一项旨在将全球贫困水平在 2015 年之前降低一半(以 1990 年的水平为标准)的行动计划]上落后的地区，按照这种趋势，将与 2015 年的目标相距甚远(图 2-12)。

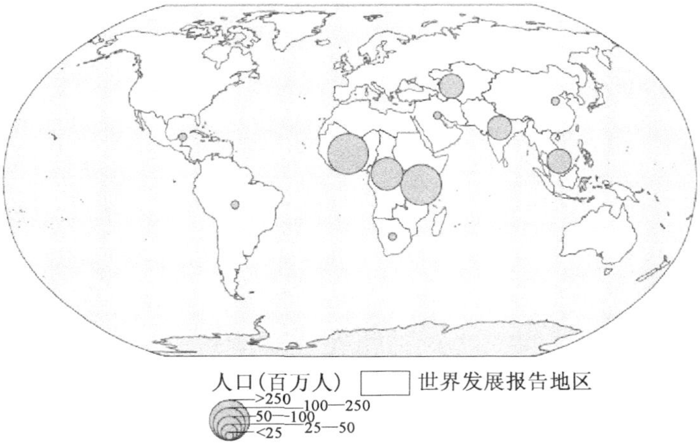

图 2-12　10 亿生活在全球最底层国家的居民

2）经济结构单一

非洲各国经济以外向型为主，基本上都为资源型单一经济结构，严重依赖外部市场，对外贸易已成为多数非洲国家经济增长的重要引擎之一。根据国际货币基金组织公布的数据，2008 年，撒哈拉以南非洲商品和服务贸易出口总值占当年国内生产总值的比例为 40.8%，其中约有 1/3 的国家超过 50%。从图 2-13 中也可以看出，农业和采矿业在非洲很多国家中都占有很大的比例。

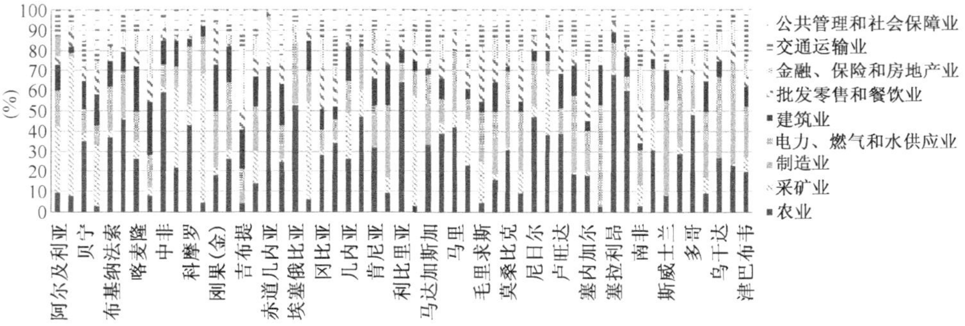

图 2-13　2009 年非洲各国产业结构

3）区域发展不平衡

非洲各国之间的经济发展极不平衡，经济发达的国家多为沿海国家、岛国或者是资源（特别是石油）丰富的国家。五个国家（阿尔及利亚、埃及、摩洛哥、尼日利亚和南非）占据了非洲大陆 GDP 的 60%左右，人均 GDP 从刚果（金）的 330 美元到博茨瓦纳的近 15 000 美元。在过去的 10 年里，中非、科特迪瓦和赤道几内亚的经济增长保持平稳，而安哥拉的年均经济增长为 13%左右。2009 年，非洲 GDP 最高的国家为南非，其 GDP 为 2 827.6 亿美元，最低的国家为圣多美和普林西比，其 GDP 为 2.1 亿美元(表 2-3)。2009 年非洲人均 GDP 最高的国家为赤道几内亚,其人均 GDP 达 14 975 欧元,是非洲人均 GDP 最低国家加纳的 100 倍多(加纳 2009 年人均 GDP 为 110 欧元)。由此可见,非洲经济发达地区与经济不发达地区之间相差甚大(图 2-14、图 2-15)。

表 2-3　2009 年非洲 GDP 和人均 GDP 前 10 名国家

国家	GDP(亿美元)	排名	国家	人均 GDP(欧元)	排名
南非	2 827.6	1	赤道几内亚	14 975	1
埃及	1 879.9	2	塞舌尔	9 354	2
尼日利亚	1 694.1	3	利比亚	9 153	3
阿尔及利亚	1 378.9	4	加蓬	7 369	4
摩洛哥	913.7	5	毛里求斯	6 665	5
安哥拉	696.9	6	博茨瓦纳	5 885	6
苏丹	657.9	7	南非	5 643	7
利比亚	587.6	8	突尼斯	4 238	8
突尼斯	435.2	9	纳米比亚	4 230	9
肯尼亚	293.9	10	阿尔及利亚	3 952	10

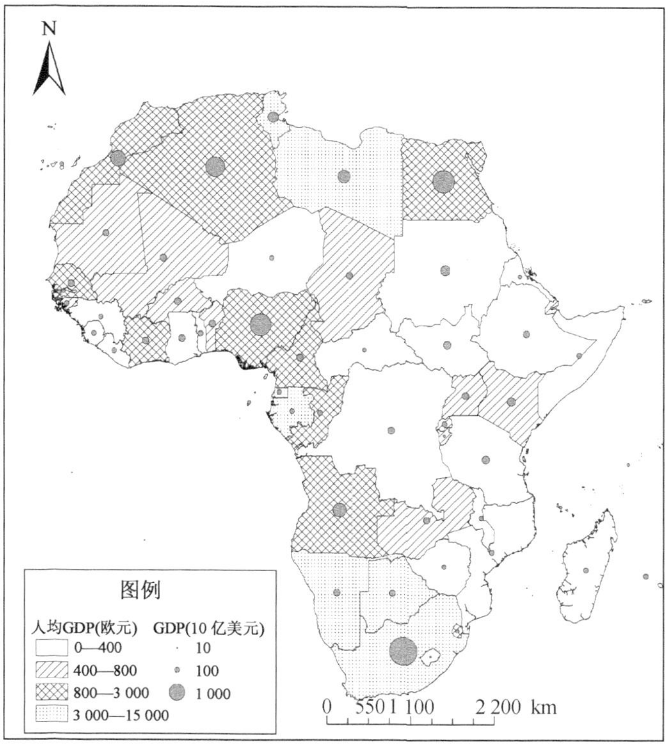

图 2-14　2009 年非洲 GDP 和人均 GDP 分布图

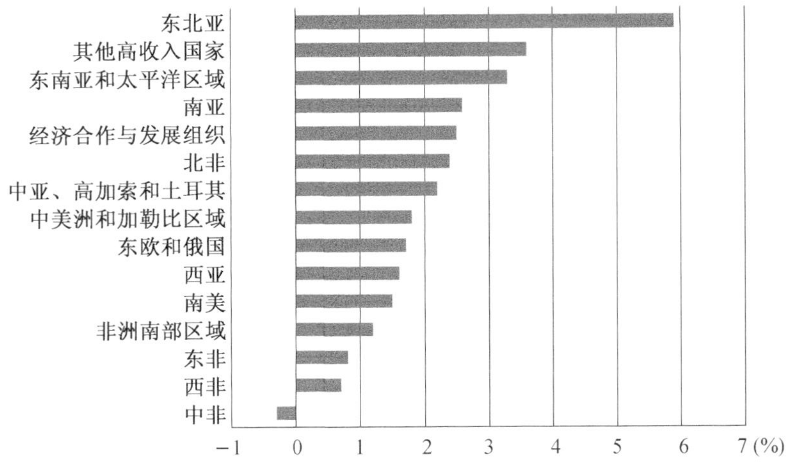

图 2-15　1960—2006 年人均国内生产总值增长率

4）经济空间地域分异差距较小

根据徐建刚等人(2006)的研究，非洲整体上属于经济发展的前期阶段，经济水平低，经济发展基本为“增长极”模式。经济发展水平较高的国家是非洲经济扩散的“极点”，如南非、埃及、尼日利亚、刚果(布)、加蓬、赤道几内亚等国家散布在非洲的各个区域；经济发展水平一般的国家除在非洲的北部和南部分布相对较为集中外，其他区域的分布也很分散；经济发展水平较差和很差的国家分布较为集中，主要分布在西部和中东部(图 2-16)。

非洲经济格局的形成是自然、社会、历史、制度以及文化等多种因素共同作用的结果，但主要的影响因子有以下几个方面：①自然资源(矿产)丰度。非洲有“富饶的大陆”之称，在世界 47 种主要矿藏中非洲有近 20 种占有特殊地位或位居首位。非洲各国单一的经济体系大都未能改变。因此，矿产资源丰度在相当大的程度上决定着非洲国家发展资本的原始积累，进而影响这些国家的发展潜力。如南非(金)、尼日利亚(石油)、埃及(长绒棉)、赞比亚(铜)等自然资源丰富的国家目前的发展态势就相对较好。②区位。目前非洲处于“增长极”发展模式的初期阶段，在这一时期，区位因素在很大程度上决定了经济的开放水平。因此，非洲沿海国家的经济水平总体上高于内陆的国家，特别是北非的埃及、利比亚、突尼斯、阿尔及利亚、摩洛哥扼守地中海的主要通道，南非扼守太平洋与印度洋交界处的水上要道好望角，地理位置均十分重要。这些地理区位较好的国家的经济水平在非洲处于中上游。③社会及历史因素。非洲国家是从摆脱殖民地的统治后才走上独立发展的道路的，因此大多数国家目前仍为单一的经济模式，还没有建立起较为完整的国民经济体系，这使得非洲国家虽然在政治上取得了独立，但在经济上依然没有真正摆脱宗主国的控制。与此同时，许多国家政局不稳，社会动荡，灾害频繁。如西非小国塞拉利昂，该国虽含有丰富的钻石资源，但围绕着钻石发生的战乱却长达九年之久；非洲之角的埃塞

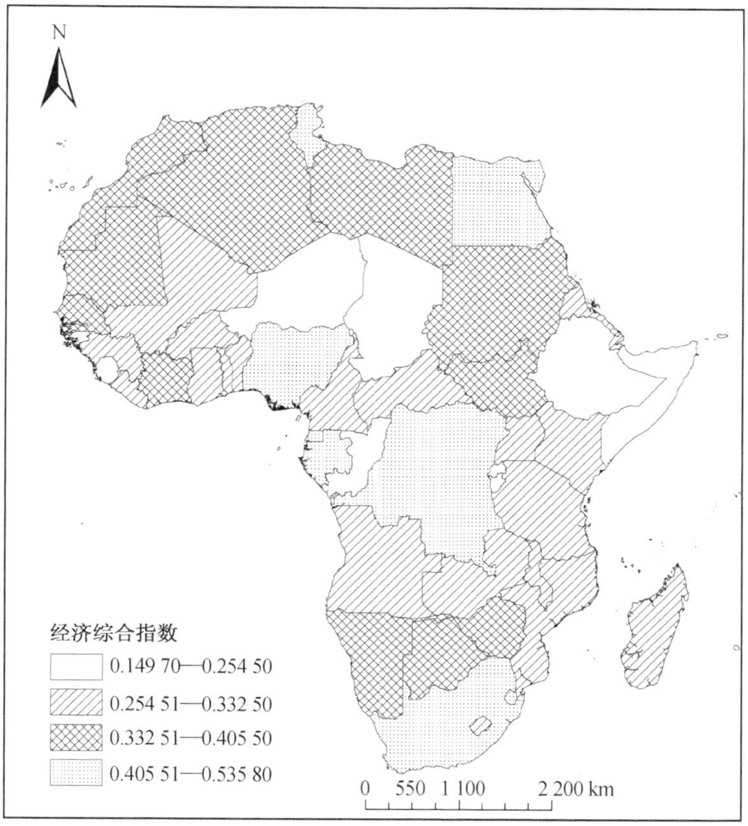

图 2-16　非洲各国经济综合指数空间分布图

俄比亚与厄立特里亚，因领土争端问题爆发的大规模的边境冲突不断。另外，地形地貌、气候以及文化等因素也对非洲经济格局有一定程度的影响。

2.2.4　面临的主要挑战

虽然非洲经济近年来取得了一系列的发展，但是仍面临着一些挑战，主要包括以下几个方面：

1）金融发展不足，需要建立包容性金融体制

非洲国家之间的金融发展差异很大，其中，低收入国家的金融发展是世界上最不发达的，而中等收入的国家金融发展较大，且机构覆盖面更为广泛。非洲低收入国家的金融部门，其深度和宽度有限，这已经成为这些国家发展的阻碍。尽管非洲一些低收入国家的经济近年来有所增长，但是私营部门的银行信贷在 GDP 中的比例与全球低收入国家相比仍较低。例如，乡村储蓄有限导致农业生产效率低，对中小企业的金融支持不足阻碍了工业或者高附加值服务业的发展。2009 年，撒哈拉以南非洲大约有 32 600 万名（80%）成年人没有银行存款。尽管人口和社会经济因素重要，但是他们并不是影响金融服务使用的唯一决定变量，其他因素也可以提高金融包容性水平，例如有利的监管环境、有效的政策行动、金融机构有针对性的积极的方法。对于非洲政策制定者和多边金融机构而言，将未有存款的人们纳入到正规的金融部门开设银行账户，并增加其信贷使用是一个严峻的挑战，同时该挑战被金融危机加剧。由于进入国际金融市场的一体化程度有限，非洲通过金融渠道受到全球金融危机的影响要低于其他地区。近年来，许多国家采取的谨慎宏观改革有助于缓解经济危机。然而，在撒哈拉以南非洲，私人部门信贷的增长仍在下降。尽管非洲整体的金融一体化有限，一些非洲国家(如尼日利亚)的贸易信贷额度仍受到了金融危机的重创。2010 年中期，尽管全球大多数金融贸易状况已经得到了改善，正处于恢复期，但非洲的许多市场仍面临着许多压力。虽然拥有很大的需求，非洲国家收紧银行的流动性被认为是高风险的，以至于贸易信贷变得过于昂贵，特别是对于小商贩而言。撇开金融危机，对于非洲许多低收入和依赖出口的国家而言，贸易金融有限持续阻碍着其贸易发展，需要加以解决。

2) 劳动生产率低下、经济结构多样化程度不足

目前，农业仍是许多非洲低成本国家的最大就业部门，剩余农业劳动力主要在非正规的城市部门从业。很多非洲低成本国家和其他发展中国家之间巨大和长期的劳动生产率的差距已经出现，但是从积极的方面来看，一些边缘国家(如乌干达、莫桑比克)的劳动生产率在最近几年加速，并取得了与印度类似的增长速度(图 2-17)。

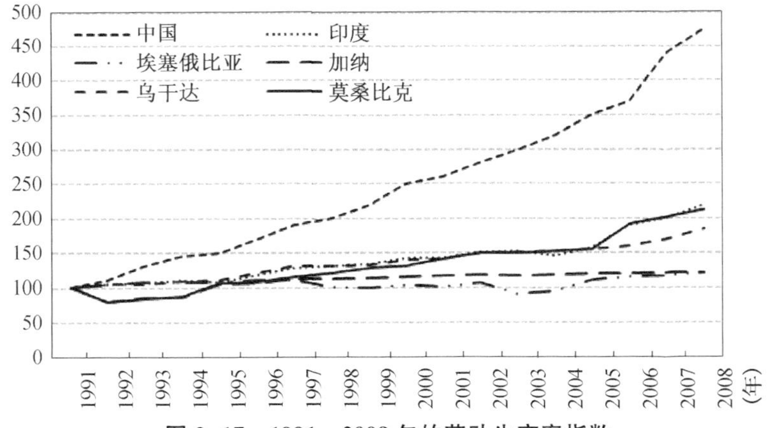

图 2-17　1991—2008 年的劳动生产率指数

与发达经济体劳动生产率之间的巨大差距表明，通过追赶，非洲国家的实际 GDP 增长率将可以达到 10%。按照这样的速度，到 2050 年，非洲的人均收入水平将达到欧盟新成员国的水平。为了实现该目标，非洲需要加速由农业发展向工业和高附加值服务业发展的结构转型。其他因素，例如有利的外部环境和改善的教育系统需要被放置在合适的位置。在大多数非洲国家，结构转型的缺乏是改革所面临的基本问题。虽然在过去 20 年里，非洲国家的农业份额有所下降(从 1990 年占 GDP 的 18.2%下降到 2008 年的 16.5%)，且大多数转化为低附加值的服务业和采矿业，同时在一些国家，金融和通信都有所增加。然而，非洲制造业的部门仍不发达，实际上自20世纪90年代早期以来，制造业呈现出稳步下降的态势，2008年占GDP的比例大约为10%（在东非地区，该比例超过了30%）。总体而言，由于结构转型和多样化有限，非洲大多数国家严重依赖传统初级产品的生产和出口，非常容易受到外部冲击的影响。许多非洲国家的经济由自然资源开采部门主导，产品多样化和增长技术含量受到挑战。除了一些例外（如埃及、毛里求斯、摩洛哥、南非、突尼斯），经济多样性缺乏和低技术水平限制了非洲很多国家的全球化进程，也阻碍了区域一体化。

3）人力资源不足，教育发展落后

非洲大约有20 000万人长期营养不良，43%的5岁以下的儿童由于缺乏营养而发育迟缓。全球的疟疾死亡90%都发生在撒哈拉以南非洲。另外，非洲有超过2 000万人带有艾滋病毒或患有艾滋病。教育不足阻碍了非洲人力资本的积累。撒哈拉以南非洲38%的成人是文盲，而37%的儿童无法完成小学教育，只有5%的适龄青年就读于大专院校。

尽管人力资源发展落后是经济增长的阻碍，但非洲的人力资源发展在过去的10年里还是有较大的跨越。非洲继续在与人力资源发展相关的千年发展目标方面取得进步，但这些进步相对于世界其他区域而言仍较落后。非洲主要在三个方面取得了进步：健康、教育和劳动力技能。健康是人力资源进一步发展的前提条件。非洲在改善人口健康状况方面已经取得了实质性的进展。自1990年以来，撒哈拉以南非洲5岁以下儿童的死亡率已经下降了22%，1 000个出生的婴儿中由184个死亡减少到2008年的144个。艾滋病和疟疾死亡的风险正在下降。艾滋病相关死亡从2001年的200万人下降到2007年的140万人，在此期间新感染人数从300万人下降到270万人。艾滋病毒感染率和艾滋病相关的死亡下降趋势主要是由于治疗的改善、行为的改变和脆弱人群的感染率下降所引起的。尽管有了这些进步，但是非洲在健康方面仍有很长的路要走。2008年，撒哈拉以南非洲的新增艾滋病毒感染人数占据了全世界的72%。解决贫困和饥饿是人力资源发展必不可少的，非洲生活水平低于1.25美元/天的人口降低了7%，从1990年的58%下降到2005年的51%。撒哈拉以南非洲的人民遭受饥饿的百分比在稳步下降，从1990—1992年的31%下降到2005—2007年的26%。尽管如此，这个比例仍较高，并且相对于其他区域而言进步较缓慢。

非洲在教育方面取得了重要的成绩，特别是自从达喀尔世界教育论坛建立以来，在普及小学教育方面取得了显著的进展。自1999年以来，撒哈拉以南非洲在入学注册方面取得了长足的进步，辍学人口数下降了近1 300万人，下降为2007年的3 200万人。1999年拥有大量辍学人口的国家在2007年有很大的下降，例如埃塞俄比亚、肯尼亚、莫桑比克、坦桑尼亚和赞比亚。1999—2007年，撒哈拉以南非洲的平均净入学率从56%上升到73%。然而，非洲仍面临着一些挑战，据估计撒哈拉以南非洲有38%（或者15 300万名）的成人，缺乏基本日常的识字和计算能力，而从积极的角度来看，撒哈拉以南非洲的成人识字率在21世纪有所增长，2007年达到60%左右。

4）基础设施发展不足，赤字严重

非洲问题研究者、非洲政策制定者和基础设施投资、捐赠者都意识到基础设施领域（能源、交通、信息通信技术、水和卫生）的薄弱阻碍了非洲大陆的增长和可持续发展。非洲，特别是撒哈拉以南非洲在基础设施可达性方面排在发展中地区的末端。据世界银行的估计，2008年非洲每年总共需要930亿美元的资金用于基础设施建设，但实际仅投入450亿美元的资金，尽管所有改革的目标都是提高基础设施的建设效率，成功减少了170亿美元的缺口，但每年仍有310亿美元的缺口需要解决。

总的赤字数据掩盖了非洲不同区域不同行业之间的巨大差距。基础设施赤字最显著的部门是能源部门，许多国家都遭受着常规的能源短缺和广泛的应急能源的问题，而信息通信技术的缺口很小。事实上，在使用移动电话方面，非洲的一些边缘市场也超前于主要的新兴市场经济体（如印度）。就非洲的子区域而言，东部非洲的基础设施落后于其他发达地区（表2-4）。

表2-4　撒哈拉以南非洲低收入国家和不同区域的基础设施状况

	单位	撒哈拉以南非洲低收入国家	其他低收入国家	西非国家经济共同体	东非共同体	南部非洲发展共同体	中部非洲
			交通				
铺装道路网络密度	km/1 000 km²	31	134	38	8	92	41
总道路网络密度	km/1 000 km²	137	211	144	105	214	132
			信息通信技术				
固定电话线路密度	用户/1 000人	10	78	28	6	74	13
移动电话线路密度	用户/1 000人	55	76	72	54	180	74
互联网连接密度	用户/1 000人	2.0	3.0	2.4	2.1	5.5	1.7
			能源				
发电量	瓦/人	37	326	31	24	175	44
电力使用	%	16	41	18	7	21	18
			水和卫生				
水	%	60	72	63	64	71	58
卫生	%	34	51	35	45	43	28

除了整体可用性有限，非洲的基础设施服务还存在相对于其他发展中地区而言十分昂贵的现象。同时相对于潜在使用者的购买力而言，其服务也相对较贵，这导致网络不能有效利用，部分是由于许多潜在使用者都被价格排除在了市场之外。导致使用价格较高的原因主要有两个：缺乏规模经济导致的生产成本高；缺乏竞争导致的高利润。高价格只是导致非洲基础设施无效的众多原因之一，其他原因包括：在众多领域中公共资源被过度分配到信息通信技术中；基础设施投资少于全面实施的财政预算分配；维护不够导致需要进行全面修复；分配阶段无效率和损失；基础设施服务价格低于成本。

2008 年，非洲基础设施花费总计大约 450 亿美元，其中 2/3 来自国内，1/3 来自国外资源。在大多数非洲国家，水、交通和能源在公共部门资助方面占主导，而信息通信技术已经从私人投资者中得到了很大的利益。鉴于公共资金和中央政府预算在新建基础设施投资中的重要性，改进和提高分配和支付这些资金的效率必须优先考虑。在这方面，非洲国家需要加强中期支出框架和改善财政治理和透明度。这些措施需要一些补充工作来提高低税收国家（如乌干达）的国内收入征收，同时加强非洲整体调动国内资源。捐赠者需要及时可预测地提供基础设施的融资，适当地强调维修资金，而不仅仅是新建基础设施。然而，提高国内收入调动需要时间，且来自传统捐赠者的官方援助在近期不会有明显的上升，非洲国家需要寻找新的投资，新投资要么来自新兴投资者，要么来自私人部门。在非洲的新兴捐赠者中，中国近年来十分活跃。据世界银行的报告称，2001—2006 年，中国政府在撒哈拉以南非洲地区的基础设施投资从每年不足 10 亿美元猛增至 70 亿美元。中国在非洲的基础设施投资中有近 2/3 集中在水力发电和铁路项目上。

5）城市贫困问题严重

城市中心在急速扩展，而其自身经济增长缓慢或停滞。在大多数撒哈拉以南的非洲国家，非支持性的和中央集权的国家政治框架的普遍存在则进一步加剧了这个问题。在撒哈拉以南非洲，有 52％的人每天依靠不到 1 美元生活；1998 年，乡村贫困人口每月的平均开支仅为 14 美元，城市贫困人口为 27 美元；59％的乡村人口和 43％的城市人口生活在贫困线以下。与此相对应的是，撒哈拉以南非洲地区的城市贫困问题严重，贫困差距率为 16％。从一份 21 个撒哈拉以南非洲国家的调查结果来看，斯威士兰的城市贫困发生率最高，为 59％；埃塞俄比亚、几内亚比绍和赞比亚等国次之，为 53％；最低的毛里求斯和南非的城市贫困发生率也为 30％。

2.3 区域交通发展

交通基础设施和运输服务在非洲的可持续发展过程中起着至关重要的作用。

高效机动性和客货及时运输需要发达的、安全的交通基础设施网络。虽然撒哈拉以南非洲地区已经具备了基本的交通基础设施骨架，但从总体上来看，仍然处于落后阶段。

2.3.1 公路运输

公路是非洲主导的交通方式，承担了非洲将近 80%的货运和 90%的客运。非洲的公路网络密度低，而且大部分公路条件质量差，缺乏较好的维护。2005年，在整个非洲大陆上，铺装公路仅有 580 066 km，所占比例仅为 22.7%(UNECA, 2009)。目前，许多非洲国家已经开始通过征收燃油税作为道路基金资助来维护干线公路网，有一小部分国家则通过建立自主道路机构来提高或者监督道路维修项目。通过这些措施，非洲目前已有 80%的公路质量处于良好或者中等水平。脆弱的道路运输条件直接导致了非洲大部分国家高昂的运输成本，而高昂的运输成本在非洲内陆国家表现得尤为明显。以对外贸易为例，平均来说，交通成本占整个出口价值的比例达到了 30%左右，与此相对应，这一指标在发展中国家仅为8.6%。公路事故也频频发生，非洲拥有着最高的人均公路事故发生率。

从区域差异来看，非洲的公路区域发展不均衡，主要集中在沿海国家，且其主干道网络是由连接深海港口和它的经济腹地的战略贸易走廊组成。这些走廊每年的贸易额为 2 000 亿美元，长度不超过 10 000 km。由于关键部分的连接缺乏和维护不良，区域干道网络或者跨非洲高速公路仍是一个遥远的现实，要提供这样的连接，需要 60 000—100 000 km 的公路。然而，相对于其他发展中国家来说，非洲的国家道路网络密度仍然较低，仅为 204 km/1 000 km^2，其中只有 1/3 的为铺装路面，而世界平均的道路密度为 944 km/1 000 km^2，其中超过 1/2 是铺装路面。然而就 GDP 来说，撒哈拉以南非洲拥有较高的道路密度。在马达加斯加、马拉维、莫桑比克和尼日尔，道路网络的资产价值超过了 GDP 的 30%，表明道路维护产生了较大的经济负担(图 2-18)。

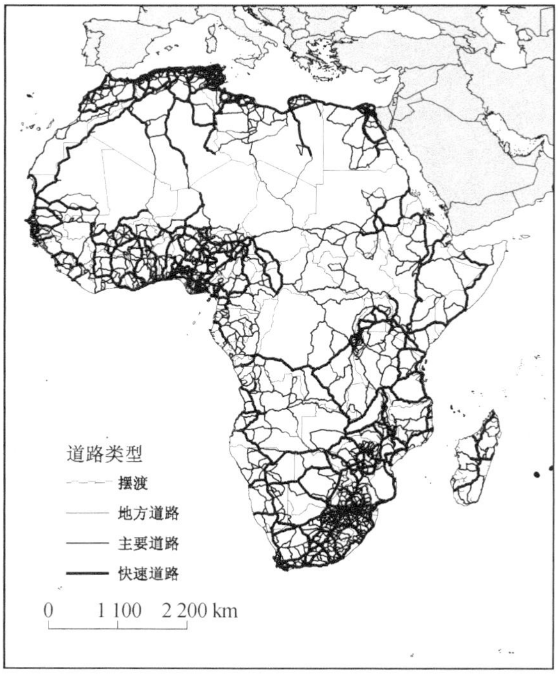

图 2-18　非洲道路网络分布

非洲的交通量仍然很低并且

集中于主要道路网络。据统计，在大多数国家，等级道路网络上至少有 90%的交通量都集中在主要网络上。除了尼日利亚和南非以外，非洲主要道路网络的交通量平均仅为 500 辆/天，乡村道路网络运载的交通量占等级道路网络交通量的比例少于 10%。但在埃塞俄比亚、马拉维和尼日利亚，该比例则超过 20%。除了尼日利亚，非洲乡村网络的绝对交通量十分低，平均为 30 辆/天（表 2-5）。

表 2-5 主要道路网络的每日平均交通量 （辆）

国家类型	等级道路网络			铺装道路网络	未铺装道路网络
	一级	二级	三级		
低收入国家	934	182	28	1 054	50
较低中等收入	1 186	303	39	1 474	95
较高中等收入	5 469	117	24	2 883	5

总体上来说，非洲的道路条件也落后于其他发展中国家。大约有 1/2 的主要道路网络处于好的状况中，1/3 的道路是处于良好的状况中。乡村道路网络中仅处于好的状况和处于良好的状况各占 1/4。究其原因，道路质量的不同主要是以下几个因素相互作用的结果：第一个因素是支付能力，人均 GDP 与处于良好状况中的主要道路网络密度最密切相关，富有的国家在维护上支出的更多。然而，乡村公路却没有这样清晰的联系。第二个因素是地形和气候，山区和潮湿的国家一般拥有较差状况的道路。第三个因素是道路机构和融资框架差异，拥有道路基金和道路机构的国家有更好的道路状况。其中，道路基金设计和燃料征税水平对主要道路网络的质量有很重大的影响，其对乡村道路的影响却没有那么明显。南非是个例外，既拥有质量良好的主要道路网络，又拥有有效的道路机构和一致的资助道路维护的政府承诺。处于良好状况的道路网络资产价值在其潜力价值中的比例却没有很大的不同，所有的国家至少实现了其潜力的 70%，这表明维护工作都主要集中于高价值的铺装道路网络上。通过好的预算金融和专业公共主管部门的执行及机构获得好的管治对于保障道路质量十分关键。拥有道路基金和高燃料征税的国家在提高融资方面更成功，进而在主要道路网络上质量更高（图 2-19）。

乡村道路发展不足和可达性差是非洲公路发展面临的另一个问题。非洲仅有 34%的乡村人口居住在主要公路 2 km 的范围内，而在其他发展中国家该比例为 65%。乡村公路落后直接限制了农业生产的发展。由于缺乏乡村支线道路，农产品的运输成本达 2.00 美元/(t・km)。乡村人口在空间上的疏散分布造成了使非洲可进入的乡村公路比例由 40%上升到 80%的花费十分巨大，而且需要建设的非洲公路网长度是现有的 2 倍多（图 2-20）。这表明根据非洲农业发展潜力来决定乡村公路是否优先投资是十分重要的。

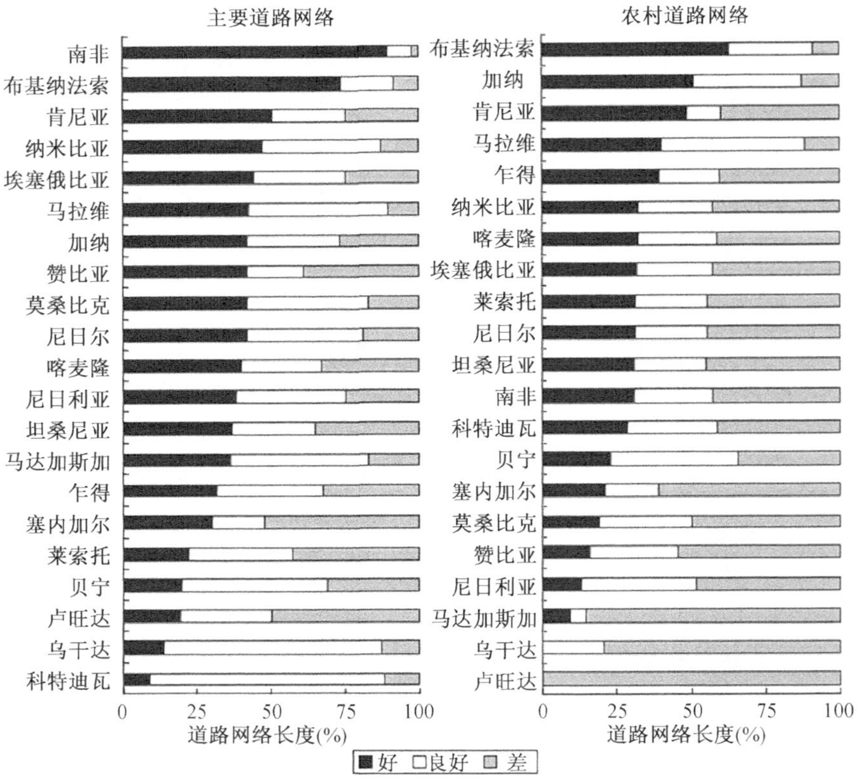

图 2-19 非洲各国道路质量概况

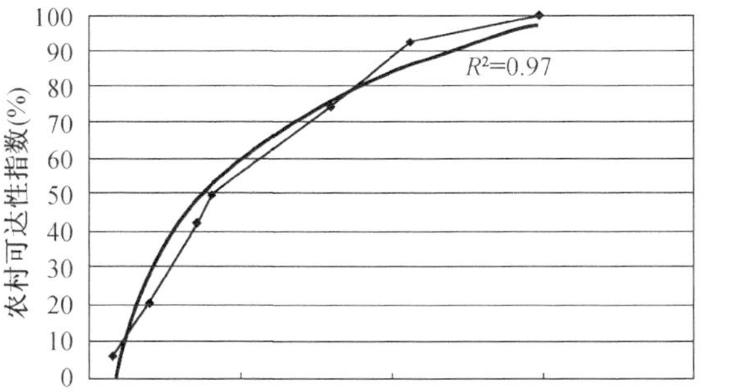

图 2-20 非洲全天候道路所需的千米数

平均而言，撒哈拉以南非洲国家在主要道路网络上的支出为 9 000 美元/km，其支出占 GDP 的比例略低于 2%，而工业化国家该比例为 1%，快速增长的新兴国家该比例为 2%—3%。尽管如此，非洲的道路绝对支出仍很低，主要道路网络的维护支出范围在从乍得的 200 美元/km 到赞比亚的 6 000 美元/km 中变化。主要道路网络的每千米道路维护支出是乡村道路网络的 2 倍左右。与此矛盾的是，低收入国家整体上每千米道路的维护支出要比中等收入国家高 50%，同时拥有道路机构和高燃料征收税的国家比没有这些的国家支出要少。究其原因主要是道路支出的资本偏向明显不同,在资源丰富和低收入的国家,特别是那些没有足够的道路维护融资机构制度的国家,投资占据了支出的 2/3。中等收入国家及拥有高燃料征收税的国家倾向于在维护上支出更多,而不是产生更高的道路总支出(图 2-21)。

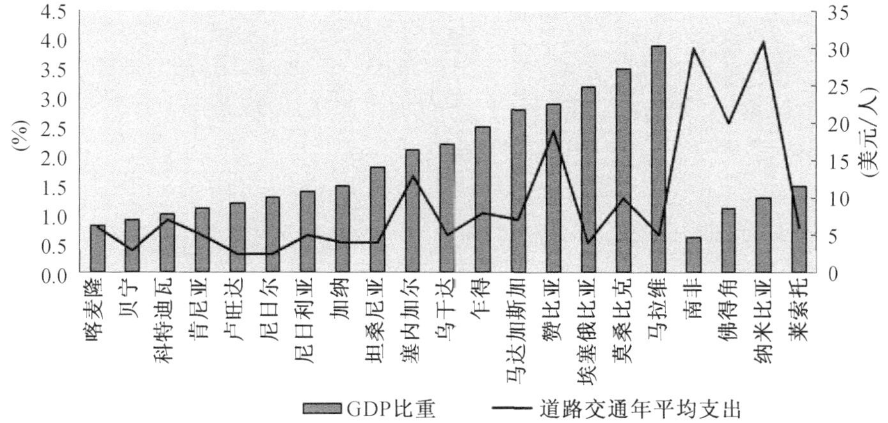

图 2-21　2001—2005 年非洲国家道路交通年平均支出

此外,非洲的公路交通发展受到非洲各国间高昂的公路货运关税的限制;城际公路网络发展不完善,标准化程度低;公路交通量小,且多集中于主干道网络上;交通事故频发,公路交通安全是一个亟待解决的问题。

对于非洲的公路交通,泛非洲公路网规划(Trans Africa Highway, TAH)设计了理想的公路网络(图 2-22),包括三纵六横共九条跨国公路,总长为 59 100 km,目标是提供一个质量良好的公路网络,使得该网络可以直接连接非洲大陆各国首都,加强各国的政治、经济、社会整合和凝聚力,保证重要地区的生产和消费有公路交通设施作为保障。

这九条高速公路的基本情如下:

(1) 开罗—达喀尔公路:总长为 8 640 km,沿北非地中海沿岸的主要沿海路线,延伸到非洲西北部的大西洋沿岸。除了摩洛哥—马里塔尼亚边境的几千米沙漠路段外,该公路其他部分已经建成。

(2) 阿尔及尔—拉各斯公路:也被称为跨撒哈拉公路,全长为 4 500 km,是一个跨国公路建设项目,目的是为了改善与加强横跨撒哈拉沙漠现已存在的贸易环境。除 200 km 的沙漠路段需要铺设外,该公路已基本完成,但边境和安全控制区域限制道路使用。

(3) 的黎波里—温得和克公路:全长为 9 600 km,是泛非洲公路网中最长的一条线路。这条公路经过的区域大都为人口稀少的地区,经济活动较少,只能产生少量的交通流。并且这条公路有很大一部分的线路还处于缺失状态中,缺失长度大(3 700 km),相当于这条线路长度的 40%左右。

(4) 开罗—哈博罗内公路:泛非洲公路网中第二长的线路,总长为 8 860 km。

这条公路在埃及境内和南部区域的等级较高，是提供国际客货流、进出口货物通过南非和纳米比亚港口的重要交通路线，缺失线路较少。

(5) 达喀尔—恩贾梅纳公路：总长为 4 600 km，已铺装和正在铺装的线路长度为 800 km，剩余 3 800 km 的道路为双车道高速公路。该线路的交通流量处于中等水平，大约每天通过 1 000 辆车辆，其中 40%为重型车辆。

(6) 恩贾梅纳—吉布提公路：横跨沙漠或半沙漠地区，是苏丹、埃塞俄比亚、乍得内陆地区到达尼日利亚西部和苏丹、吉布提沿海港口等重要港口的交通运输动脉。该公路总长为 4 300 km，已铺好道路约为 40%。

(7) 达喀尔—拉各斯公路：横跨尼日利亚和塞内加尔间 11 个沿海国家。该公路的重要性表现在它为这 11 个国家的首都提供了最直接甚至是唯一的公路联系，并可以将其作为由港口腹地伸向内陆国家的道路起点。该公路总长为 3 900 km，其中 3 135 km 已经铺好。

(8) 拉各斯—蒙巴萨公路：总长为 6 260 km，38%有铺装路面。

(9) 贝拉—洛比托公路：从安哥拉西部港口城市洛比托经赞比亚、刚果(金)、津巴布韦至莫桑比克东部港口城市贝拉，全长为 3 523 km。

图 2-22 泛非洲公路网

传统上，非洲的道路管理集中于建设和改善基础设施条件，然而从经济的角度来看，最终起作用的是道路有效支持的程度、可靠和安全的交通服务。尽管一般都是私人部门提供这些服务，但是政府在管理这些服务方面起着关键的作用，交通的“软件”环境需要更多的关注。非洲的道路货运业管理和市场结构对国际走廊性能有限制，尽管相关的道路基础设施一般处于好的状况中，但是边境和港口的行政瓶颈使得这些线路的交通运输效率很低。非洲从 20 世纪 90 年代中期起进行了机构改革，目前，这些机构改革已经取得了良好的进步，并且在内容上显著一致。大多数国家拥有第二代公路燃料征收的资金支持，其他许多国家则拥有自主的道路机构。非洲国家已经建立了特殊的维护管理机构，引入了新形式的合同维护。虽然仍存在重要资金缺口的问题，但是非洲取得的成效仍是明显的。尽管非洲已经广泛应用了燃料征税来资助道路维护，但是燃料征税的水平在国家之间差异还是很大，其范围从标准的约 0.03 美元/L 到大约 0.16 美元/L。同时，许多国家在收集燃料征税方面遭遇重大的困难，其原因有逃税（坦桑尼亚）或者延迟转移收入（卢旺达），收入可能低至计划的一半。因此，贝宁、科特迪瓦、埃塞俄比亚、加蓬和赞比亚的道路基金仍依赖于预算分配，超过 3/4 的收入并不是来自于燃料征税，收费道路仅为等级道路的 0.1%，而南非全部等级道路均为收费道路。要达到收费道路特许的经济可行最低的交通流量为 15 000 辆/天，而仅有不到 10%的道路网络达到这一标准。非洲机构改革的第二阶段是建立道路机构，这是一个独立部门，负责承包公共工程。尽管取得了这些进步，非洲的机构改革仍未完成。在很多情况下，燃料征收设定的过低以至于不能有效的运行，道路基金和机构并不能总是满足所有实践良好的设计标准。现代合同和合同管理方式与国际标准仍有一定的差距。

2.3.2 铁路运输

非洲的铁路交通地位在过去的 30 年里有了很大的改变。20 世纪 80 年代，由于公路状况较差，铁路在非洲交通中占据了很大的比例。随着公路设施状况的普遍提高，铁路地位开始逐渐下降。

截至 2005 年，非洲铁路营运里程为 90 320 km，铁路网密度仅为 3.1 km/1 000 km^2，已有的铁路网络之间的联通程度很低。不考虑北非，撒哈拉以南非洲的铁路网络运输量很低，仅承担了相当于全球 1%的客运量和 2%的货运量。撒哈拉以南非洲共有 33 个国家拥有铁路，运营 52 条线路(图 2-23)。最早的铁路于 19 世纪六七十年代在南非修建，连接开普敦和德班港口与内陆，后来延伸到开普省、纳塔尔和德兰士瓦。直到 20 世纪之交非洲其他地区才开始大规模发展铁路。在所有的国家，铁路发展的模式是一样的，首先是一条连接港口和贸易中心或矿井的单独线路，然后过了一段时间一些支线开始建设。几乎所有的铁路线路都是在殖民政府的控制下修建的，大多数为国家所有，但是也有一部分是由授权公司建设的，或者是由于采矿业发展的需要，将铁路作为采矿运营的一部分来兴建的。尽管非洲大陆铁路总体规划已经存在了一个世纪，大多数非洲铁路网间仍缺乏联系，在单个国家运营或者是连接港口及其腹地，唯一的一条重要的国际铁路网是以南非为中心向北扩展到津巴布韦、赞比亚和刚果(布)。非洲的经济发展模式使得非洲铁路比世界其他地区与港口的联系更为紧密，铁路线路跨越超过一个国家，并且中间国家的铁路货物运输大多数都是过境的，仅有少量货运为起始交通运输。

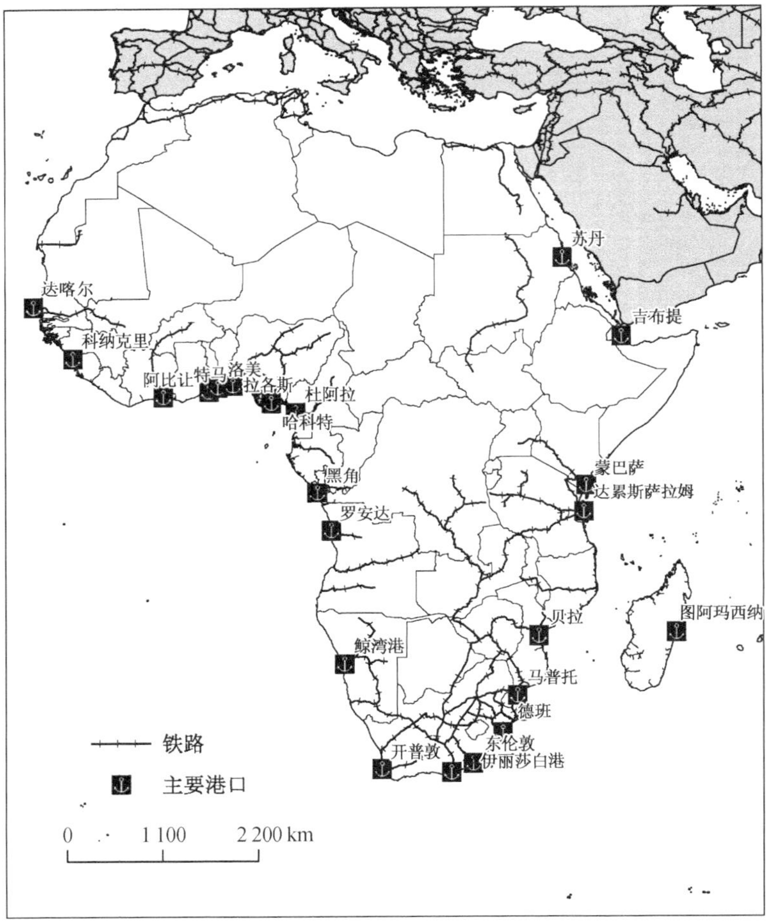

图 2-23　非洲铁路交通网络

非洲铁路存在多种轨距，撒哈拉以南非洲大多数铁路采用的是窄轨(Cape Gauge)或者米轨(Meter-Gauge)，南部非洲和中部非洲主要的相互连接网络采用的是窄轨，非洲北部的刚果(金)和坦桑尼亚南部地区及前英国属地加纳、尼日利亚和苏丹、刚果(布)小部分采用的也是窄轨。米轨被所有的前法国属地国家采用，东部非洲连接肯尼亚、乌干达和坦桑尼亚北部的网络及埃塞俄比亚的线路也采用的是米轨。

由于战争的摧毁、自然灾害或政府忽视和资金缺乏等因素，非洲铁路网络有部分目前已经停止运营。撒哈拉以南非洲总的铁路网络长度大约为 70 000 km，目前运营的长度约为 5 500 km；大多数铁路网络均为单轨；铁路网络密度较低，密度最高的国家为南非（17.7 km/1 000 km^2），其他国家的密度在 1—6 km/1 000 km^2 的范围内，撒哈拉以南非洲有 7 个国家没有铁路网络运营。用人口来衡量的话，撒哈拉以南非洲铁路网络密度最高的国家为博茨瓦纳（443 km/百万人），其次为加蓬（428 km/百万人），紧接着为南非（440 km/百万人）。其他撒哈拉以南非洲国家的铁路网络密度则处于 8—225 km/百万人的范围内（表 2-6）。

表 2-6　撒哈拉以南非洲铁路网络

国家	公司	长度(km)		网络密度		轨距(mm)
		总和	运营	km/1 000 km^2	km/百万人	
贝宁	贝宁—尼日尔铁路联营体(OCBN)	579	438	5.1	66	1 000
布基纳法索	波洛莱集团旗下的公司(Sitarail)	639	611	2.2	39	1 000
加纳	加纳铁路公司(GRC)	947	947	4.0	40	1 067
几内亚	几内亚国家铁路局(ONCFG)	662	383	4.3	104	1 000
	几内亚矾土公司(Bauxite)(3)	383	—	—	—	1 435/1 000
利比亚	利比亚铁矿石公司(Iron Ore)(3)	428	0	3.8	124	1 435/1 067
马里	铁路公司(Transrail)	584	584	0.5	51	1 000
	马里铁路运输公司(RCFM)	57	57	—	—	—
毛里塔尼亚	毛里塔尼亚国家矿业公司(SNIM)	704	704	0.7	225	—
尼日利亚	尼日利亚铁路公司(NRC)	3 505	3 505	3.8	23	1 067
塞内加尔	铁路公司(Transrail)	645	645	5.4	77	1 000
	塞内加尔国家铁路公司(SNCS/SETINCS)	408	408	—	—	1 000
塞拉利昂	塞拉利昂国家铁路公司(MMR)	84	0	1.2	13	1 067

续表 2-6

国家	公司	长度(km)		网络密度		轨距(mm)
		总和	运营	km/1 000 km^2	km/百万人	
多哥	铁路公司(CFT)	492	77	9.2	87	1 000
	铁路公司(CFTB)	30	30	—	—	1 000
喀麦隆	喀麦隆国家铁路公司(CAMRAIL)	1 100	1 016	2.3	58	1 000
刚果(布)	刚果(布)国家铁路公司(CFCO)	795	610	2.3	198	1 067
刚果(金)	刚果(金)铁路公司(SNCC)	3 641	2 200	2.1	73	1 067
	铁路公司(CFMK)	366	366	1.9	—	1 067
	铁路公司(CFU)	1 028	0	—	—	760
加蓬	加蓬铁路运营公司(SETRAG)	649	649	2.4	428	1 435
吉布提	埃塞俄比亚铁路公司(CDE)	100	100	4.3	194	1 000
厄立特里亚	—	117	0	1.0	21	1 000
埃塞俄比亚	埃塞俄比亚铁路公司(CDE)	681	681	0.6	8	1 000
肯尼亚	裂谷铁路公司(RVRC)	2 065	2 065	3.8	57	1 000
	马加迪铁路公司(Magadi)	171	171	—	—	—
坦桑尼亚	坦桑尼亚铁路有限公司(TRC)	2 605	2 605	3.8	87	1 000
	赞比亚铁路管理局(TAZARA)	969	969	—	—	1 067
乌干达	乌干达铁路公司(URC)	1 244	261	5.3	38	1 000
安哥拉	本格拉铁路局(CFB)	1 333	246	2.3	222	1 067
	罗安达铁路公司(CFL)	479	181	—	—	1 067
	木萨米迪什铁路公司(CFMO)	907	425	—	—	1 067
博茨瓦纳	博茨瓦纳铁路公司(BR)	882	882	1.5	443	1 067

续表 2-6

国家	公司	长度(km)		网络密度		轨距(mm)
		总和	运营	km/1 000 km²	km/百万人	
马拉维	中东非铁路公司(CEAR)	797	797	6.7	56	1 067
马达加斯加	马达加斯加铁路公司(MADARAIL)	723	723	1.5	43	1 000
	其他铁路公司(Other)	163	163	—	—	1 000
莫桑比克	贝拉铁路公司(CCFB)	987	314	3.9	144	1 067
	莫桑比克北部发展走廊有限责任公司(CDN)	871	611	—	—	1 067
	莫桑比克港口铁路公司(CFM)	1 129	1 129	—	—	1 067
	其他铁路公司(Other)	140	0	—	—	760
纳米比亚	纳铁公司(Transnamib)	2 382	1 683	2.9	1 129	1 067
南非	南非铁路公司(Spoornet)	20 247	20 247	17.7	440	1 067
	地铁轨道运营公司(METRORAIL)	1 318	1 318	—	—	1 067
斯威士兰	斯威士兰铁路公司(SR)	301	301	17.3	268	1 067
赞比亚	赞比亚铁路系统(RSZ)	1 351	1 351	3.2	203	1 067
	赞比亚坦桑尼亚铁路局(TAZARA)	893	893	—	—	1 067
	赞比亚铁路公司(ZR)	163	—	—	—	1 067
津巴布韦	津巴布韦国家铁路公司(NRZ)	3 077	2 759	8.3	283	1 067
	贝特桥—布洛瓦铁路(BBR)	150	150	—	—	1 067

撒哈拉以南非洲铁路的交通量密度较低，平均网络最高交通量密度在加蓬为270 万辆/km，其他国家中仅有喀麦隆的交通量密度超过 100 万辆/km（110 万辆/km），许多国家的铁路交通量密度平均低于 30 万辆/km。即使在南非，也有很多线路的交通量密度较低，可以将南非铁路公司（Spoornet）网络划分为三个类型：高密度——超过 200 万 t；轻密度——低于 200 万 t，但是增长前景较好；低密度——低于 200 万 t。大约有 50％为高密度，25％为轻密度，25％为低密度（图 2-24）。

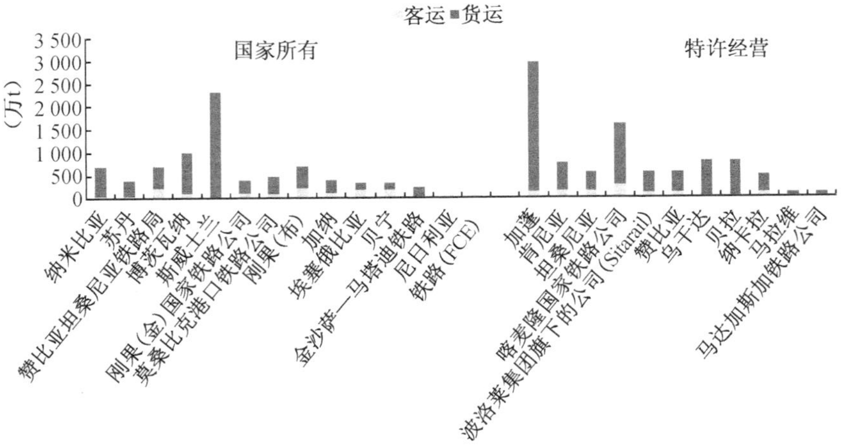

图 2-24　2001—2005 年撒哈拉以南非洲平均铁路网络的交通量密度

随着道路系统的开发和大型卡车的引进，一般高价值的货运逐渐转向公路，铁路货物交通运输日益集中在大宗矿物、农业和半散货上。虽然这种运营能够提供足够的资金以支付工作经费，但很少有铁路能够收集足够的储备以资助资产重建，这为通过双边或多边贷款提供了一个间接性的基础，以至于非洲铁路拥有不同种类的设备和铁轨。资产基础的稳步衰退意味着即便铁路部门近几年通过努力获取了高价值的货物（如集装箱）运输，但服务质量的低下导致它们在与公路竞争的情况下仅能取得少量的市场份额。

大多数非洲铁路面对的另外一个问题是客运服务的需求持续上升，却没有政府的预算补贴，各国政府已经开始满足这一需求，但仅占据了它们工作支出的一小部分，这不仅消耗了可以用于货运和基础设施资产更新的资金，还阻碍了用于产生资金的货运服务的运输能力。非洲铁路运营所面临的最后一个困难是在过去的 50 多年里受战争和民间骚乱的影响，铁路往往是其破坏的首要目标之一，并通过切断内陆与港口的线路对许多铁路产生了直接（如安哥拉、莫桑比克、埃塞俄比亚、厄立特里亚）或间接（如马拉维、布基纳法索）的影响。结果是大多数非洲铁路都已经非常破败，并有大量的基础设施和铁路需要修复。

撒哈拉以南非洲有很多为内陆国家建设新路线和整合孤立线路的计划，有些计划可以追溯到一个世纪前。最具野心的计划是于 1976 年由非洲铁路联盟（African

Railways Union，ARU)筹划的一个泛非洲铁路网络的总体规划，包括 18 个项目，需要建立 260 000 km 的新线路。这项规划旨在建立一个支持非洲内部贸易发展和区域经济一体化的网络，于 1979 年由非洲统一组织(Organization of African Unity，OAU)通过，但这个规划很少得到实施。非洲铁路联盟现在集中于修订了一个 2001 年的总体规划，包含一个 10 条铁路交通运输走廊的集合(表 2-7、表 2-8)。

表 2-7　非洲铁路联盟于 1976 年筹划的铁路连接线路

	路线	所经国家
1	a. 巴马科—锡卡索—博博迪乌拉索 b. 锡卡索—瓦加杜古 c. 帕拉库—尼亚美—昂松戈—加瓦 d. 瓦加杜古—多里—尼亚美	马里—布基纳法索 马里—科特迪瓦 贝宁、尼日尔和马里 尼日尔—布基纳法索
2	a. 杜古—库佩拉—贾帕加—多索 b. 霍—塞博鲁埃 c. 波贝—伊拉罗	尼日尔—布基纳法索 多哥—贝宁 贝宁—尼日利亚
3	a. 考拉纳莫达—多索—尼亚美 b. 扎里亚—加雅—多索	尼日尔—尼日利亚
4	迈杜古里—恩贾梅纳—亚拉	尼日利亚—乍得和苏丹
5	丁博克罗—恩泽雷科雷—坦巴昆达—努瓦克肖特—努瓦迪布—马拉喀什	科特迪瓦、利比亚、几内亚—塞舌尔—毛里塔尼亚和摩洛哥
6	科索萨—巴马科	几内亚—马里
7	a. 苏尼亚尼—瓦加杜古 b. 阿克拉—特马—洛美 c. 阿比让—塔科腊迪	加纳—布基纳法索 加纳—多哥 科特迪瓦—加纳
8	布利塔—帕马—贾帕加—多索	多哥、布基纳法索、尼日尔
9	a. 雅温得—班吉 b. 戴恩—班吉—贝林加 c. 贝林加—雅温得	喀麦隆—中非 苏丹—中非—刚果(布)—喀麦隆—加蓬 加蓬—喀麦隆
10	a. 阿斯旺—瓦迪哈勒法 b. 瓦乌—苏巴—古卢 c. 朱巴—穆贝雷 d. 古卢—阿鲁阿—穆贝雷	埃及—苏丹 苏丹—乌干达 苏丹—刚果(金) 乌干达—苏丹—刚果(金)
11	斯法克斯—的黎波里—萨隆	突尼斯—利比亚
12	萨利马—利隆圭—姆钦吉—姆皮卡	马拉维—赞比亚
13	a. 阿科达特—特瑟内 b. 亚的斯亚贝巴—内罗毕	埃塞俄比亚 埃塞俄比亚—内罗毕
14	莱博—金沙萨和布拉柴维尔	刚果(金)—刚果(布)

续表 2-7

	路线	所经国家
15	塞尔帕平托—(赞比亚)	安哥拉—赞比亚
16	戈巴比斯—弗朗西斯镇	纳米比亚—博茨瓦纳
17	托什姆—塞尔帕平托—金沙萨—布拉柴维尔—姆宾达—弗朗斯维尔	纳米比亚、安哥拉、刚果(金)、刚果(布)和加蓬
18	加瓦—阿巴德莱	马里—阿尔及利亚

表 2-8　非洲铁路联盟 2001 年总体规划中的 10 条铁路交通运输走廊

	交通运输走廊	连接的国家
1	北部—中部—南部	利比亚—尼日尔—乍得—中非—刚果(布)—刚果(金)—安哥拉—纳米比亚
2	西部—东部	塞舌尔—马里—布基纳法索—尼日尔—尼日利亚—乍得； 塞舌尔—马里—布基纳法索—尼日尔—尼日利亚—加纳； 科特迪瓦—加纳—多哥—贝宁—尼日利亚—喀麦隆
3	北部—东部	苏丹—埃塞俄比亚—肯尼亚—坦桑尼亚—乌干达
4	北部—东部—西部	苏丹—乍得—尼日利亚
5	东部—南部	坦桑尼亚—卢旺达—刚果(金)—乌干达
6	东部—中部	苏丹—中非—喀麦隆； 肯尼亚—乌干达—刚果(金)
7	北部	摩洛哥—阿尔及利亚—突尼斯—利比亚—埃及—毛里塔尼亚
8	东部—南部	坦桑尼亚—赞比亚—津巴布韦—莫桑比克—南非
9	中部—南部	喀麦隆—加蓬—刚果(布)—刚果(金)—安哥拉—纳米比亚
10	北部—西部	塞舌尔—毛里塔尼亚—摩洛哥

大多数撒哈拉以南非洲的铁路线路运载的货运量超过客运量，1995—2005 年货物交通量占据了总交通量的 80%左右，只有斯威士兰和乌干达(1998 年以来)的铁路只用于货物运输。货物运输量要么增长要么至少维持同样的水平，但是铁路客运交通量的比例在稳步下降，到 2005 年下降到 18%(图 2-25)。撒哈拉以南非洲的货物运输主要被散货和半散货所占据，这些货物基本上都是来往于港口，仅博茨瓦纳拥有一份较高比例的非港口货运份额，其货运大多数为原材料和南非的工业品(水泥、石油等)。铁路实际运输的货物反映了铁路服务的国家的经济结构，在一些国家矿产品(铜、锡、锰、石和煤)很重要，而在西部非洲木材和出口农作物(可可、咖啡、棉花和谷物)很重要。进口的货物流大多数为工业生产品，如水泥、石油产品和一般货运。在一些铁路系统中，很多一般货运是集装箱化的和高价值的经济作物，特别是当货运到达港口之前穿过中间国家边境时这种现象更为明显。

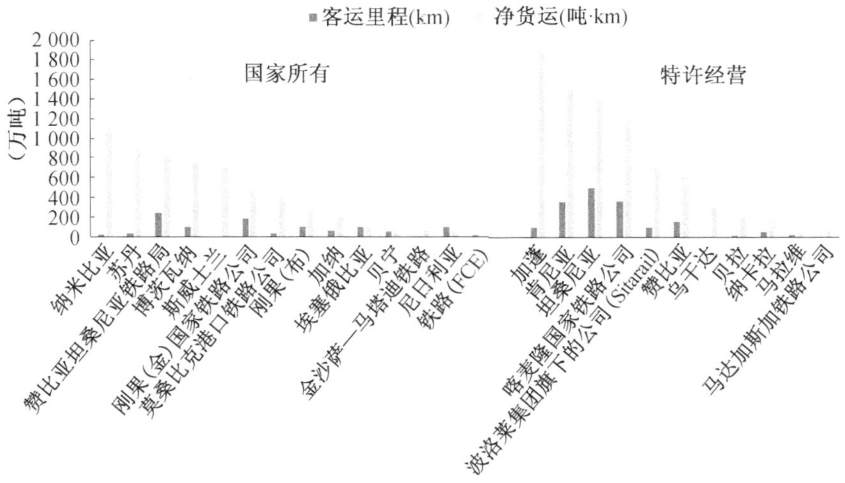

图 2-25　1995—2005 年撒哈拉以南非洲的年平均客运和货运交通量

相对于其铁路网络规模而言，撒哈拉以南非洲的铁路网络平均行驶距离较长，但仍不足以与公路竞争。一些铁路主要进行终点到终点的交通。赞比亚坦桑尼亚铁路(Tazara)和铁路公司(Transrail)系统的平均货运距离大约为 1 000 km，而一些更小的铁路如乌干达或者莫桑比克的铁路线路则作为其他铁路系统的辅线，行驶距离少于 100 km。只要能够实现满意的服务水平，非洲的铁路网络拥有很好的竞争一般货运的机会。撒哈拉以南非洲的铁路网络很少运营通勤服务，客运出行的平均距离表明客运出行一般都是在国家首都和省的首府之间进行的，唯一重要的跨境流动发生在波洛莱集团旗下的公司(Sitarail)、铁路公司(Transrail)和赞比亚坦桑尼亚铁路局(Tazara)的铁路网络上(图 2-26)。

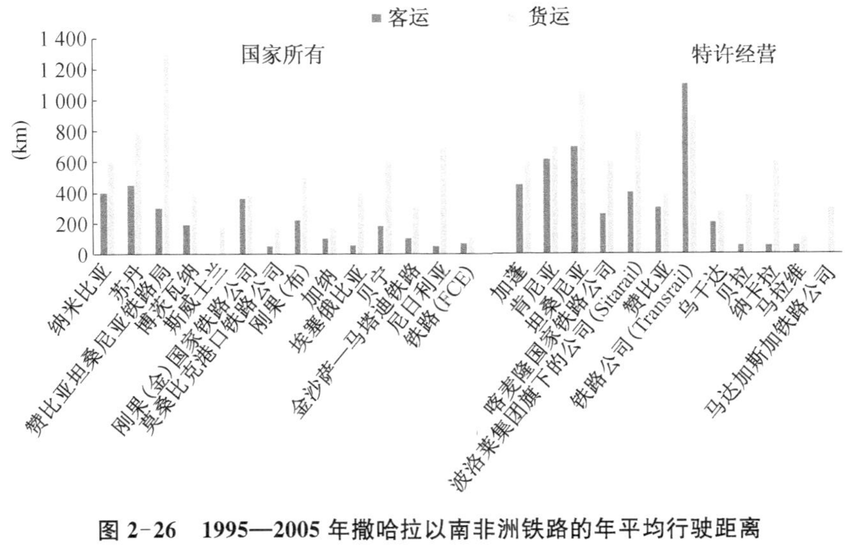

图 2-26　1995—2005 年撒哈拉以南非洲铁路的年平均行驶距离

非洲大陆目前唯一的一条高速铁路——豪登铁路，在 2010 年南非足球世界杯开幕前的 6 月 8 日正式投入运营。但是，投入运营的仅仅是其从奥利弗·雷金纳德·坦博国际机场至约翰内斯堡市杉藤区的一段。这条被命名为豪登铁路的高速铁路，设计最高时速为 160 km，充其量也只能算作“快速铁路”或“准高速铁路”。按国际上的标准，时速超过 200 km 才能称之为高速铁路。然而，这条非真正意义上的高速铁路，在非洲可算是首屈一指。从机场至约翰内斯堡市内，开车需要 1 小时左右，而乘坐高铁列车仅需 15 分钟左右，十分方便快捷。豪登省是南非的经济大省，虽然面积仅为南非全国的 1.5%，国内生产总值却占南非全国的 37%。南非最大的城市约翰内斯堡和国家行政首都茨瓦内均位于该省，豪登铁路也将这两个城市连接起来，全线通车以后，从约翰内斯堡到茨瓦内只需 42 分钟。南非交通管理部门为鼓励国民乘坐高速铁路列车，拟定了两地之间的单程票价只要 35 兰特(约合人民币 42 元)，低于两地间的长途汽车票价。

2.3.3 航空运输

非洲的航空运输业是独立后发展起来的，尽管起步较晚，但发展迅速。截至 2007 年，非洲有 4 000 多个机场，国际机场有 117 个，其中仅有 20%的机场有铺装跑道。虽然该地区机场数量庞大，但其中大部分机场都没有达到国际民航管理机构所规定的运行标准。

除“911 事件”以及 2004 年中非和西非航空公司的崩溃造成了一定的下降外，自 1997 年以来，撒哈拉以南非洲的航空运输市场一直保持稳步上涨的趋势。尽管如此，2004—2007 年，非洲的航空运输量的年均增长率为 10.7%，而 2001—2007 年总体增长了 56%，大约有 6 700 万客座数。从非洲大陆总体来看，其洲际航空运输量被北部非洲(摩洛哥、阿尔及利亚和突尼斯)所占据，其中主要是来自法国的航班。分区来看，北部非洲和撒哈拉以南非洲的航空运输量的增长也十分强劲，2001—2007 年，撒哈拉以南非洲的航空运输量增长了 43.5%，其年均增长率为 6.2%，其中南部非洲和东部非洲的航空运输市场增长最快，中部和西部非洲的航空运输市场则处于停滞状态。2004 年以来，撒哈拉以南非洲的国内航空、洲际航空和国际航空都开始加速增长。其中洲际航空主要依靠约翰内斯堡、内罗毕和亚的斯亚巴贝三个主要枢纽，其 2001—2007 年年均增长率为 6.2%，南非到英国和德国的路线是最繁忙的线路，最显著增长的服务为所有主要枢纽到达中东的路线。北非的洲际航空运输在 2001—2007 年增长了 8.3%，其主要路线为法国和摩洛哥、阿尔及利亚及突尼斯，而埃及则是到达德国、俄罗斯和中东的主要门户。

2004—2007 年，非洲国际航空运输量的年均增长率为 9%，其中 2001—2007 年，撒哈拉以南非洲国际航空的年均增长率为 3.25%，而北部非洲的国际航空交通运输量的增长率为 9.5%。2001—2007 年撒哈拉以南非洲国内航空的发展最快，其年均增长率超过 7.12%，然而其发展极不平衡，一方面尼日利亚取得了最快的年均增长率，达到了67%；另一方面大约有一半的国家的国内航空运输经历了一个逐步下降的过程(表2-9)。同时，在此期间，北部非洲国内的航空运输量下降了4%左右。用客座千米数来衡量的话，北部非洲的国内航空运输市场是撒哈拉以南非洲的1/5。三大航空枢纽(约翰内斯堡、内罗毕和亚的斯亚巴贝)占据了撒哈拉以南非洲国际航空交通量的36%，这三个航空枢纽的国际航空交通量均由其国家航空公司占据，南非航空公司、肯尼亚航空公司、埃塞俄比亚航空公司分别为其枢纽提供了33%、70%、83%的国际航空交通量。肯尼亚航空公司和埃塞俄比亚航空公司都积极地开发新航线，大多数南非国际航线面临着多个运营商的竞争(图2-27至图2-30)。

表2-9　2001—2007年撒哈拉以南非洲航空运输量的增长

市场	估计客座数量(座)			增长率(%)		
	2001年	2004年	2007年	2001—2004年	2004—2007年	2001—2007年
撒哈拉以南非洲(全部)	50 410 448	54 544 861	72 338 706	2.66	9.87	6.20
撒哈拉以南非洲(国内)	18 184 071	19 356 818	27 477 027	2.11	12.39	7.12
撒哈拉以南非洲(国际)	11 758 107	11 868 280	14 327 728	0.31	6.48	3.35
撒哈拉以南非洲(洲际)	19 544 122	22 051 174	28 068 536	4.11	8.38	6.22
北部非洲与撒哈拉以南非洲之间	924 148	1 268 588	2 465 415	11.14	24.79	17.77
其他	1 036 932	1 076 010	794 621	1.24	−9.61	−4.34

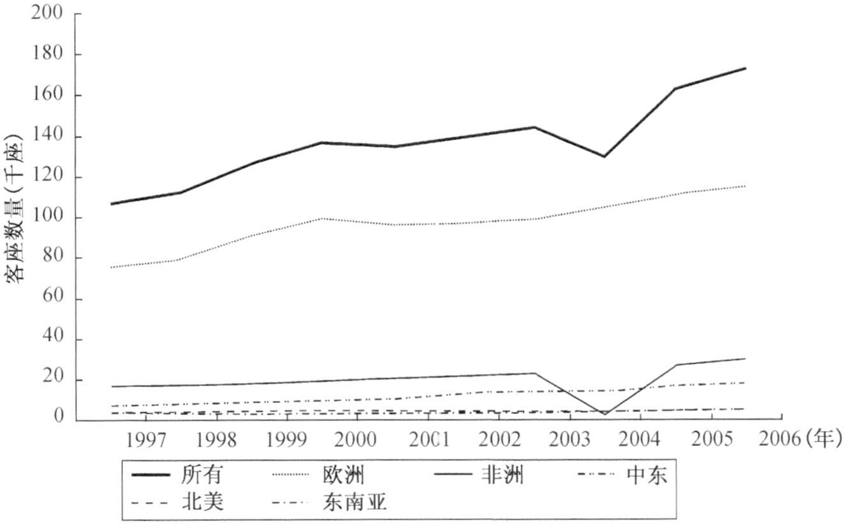

图2-27　1997—2006年航空运输的增长

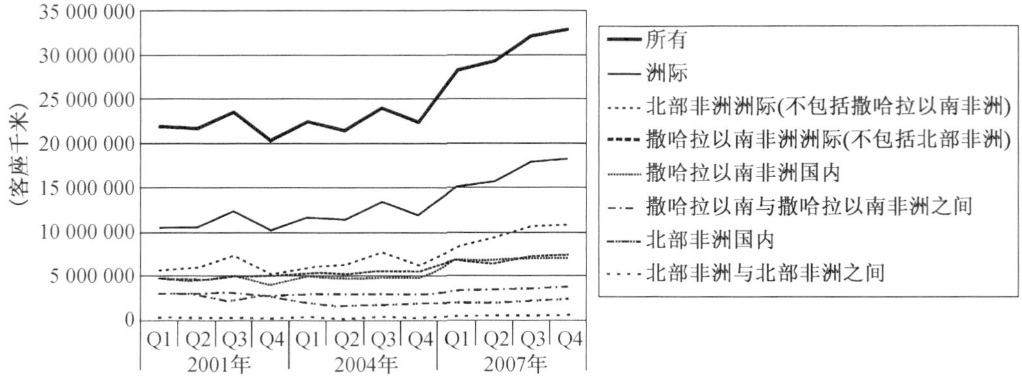

图 2-28 非洲总体交通量情况(用客座千米来衡量)

注:Q1 至 Q4 分别表示第一季度、第二季度、第三季度、第四季度。

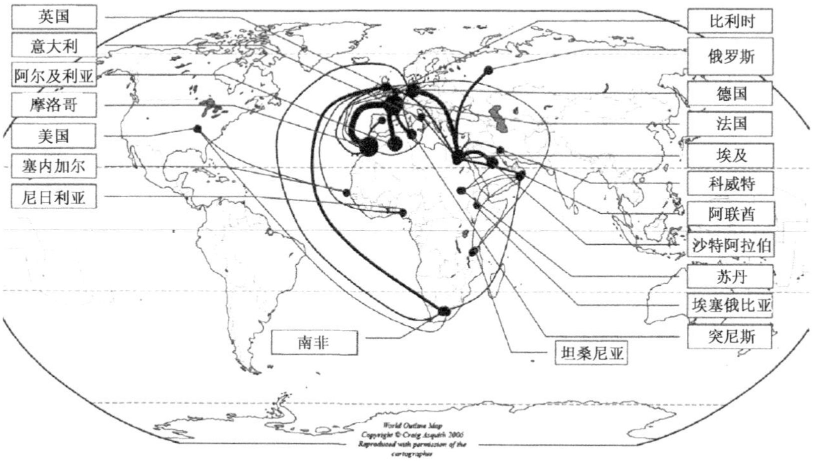

图 2-29 2007 年 11 月非洲前 30 名的洲际航空路线

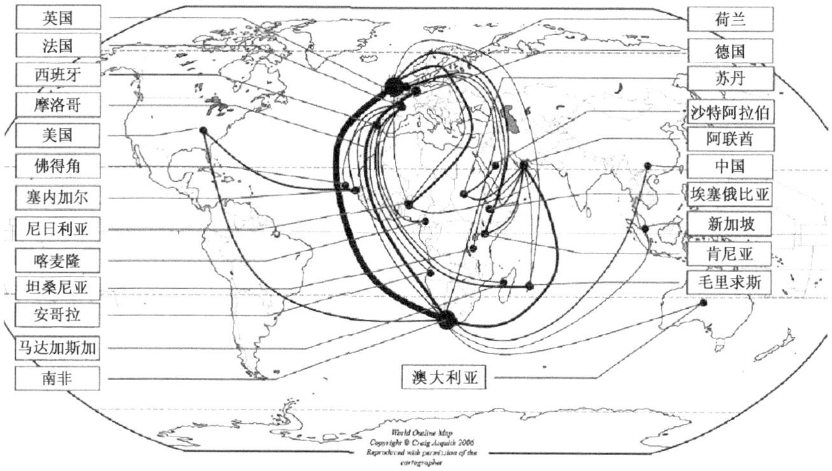

图 2-30 2007 年 11 月撒哈拉以南非洲前 30 名的洲际航空路线

总的来说，东部非洲和西部非洲产生了一个明显的分界。一方面，东部非洲和南部非洲发展了许多航空枢纽，撒哈拉以南非洲的三大主要航空公司都在这里，这些航空公司为航空运输的增长提供了一个动力，并且这里拥有密集的航空运输网络。西部和中部非洲在 2001 年经历了一个大规模短暂的下降后，仅有小规模的增长。非洲的航空市场可以被划分为三个种类：400 万客座数及其以上、100 万—400 万客座数、低于 100 万客座数(2007 年)。除了尼日利亚以外，非洲最大的航空市场在北部非洲和南部非洲，中等规模的市场则主要集中于非洲的东部区域(除加纳、象牙海岸、塞内加尔以外)。大约 3/4 非洲内陆国家的航空市场可归于其最小的类型中去，这是非内陆国家比例的近两倍(图 2-31)。

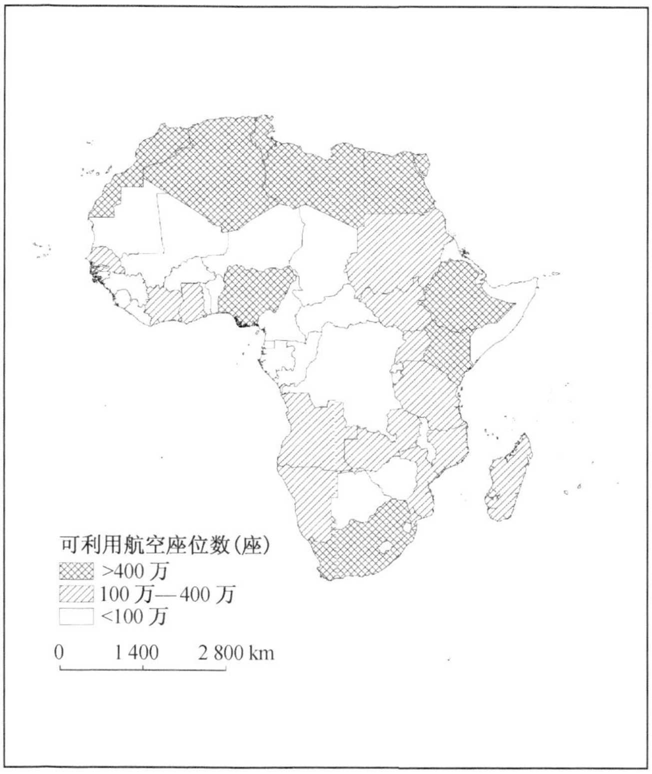

图 2-31 2007 年用可利用客座数来分割的非洲航空市场

尽管非洲的航空运输业取得了稳步的发展，但非洲各次级区域的航空运输中仍存在许多问题。班珠尔协议集团国家(包括尼日利亚)的航空运输发展最快。但是由于区域航空公司的崩溃，班珠尔协议集团周边国家的航空运输呈现负增长状况。自 2004 年以来，已经有 19 个国家失去了与国际的连接，其中 16 个国家位于西部非洲和中部非洲，最令人苦恼的是中非、乍得、厄立特里亚、毛里塔尼亚和塞舌尔，这些国家不仅与世界的连接最少，而且这些国家之间的连通性也在 2004—2007 年大幅下跌(图 2-32)。

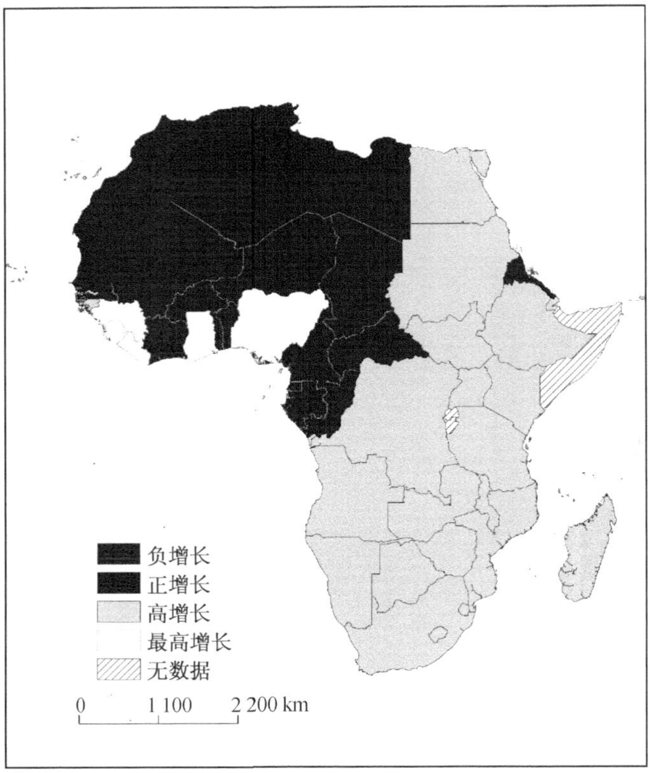

图 2-32　非洲提供客座数的区域增长分区

近年来,北部非洲的航空运输量得到了显著的提升,其中表现最为明显的为到达利比亚和摩洛哥的路线。北部非洲服务了 10 个国家对,且其城市对数量在很多年之内均没有变化。除了埃及和利比亚,排名前列的航空路线之间的竞争在减少,只有 5 个主要的航空公司:埃及航空公司(2007 年的客座数为 627 000 座)、摩洛哥皇家航空公司(2007 年的客座数为 578 000 座)、民众国利比亚阿拉伯航空公司(2007 年的客座数为 440 000 座)、突尼斯航空公司(2007 年的客座数为 310 000 座)、阿尔及利亚航空公司(2007 年的客座数为 35 000 座)。北部非洲航空公司的整体质量被认为是非洲最好的,有一个发达的网络体系和稳定的运营商。北部非洲与撒哈拉以南非洲之间的航空运输有 81%被两个航空公司所占据,即摩洛哥皇家航空公司和埃及航空公司。其他三个航空公司,即民众国利比亚阿拉伯航空公司(Afrigiya)、阿尔及利亚航空公司和突尼斯航空公司占据了其他 19%的服务,其中民众国利比亚阿拉伯航空公司所占比例最大。航空运输的分布有一个明显的地理界限,埃及占据了非洲东部的航空运输(尤其是埃及—尼日利亚路线),摩洛哥则占据了非洲西部的航空运输。北部非洲与撒哈拉以南非洲排名前列的航空运输路线包括苏丹、塞内加尔、南非、肯尼亚、毛里塔尼亚、科特迪瓦、马里、尼日利亚、埃塞俄比亚和加蓬。这些路线近年来得到了快速的增长，一些 2001—2007 年的年均增长率超过了 26%，甚至 2004—2007 年的年均增长率达到了 44%以上(图 2-33、图 2-34)。

图 2-33　撒哈拉以南非洲与北部非洲间的主要国际航线

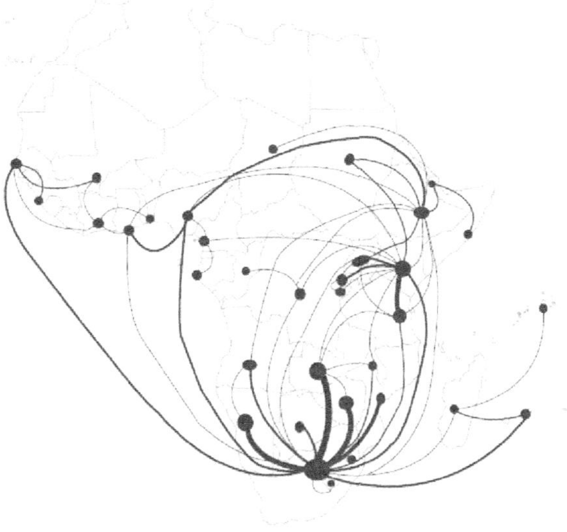

图 2-34　2007 年撒哈拉以南非洲前 60 位的国际航线

尽管非洲航空运输业近年来有了很大的发展，但是由于设备老化、飞机陈旧、缺乏零配件等问题限制了非洲航空运输业的继续快速发展，非洲航空运输业在世界上仍处于较低的水平，其航空发展有以下几个特点：

(1) 设备老化、飞机陈旧，航空运输业发展落后。非洲航空业落后有其历史背景，许多国家虽然从长达数百年的西方殖民统治下获得独立，但是经济实力仍然薄弱，不少贫穷国家的国有航空公司仅有几架从发达国家购买而来的二手飞机，技术人才匮乏，空管、地勤等服务也比较落后。然而一些非洲航空公司并没有根据国际通行的标准对这些老式飞机进行定期的维修和保养，这给飞行安全带来了巨大的隐患。据统计，2005 年，非洲大陆至少发生了 13 起坠机事件，其中 10 起坠机事故出在老式安东诺夫飞机和俄罗斯制造的伊柳辛飞机上。这些老式飞机在欧洲大部分地区已被禁飞，在非洲大陆却屡见不鲜，包括约翰内斯堡这样的非洲机场。只有南非等少数国家拥有现代化的机场和成规模的航空公司。

(2) 飞机准点率低，航空公司服务较差。老旧的二手飞机，狭小拥挤的机场，频频发生的航班延误、取消甚至空难，不仅让非洲航空业的发展受到了限制，更成为非洲各国引进外资和发展旅游业的瓶颈。如何突破这一瓶颈，让非洲航空业早日实现腾飞成为非洲各国航空运输发展所面临的最大问题，各国政府应该以积极合作的态度取代过度自我保护，开放航空服务领域，建立信息共享平台，实现信息共享，建立联盟等，采取此类措施加速资源整合，以提升行业整体水平。

(3) 安全性差，事故发生率高。据国际航空运输协会统计，2005 年非洲大陆在全球空中运输的市场份额只有 4.5%，但发生的致命空难却占全球的 34%。机场监控和管理不善、航空公司购买廉价旧飞机、机械缺乏及时维修和飞行员培训不力等都是造成非洲航空安全记录不佳的原因。开放市场、运量加大后将给空中交通指挥等形成更大压力，给飞机安全带来隐患，而航空业是无法承受任何一次空难事故打击的。据统计，发生在安哥拉、刚果(金)、利比里亚、苏丹、埃塞俄比亚、尼日利亚和加蓬等非洲国家的空难事故近两年都有所上升，其中刚果(金)是非洲发生空难事故最多的国家。

(4) 严重的地方保护主义。为实现航空服务领域的开放，非洲各国的航空运输部门早在 1988 年就在科特迪瓦的亚穆苏克罗达成了《亚穆苏克罗协议》，并于 1999 年由非洲各国领导人签署。这项旨在加强各国航空运输业合作和自由化的协议提出了诸多大胆的方案。例如为了建立非洲大陆安全可靠、低成本、高效率的运营体系，该协议规定任何航班都可以从所属国飞往另一国家，另一国家有义务准许其进入；飞机从目的国转飞第三国也不必先返回所属国，可以直飞。但时至今日，《亚穆苏克罗协议》仍没有得到实施，分析人士认为最主要的原因是一些国家担心开放市场会给国内航空公司的经营造成冲击，因此至今仍拒绝开放航空服务领域，也就造成了在非洲境内旅行的乘客要绕道欧洲。严重的地方保护主义造成了高票价、低客流量、航班有限等问题，最终既会让这些航空公司陷入经营困境，也会阻碍了非洲航空业的整体发展。

非洲的主要国际机场有奥利弗·雷金纳德·坦博国际机场、开罗国际机场、穆罕默德五世国际机场、胡阿里·布迈丁机场、突尼斯迦太基国际机场、乔莫·肯雅塔国际机场、穆尔塔拉·穆罕默德国际机场、列奥波尔德·塞达·桑戈尔国际机场和开普敦国际机场。其中,奥利弗·雷金纳德·坦博国际机场和开普敦国际机场均位于南非,开罗国际机场、穆罕默德五世国际机场、胡阿里·布迈丁机场和突尼斯迦太基国际机场为北部非洲的重要航空枢纽,分别位于埃及、摩洛哥、阿尔及利亚和突尼斯。另外,乔莫·肯雅塔国际机场为肯尼亚最大的航空机场,也是东部非洲最大和最繁忙的机场;穆尔塔拉·穆罕默德国际机场是拉各斯的国际机场和该国最繁忙的机场,也是尼日利亚的航空枢纽;列奥波尔德·塞达·桑戈尔国际机场是塞内加尔首都达喀尔的国际机场,也是该地区重要的交通枢纽和航空中转站。

2.3.4 海洋运输

海洋运输是非洲与世界各地实现经贸联系最主要的方式,承担了 92%的非洲对外贸易。在非洲 30 725 km 的海岸线上,共有 90 个主要港口,剩余的其他港口主要提供渔业和旅游服务。然而,非洲港口吞吐量仅占全球吞吐量的 6.0%,这其中,有 6 个港口就承担了其中 50%的吞吐量,分别分布在埃及和南非。自 20 世纪 90 年代中期以来,通过非洲公共港口的一般货运和集装箱货运都翻了 3 倍,其中南部非洲的一般货运增长最快,西部非洲的集装箱货运增长最快。除了南非以外,撒哈拉以南非洲的集装箱交通运输仍处于一个发展的初期阶段,2005 年撒哈拉以南非洲的港口集装箱吞吐量约为 7.6 百万 TEU(标准集装箱),年平均增速达 7.2%,一般货物运量达 104.62 千吨,年平均增速为 6.6%(表 2-10、表 2-11)。

表 2-10 1995—2005 年撒哈拉以南非洲港口的集装箱贸易交通量趋势

区域	集装箱吞吐量(TEU)		整体变化百分率(%)	年平均变化百分率(%)
	1995 年	2005 年		
东部非洲—印度洋	505 100	1 394 956	176	5.8
南部非洲	1 356 000	3 091 846	128	2.5
西部非洲	673 400	3 126 901	364	13.8
总计	2 534 500	7 613 703	200	7.2

表 2-11 1995—2005 年撒哈拉以南非洲港口的一般货物交通量趋势

区域	货物运量(千 t)		总体变化百分率(%)	年平均变化百分率(%)
	1995 年	2005 年		
东部非洲—印度洋	13.84	38.42	178	5.9
南部非洲	2.73	14.52	432	15.7
西部非洲	19.57	51.68	164	5.1
总计	36.14	104.62	189	6.6

由于基础设施缺乏，非洲海运的发展受到了限制，主要表现在港口和内陆城市间的联系缺乏、时间和金钱耗费大的港口管理系统。非洲的主要货物转运点都不是国际主要贸易路线上的重要节点，许多港口的装备都很落后且运行效率低，集装箱运转比率低于国际标准。

1）非洲港口状况

港口配置需要一个更好的枢纽和接驳体系，东部非洲、南部非洲和西部非洲都出现了特定的容纳能力问题，蒙巴萨和达累斯萨拉姆已经达到了集装箱在其终端存储的极限，德班努力提高其容纳能力以满足集装箱装卸和存储的需求，罗安达和特马缺乏集装箱容纳能力。许多因素造成了这种现象的出现，首先，一些港口出现该问题是受到了在主要城市中位置的限制。其次，对于许多港口来说则是受到可用装备少、装备缺乏维护的限制。最后，许多港口的导航辅助能力差。

港口规划和管理落后。非洲的主导港口管理依然是其公共服务设施的一部分，即依靠政府机构提供港口基础设施和管理港口运营。但这种现象有所改变，有些国家已经把私人机构引入到港口管理中，政府提供和管理主要设施，私人机构则提供基本服务设施。

港口发展有较大的提升空间。非洲大多数港口的集装箱装卸能力仍处于世界平均水平之下，即使在集装箱起重机充足的时候，非洲港口每个起重机每小时移动的集装箱数量为 10—20 箱，而世界平均水平为 25—30 箱。非洲港口的一般货物装卸率也较低，为每起重机每小时移动 7—25 t，而世界平均水平为 30 t。尽管如此，非洲的港口集装箱和一般货物的装卸收费也比世界上其他地区要高。缺乏良好的管理是造成非洲港口运营效率低下的主要原因，因此提高非洲港口的管理和维护将有利于非洲港口的发展（表 2-12，图 2-35，表 2-13）。

表 2-12　世界市场典型集装箱门户和一般货物处理收费

区域	门户装卸集装箱数量(箱)	码头每吨一般货物收费(美元)
西部非洲	100—320	8.00—15.00
东部非洲	135—275	6.00—15.00
南部非洲	110—243	11.00—15.00
东南亚	80	8.00
远东	144	8.00
中东/南亚	96	7.00
英国	100	8.50
北部欧洲	110	7.50
南部欧洲	95	7.00
拉丁美洲	154	9.00
澳大利亚	130	9.00

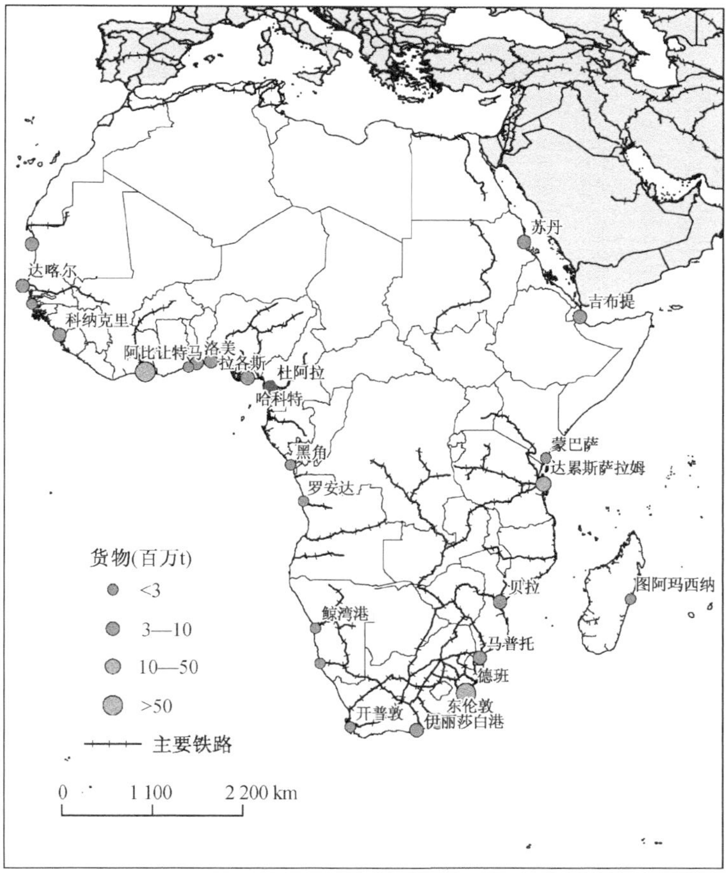

图 2-35　非洲港口规模

表 2-13　非洲各国港口发展状况

	海港数量(个)	集装箱	一般货物	交通总量	竞争力程度
阿尔及利亚	13	—	—	—	低
安哥拉	3	329 000 TEU(2005 年)	400 万 t(2006 年)	—	无到低
贝宁	1	158 201 TEU(2005 年)	1 146 178 t(2005 年)	—	低
喀麦隆	4	190 700 TEU(2005 年)	500 多万 t(2006 年)	—	低
佛得角	5	170 000 TEU(2006 年)	938 274 t(2005 年)		低
刚果(金)	3	—	—	280 t(2005 年)	无到低
刚果(布)	1	102 000 TEU(2005 年)	330 万 t(2005 年)	—	低
科特迪瓦	2	500 119 TEU(2006 年)	—	1 885 万 t(2006 年)	低

续表 2-13

	海港数量（个）	集装箱	一般货物	交通总量	竞争力程度
吉布提	2	195 000 TEU(2005 年)	164 万 t(2003 年)	—	低
埃及	28	—	—	—	低
赤道几内亚	6	—	—	—	低
加蓬	7	—	—	—	低
冈比亚	2	100 000 TEU(2007 年)	—	150 万 t(2007 年)	低
加纳	2	471 000 TEU(2006 年)	1 220 万 t(2006 年)	—	低到中
几内亚	4	—	540 万 t (2004 年——预估年份)	—	中
几内亚比绍	4	50 000TEU(2007 年)	—	—	低
肯尼亚	1	436 671 TEU(2005 年)	1 300 万 t(2005 年)	—	无到低
利比里亚	4	50 000 TEU(2007 年)	600 000 t	120 万 t(2007 年)	低
利比亚	9	—	—	—	低
马达加斯加	18	100 000 TEU(2006 年)	520 万 t(2006 年)	—	低
摩洛哥	13	—	—	—	中
莫桑比克	6	130 000 TEU(2005 年)	150 万 t(2005 年)	—	中
纳米比亚	2	77 610 TEU (2004—2005 年)	1 125 380 t (2004—2005 年)	—	低
尼日利亚	10	587 670 TEU(2003 年)	11 420 339 t(2003 年)	—	中
塞舌尔	3	306 000 TEU(2005 年)	7 525 000 t(2005 年)	—	低
塞拉利昂	4	—	—	—	低
南非	8	3 400 000 TEU (2006 年)	1 610 万 t(2006 年)	—	低
苏丹	4	328 690 TEU(2006 年)	980 万 t	—	很低
坦桑尼亚	3	218 472 TEU (2003—2004 年)	369 万 t (2003—2004 年)	—	低到中
多哥	2	460 000 TEU(2005 年)	—	—	低
突尼斯	7	339 554 TEU(2005 年)	—	—	中

2）非洲主要贸易航线

（1）大西洋航线

大西洋航线有四条航线经苏伊士运河及好望角。

西北欧、北美东海岸—地中海—苏伊士运河—亚太航线。这是世界最繁忙的航线，它是北美、西北欧与亚太海湾地区间贸易往来的捷径，一般途径亚速尔、马德拉群岛上的航站。

西北欧、地中海—南美东海岸航线。该航线一般经西部非洲大西洋岛屿—加纳利、佛得角群岛上的航站。

西北欧、北美东海岸—好望角—远东航线。该航线一般是巨型油轮的航线，佛得角群岛、加纳利群岛是过往船只停靠的主要航站。

南美东海—好望角—远东航线。该航线以石油、矿石运输为主，且处在西风漂流海域，风浪较大，一般西航偏北行，东航偏南行。

（2）印度洋航线

印度洋航线以石油运输线为主，此外还有不少是大宗货物的过境运输，途径非洲的航线主要有以下两条：

波斯湾—好望角—西欧、北美航线。该航线主要由超级油轮经营，是世界上最主要的海上石油运输线。

波斯湾—苏伊士运河—地中海—西欧、北美航线。该航线目前可通行 30 万 t 级的超级油轮。

（3）世界集装箱海运干线

经非洲的海运集装箱航线主要有欧洲—地中海—西非—南部非洲航线。

3 非洲城市交通分区发展

非洲城市的交通方式主要包括非机动交通方式（步行和自行车）、私人小汽车、集体交通（Collective Transport）、私人出租车和摩托车，其中集体交通工具包括城市公共汽车、中型公共汽车（Midibuses）、小型公共汽车（Minibuses）、共享出租车（Shared Taxis）、私人出租车（Private Taxis）、摩托车出租车（Motorcycle-Taxis）。城市公共汽车有 50 个以上的座位，中型公共汽车拥有 35—50 个座位，这种类型的交通工具主要由公共交通公司运营。小型公共汽车的座位数为 5—35 个，在大多数城市，小型公共汽车主要为私人运营，为非正规交通部门拥有。私人出租车可以容纳 4 人（包括司机），根据乘客的需求到达相应的目的地。共享出租车可容纳 5 人，乘客并不一定拥有相同的目的地。摩托车出租车是被用于运营的两轮机动车交通工具，为非正规的交通运营工具。

在非洲国家的主要城市中，公共汽车几乎都是公共交通的主要工具，公共汽车的交通基础设施大多包括中央总站、公共汽车停靠站，有些城市还有特殊的公共汽车车道。私人小汽车主要集中于城市富人区。城市区域中所使用的很多通勤车辆是更小的小型公共汽车，可运载 8—30 名乘客。很多大城市的城市公共汽车要么由许多小型自有公共汽车公司提供，要么由大型国有公共汽车公司提供。由于小型公共汽车使用数量的增长，非洲的城市道路开始拥堵，到达农村地区的燃料成本很高，二手小型公共汽车所排放的污染正导致环境问题恶化，由于不谨慎驾车导致的死亡在非洲城市中仍为常见现象。

大多数非洲国家的城市公共交通服务不发达，不能满足目前的出行需求。公营大巴与私营小巴各张旗鼓，超载成为常态，零件维修不足且车辆也严重不足，人们的出行和工作不便，也不利于旅游业的发展。如南非的出租车罕见且极其昂贵，起步价竟折合人民币 200 多元，因此上下班多搭乘类似于中国国内的中巴客车，出行只需 5—10 元，这种车被南非华人称为“黑巴”。

非洲城市交通的落后现象对于非洲的未来发展是一个重大挑战。表 3-1 显示了 14 个非洲城市的道路网络情况，城市道路密度仅相当于发展中国家的 1/3，道路容量较低、铺装设施落后、道路照明设施有限。一方面，这种脆弱的公路设施，不仅降低了行车速度，更重要的是降低了客车的生产力并提高了维护成本。另一方面，这种条件也直接促进了微型客车、出租车和摩托车的广泛使用，这更加提高了事故的发生率。脆弱的、破碎的以及财政紧缺的管理机构无力维护道路和建设新的基础设施，基础设施年久失修、报废车辆超期使用等问题到处可见。近年来，摩托车出租车作为居民出行工具被大量使用，尤其在拉各斯、坎帕拉等地尤为普遍，相应的，交通事故率也在大大上升。

表 3-1　非洲 14 个城市的道路情况

城市	道路(km)	铺装道路(km)	铺装道路比例(%)	铺装道路密度	
				m/千人	km/km^2
阿比让	2 042	1 205	59	346	2.1
阿卡拉	1 899	950	50	339	2.8
亚的斯亚贝巴	—	400	—	129	0.7
巴马科	836	201	24	167	0.8
科纳克里	815	261	32	174	2.3
达喀尔	—	—	—	—	—
达累斯萨拉姆	1 140	445	39	122	0.2
杜阿拉	1 800	450	25	237	2.4
坎帕拉	610	451	74	225	0.5
基加利	984	118	12	170	0.2
金沙萨	5 000	500	10	63	0.1
拉各斯	—	6 000	—	400	1.7
内罗毕	—	—	—	—	—
瓦加杜古	1 827	201	11	185	0.4
平均	—	—	33	318	1.7

在过去几十年，非洲城市经历了大量人口的增长，这主要是由于快速的城市化和农村人口的外流所引起的。据估计，到 2020 年将有 55%的非洲人口居住在城市里。如此快速的城市发展面临着许多来自基础设施提供和满足交通增长需要的挑战，特别是非洲城市现有的道路基础设施远远不能满足实际的交通需求。此外，除了少数公司外，自 20 世纪 90 年代开始，由于结构调整政策，非洲几乎不存在公共拥有和管理的公共交通公司，这是需要国际机构救助的项目。非洲城市的公共交通长期处于被忽视的状态中，加上城市人口的增长，导致大多数非洲城市的交通系统混乱、不可持续、时间和经济成本高。目前，整个非洲的公共交通由混乱的非正规部门(基于市场的、未被管制的且提供低容量的服务)运营。这种情况阻碍了非洲城市的经济发展，由于数量较多的车辆对道路的需求导致了交通拥堵、停车困难，从而也降低了居民的生活质量。

非洲国家的城市同样存在私人汽车增速过快的问题。汽车大量进入非洲大陆是在第一次和第二次世界大战期间，但汽车工业在非洲的出现与发展是在 20 世纪 60 年代。当时，非洲国家的各个城市之间以及城乡之间的公共交通系统极不发达，几乎不存在铁路交通，只有靠汽车来维持国家经济命脉的运转，对商用车辆及公共汽车的需求非常大，这些在非洲国家公路上奔驰着的商用车辆比大多数发达国家都要多。到了20世纪70年代，非洲中产阶级的队伍逐渐扩大，一些流动性很强的行业人数大量增加，有能力购买汽车的人数也随之不断增加，大多数非洲中产阶级家庭都至少拥有2辆车。进入20世纪80年代，随着世界经济出现衰退，汽车的购买力也不比往日，但是进口二手车市场开始泛滥。目前，非洲许多国家都鼓励汽车产业发展，并加大汽车业的招商引资力度。如埃及政府对汽油消费给予补贴，道路收费标准较低，以刺激汽车消费。在坦桑尼亚、乌干达等国，已有多家中国企业设立卡车组装厂。南非、埃及、阿尔及利亚和博茨瓦纳都是非洲汽车拥有量相对较多的国家。南非汽车拥有量为538万辆，占整个非洲的1/3，汽车人口比为1∶96，商用汽车数达到了63万辆，轿车拥有量为375万辆。

3.1 东部非洲城市交通发展

3.1.1 布隆迪、科摩罗、卢旺达、索马里

1）布隆迪

布隆迪的交通运输方式主要有公共汽车和小型巴士、出租车、自行车和摩托车出租车。在布隆迪首都布琼布拉，城市公共交通主要是由私人和非正规部门提供，私人和非正规部门提供的公共交通大约占据了公共交通市场的90%，其余的10%由国有公共交通公司——公共运输公司(Office des Transports en Commun, OTRACO)提供。布隆迪的公共交通主要是由交通、邮政和通信部负责，该部在公共交通方面的主要职责是构建和实施国家政策、维护道路安全以及建立、执行和监督公共交通政策条款。所有的公共交通经营者都必须在交通运输部主管交通的机构予以登记并取得相关的许可证。布琼布拉的公共交通票价是由商务部制定的，并在燃油价格发生显著变化时，与运输者进行协商，在双方同意的情况下进行修改，但是政府不能控制市际交通运输的票价，出租车的票价则是由出租车协会决定。

OTRACO是一个上市公司，成立于20世纪80年代，通过日本—布隆迪双边合作捐赠而得，主要负责布隆迪全国的公共交通运输，拥有平均寿命为10年的10辆高容量公共汽车和30辆小型巴士。OTRACO也提供了区域交通运输服务，以连接布隆迪和其邻国卢旺达。布隆迪公共机构每年都会给予OTRACO财政补贴，该财政补贴是变动的，主要来自于政府的金融财政。同时，OTRACO偶尔还可以获得车队重检装备补贴。除了OTRACO之外，布隆迪还有许多私人公共交通公司在运营，它们大多数都是沿着同一条线路运行，连接首都和布隆迪的其他城市，平均每个车队有5辆车，车辆类型通常是拥有18—30个座位的小型巴士。尽管如此，布隆迪的大部分公共交通服务市场份额还是由非正规部门提供，其小

型巴士占据了所有公共交通出行的 70%左右。布琼布拉大约有 1 300 辆的公共汽车在自己决定的路线上行驶，表现出高度破碎化的所有权模式。布琼布拉大约拥有 1 350 辆出租车，出租车超载运营的情况十分常见，票价是在上车前经过协商决定的。近年来，布琼布拉的自行车和摩托车的数量增长很快，并在低收入者中广泛使用。布琼布拉的自行车和摩托车出租车大约有 2 000 辆，大多数是由青年失业者驾驶，摩托车出租车通常在城市中心运营，自行车出租车则主要服务城市外围地区。2006 年，交通运输部曾尝试禁止摩托车出租车和自行车出租车的运营，但是该尝试引起了群众的愤怒和反抗，以至于布隆迪总统取消了这项尝试。

布隆迪政府在提高道路网络质量方面投资巨大，2005—2007 年完成的铺装道路长度为 200 km。一项致力于改善公共交通的项目也在进行中，可行性研究即将完成。这个项目的目标是为 OTRACO 提供高容量的公共汽车以连接布隆迪国家的主要经济中心和开放布隆迪大多数城市及农村地区，大约投资 800 万欧元。关于这个项目实施的会议已经开展，其中还包括 OTRACO 车库翻新的计划以保证新车队的有效维护。

2）科摩罗

科摩罗拥有 880 km 的道路，其中 673 km 是柏油路面，每个岛屿一点到另一点的最长距离不超过 100 km，这表明了科摩罗的公共交通发展不好，实际上科摩罗政府并没有一个良好的组织负责公共交通的管理。其公共交通目前仍处于发育期，传统上由私人货车所有者运营。目前，科摩罗的公共交通运营由公共汽车（30 个座位）、小型巴士（17 个座位）和出租车（5 个座位）组成。目前，没有官方统计公共交通工具的数据，公共交通市场十分脆弱，尚未建立有效的公共交通制度，公共交通司机通常是刚取得驾驶执照的年轻人，公共汽车、小型巴士或者出租车的所有者和司机之间通过协商来决定司机的工资和工作时间。

3）卢旺达

卢旺达拥有相对良好的主要道路网络。但由于内战，其第二级道路和支线道路长期维护较差。卢旺达的公共交通部门由基础设施部管理，该部的职责是创造有利的交通基础设施条件，以促使男性、妇女和儿童平等使用交通运输服务，且使得交通基础设施可持续利用。卢旺达主要有三种交通运输工具，分别是共享出租车、公共汽车和摩托车出租车。卢旺达主要的公共交通工具为共享出租车，共享出租车有两种形式。第一种形式为当地所认为的“出租车”或者通俗地称之为挤挤车（Twegerane），这是 14—20 个座位数的小型巴士，大约有 2 000 辆。它们在两个终点之间运营，沿线上下乘客，大多数都要等到乘客坐满了才出发，如果乘客数不够，可能会等很长的时间。这些车辆基本上是私人拥有，雇佣司机和管理者来维持车辆每日的运营。第二种形式为快速出租车（Express Taxis），是拥有 18 个座位的小型巴士，与共享出租车运营的方式相似，但是它们是准时出发并且在到达终点之前不会停车，除非有人要下车。它们在一些主要的城镇间运营，一般而言在基加利和主要的区域中心运营。快速出租车是最近出现的交通工具，但由于能够为人们提供安全准时的到达而得到了快速的增长。卢旺达的大多数小型巴士都可归为出租车协会(Association Pour le Transport en Commun，ATRACO)或卢旺达出租车运营商和司机协会(Rwanda Taxi Operators and Drivers Association)，这两个组织代表了小型巴士运营商的利益并且负责管理小型巴士的所有问题。

除了共享出租车以外，卢旺达还拥有一个国家有限公共汽车服务公司名为Onatracom，该公司拥有20—30个座位的常规公共汽车车队，附属于卢旺达政府。这些公共汽车在基加利和主要城镇之间运营，每天2—3次，拥有较高的舒适度，但是一般需要花费较长的时间以到达它们的目的地。同时，该公司也为边远的地区提供服务。卢旺达拥有3 000辆左右的摩托车出租车，这些摩托车出租车在基加利受到了广泛的欢迎。在卢旺达，短距离的出行主要靠步行或者自行车解决。

4) 索马里

索马里15年来没有一个有效的城市政府，这对于一般道路和交通系统来说有负面影响。在其总长为22 000 km的高速公路中仅有2 600 km是铺装路面，曾经存在的几个交通灯已经失去秩序，没有交警，很少有速度限制，标志和路标经常被忽略。索马里的公共汽车网络基本上在南部地区，北部地区没有公共交通。一半的索马里人是游牧民族，骆驼是该国的主要交通运输工具，紧接着为步行。索马里的公共交通运输部门由交通运输、民航和港口部管理。其客运几乎完全受到道路运输的限制，公共交通运输由非正规部门主导，包括出租车和小型巴士，这些服务在摩加迪沙运营，但是它们的可利用性在正常工作时间外受到了限制。索马里南部主要中心之间的小型巴士服务很少，其他地区就更少使用小型巴士和出租车，骆驼和驴也被农村和牧区广泛地用于交通运输(35%)。

3.1.2 吉布提、厄立特里亚、埃塞俄比亚、肯尼亚、塞舌尔、坦桑尼亚、乌干达

1) 吉布提

公共交通已经成为吉布提城市中最常用的交通运输方式，但由于直到1999年，吉布提仍面临着严重的区域紧张和内部冲突，因此直到目前仍然缺乏一个管理公共交通运输活动的相应机构和法定框架。在这种背景下，20世纪80年代后期在撒哈拉以南非洲城市发生的城市和市际间的交通危机使得90年代吉布提的城市交通问题十分严重。由于吉布提缺乏正规的公共交通运输公司，非正规的公共交通运输部门成为处理由人口增长和无序的城市蔓延所引起的公共交通运输需求的唯一方式。相应的，吉布提的公共交通系统处于一个完全未被管制的状况之中。为了克服这一危机，吉布提政府开始着手城市和城际交通改革，并采取了

一系列的措施，这些措施的主要目的是清理非正规部门，提高公共交通的效率和可持续性。为此，吉布提政府也开始计划通过引进高容量的公共汽车来改善公共交通。

从2002年起，吉布提的公共交通部门在装备和交通运输部的管辖之下，展开了一系列重组公共交通部门的措施，包括在2003年创立了国家交通委员会（Conseil National des Transports，CNT）。CNT是一个咨询管理委员会，由装备和交通运输部所有的专家、使用者协会、政府部门和吉布提地区组成。该委员会的目标是联合所有公共交通关键组成部门，形成共同协作，以能够保证提高公共交通系统改革的执行度。吉布提的公共交通改革是在专业化非正规部门的框架下展开的，改革措施包括：2002年，建立了维护和发展公共交通车辆使用道路网络收费的制度；2006年起，任何公共交通运输活动都必须先取得许可证；2008年，进行公共交通线路和站点的重组，并开始建设公共交通线路沿线的公共交通候车亭和公共交通站点标志。吉布提公共交通改革的最后一个成就来自于装备和交通运输部与吉布提商会之间开展了公私合作，签署了一个特许权协议，以建造和运营一些公共交通候车亭。这些改革措施同时也使得吉布提建立了车辆技术检查的规格书，以明确交通运输者的责任、改善运营的条件及发展过程。这些专业化的公共交通改革，最终会导致在当局设定的规格下有效使用道路网络环境的可行实体经营的产生。

根据2002年装备和交通运输部公布的最新普查数据，吉布提拥有大约700辆的公共汽车、500辆的出租车和500辆的小型巴士。出租车在吉布提城市内部相对充裕，而在城市外部却很少，票价通常是上车之前经谈判确定的。小型巴士服务吉布提城市，而大型公共汽车则服务吉布提城市和大部分边缘城市及城镇，小型巴士通常会等到坐满了才出发。

2）厄立特里亚

厄立特里亚公共交通的发展始于20世纪90年代，该时期为意大利殖民时期，厄立特里亚城镇开始出现。在厄立特里亚城市公共交通出现之初，主要由意大利公共汽车公司负责提供城市内部和城市之间的交通服务，该交通运输服务奠定了厄立特里亚现代公共交通服务的基础。目前，厄立特里亚大约有2 000辆的公共交通车辆，基本上覆盖了城市和城际公共交通运输市场，然而大多数公共交通车辆都很老旧且不适于在道路上行驶，道路基础设施的条件不佳则加剧了该情况的恶化。城镇和乡村的公共交通主要由公共汽车和小型巴士组成，并由几个私人公共交通公司负责运营。由于经济活动依赖于平稳和适当的道路交通网络来转运货物和提供运营服务，因此当铁路和道路网络受到厄立特里亚战争的破坏，建设和修复道路交通网络成为厄立特里亚的首要任务之一。

厄立特里亚的公共交通部门由交通运输和通讯部门的地面交通局监管，它的主要任务是制定公共交通条例、规则、政策和标准，监督和控制这些条例、规则的执行及公共交通票价的制定。20世纪90年代后期,厄立特里亚的公共交通管理开始分散,这使得区域陆地交通运输局和直辖市承担部分国家地面交通局的权力和职责,区域陆地交通运输局和直辖市按照政府政策控制公共交通运营商的日常运营,所有的公共交通运营商都必须在陆地交通运输局取得许可证,并有义务遵守地方法规,如禁止超载和更改票价结构。2000年,厄立特里亚颁布了一个公告,其主旨是建立一个能够反映税收政策的有效公共交通系统,使公共交通工具与私人进口车辆相比税收最小。除此之外,厄立特里亚政府实施了机动车辆进口管理,禁止超过5年以上公共交通工具的进口,同时鼓励非机动车如自行车的使用。为满足自行车的行驶需求,厄立特里亚的一些较大城市(如阿斯马拉)开始兴建道路。

厄立特里亚共有4个城市交通公司和2个城际交通公司,车队规模在10—240辆的范围内。阿斯马拉的公共交通由公共汽车、小型巴士和出租车组成,出租车车辆类型为黄色5座的车辆,出租车行驶在阿斯马拉主要道路的固定线路上,并在固定线路沿线供乘客上下车。阿斯马拉的大多数出租车都是旧车,汽车生产自20世纪60年代在阿斯马拉就是一种常见的景象。阿斯马拉出租车的价格通常是通过协商来定的。尽管如此,并不是所有的出租车都是在固定线路上行驶的,阿斯马拉拥有被称为昆塔特(Kuntrat)的出租车,主要为满足乘客的私人需求,票价也是在上车之前由乘客和司机协商而定的。阿斯马拉拥有10条城市中心公共汽车路线,公共汽车拥有特定的站点以供上下车,公共汽车的票价水平较低,经常拥挤且车速缓慢。另外,阿斯马拉的主要道路还拥有白色的小型巴士路线,也是在固定的道路上运行,没有站点或标志,它们通常在公共汽车站点停止。阿斯马拉和其他城市之间的长途公共汽车也在运营,长途公共汽车一般较为舒适且票价不太昂贵,但是这些长途公共汽车没有固定的时刻表并需要等到人满才发车。

3)埃塞俄比亚

埃塞俄比亚的公共交通由来往首都亚的斯亚贝巴的交通运营组成。亚的斯亚贝巴主要的交通方式包括搭乘私人小汽车、公共交通和步行,其交通份额分别为10%、25%和60%。亚的斯亚贝巴的小汽车拥有率很低,公共汽车和出租车为大部分居民日常出行的机动交通工具。与其他非洲城市不同,自行车在埃塞俄比亚城市的交通中占据十分重要的地位,这一现象主要是由于受到了地形的限制,且城市内部没有铁路交通。亚的斯亚贝巴的公共交通由两个部分组成:一方面是由安巴萨城市公共汽车公司(Anbassa City Bus Service Enterprise)提供的常规公共交通服务和出租车服务;另一方面则是由私人部门运营的小型巴士服务。较高的步行比例从另一个侧面反映出亚的斯亚贝巴的公共交通票价相对城市居民的收入水平而言难以负担。1992年以前,亚的斯亚贝巴的大型公共汽车由安巴萨公司垄断,小型巴士"出租车"服务由公共管理局控制和管理。1992年,埃塞俄比亚公布了"提供道路运输条例的宣言",撤销了对公共交通的管制,该宣言对运营公共交通活动进行了限制：要运营公共交通必须符合两个条件，即拥有适宜道路行驶的车辆及有驾驶资格的司机。一旦运营商取得许可证就可以在埃塞俄比亚城市的任意区域和路线上运营。

埃塞俄比亚的公共交通部门在国家层面上是由交通运输和通信部门监管，该部负责制定政策和指令，使得国家的公共交通发展拥有一个清晰的愿景。1967年，埃塞俄比亚建立了道路交通局，负责管理埃塞俄比亚所有道路的使用和所有道路交通的运输活动。在亚的斯亚贝巴区域层面，公共交通则由城市政府成立的交通运输局管理，交通运输局负责公共交通运营商路线执照和许可证的颁布。亚的斯亚贝巴公共交通的票价由城市政府制定，由于安巴萨城市公共汽车服务公司受到政府补贴，小型巴士和安巴萨城市公共汽车服务公司提供的公共汽车服务之间的票价有很大的差别。安巴萨城市公共汽车服务公司是成立于1963年的正规公共汽车公司。成立之初，安巴萨城市公共汽车服务公司是一个私人控股企业，主要为亚的斯亚贝巴居民提供客运服务，拥有公共交通专营权。该公司于1974年开始国有化，目前拥有420辆传统的大型公共汽车的车队，车辆平均年限为7年，提供90条公共交通线路的时刻运营服务，占据了亚的斯亚贝巴的大部分公共交通市场份额，每年大约运营15 300万名乘客。在过去的10年里，亚的斯亚贝巴城市政府通过为安巴萨城市公共汽车服务公司提供新车的方式给予其定期投资，这一投资主要归功于比利时和荷兰的双边合作协议。由于自1992年以来，票价水平就没有发生改变，安巴萨城市公共汽车服务公司目前面临着财政困难，不能为城市外围人口蔓延和增长的地区提供交通运输，这使得居民越来越依靠步行。

亚的斯亚贝巴城市也有小型巴士的运营，又被称为出租车，其数量大约为12 500辆，它们提供了75%的公共交通出行，尽管它们的价格是公共汽车的3倍多。基本上，小型巴士都是蓝色喷漆和白顶车辆，拥有12个座位。除了小型巴士，还有大约1 500辆座位数为4个的出租汽车。小型巴士是亚的斯亚贝巴居民通勤的主要工具，因为其提供了比常规公共汽车更好的服务质量。小型巴士的运营没有固定的线路和区域，原则上，票价是由交通运输局控制，但实际票价会根据环境（如拥堵或者坏天气）而有所不同。

4）肯尼亚

肯尼亚的公共交通十分普遍，特别是在首都内罗毕。内罗毕城市公共交通系统基本上是由私人运营，这是由于为符合国家政策，内罗毕市议会对公共交通市场进行了放松管制。近年来，在这种放松管制的环境中，内罗毕产生了两种类型的公共交通运营方式：一种为肯尼亚公共汽车服务公司（Kenya Bus Services, KBS），这是一个正规的公司，拥有大型公共汽车和小型巴士；另一种为被称为马踏途（Matatus）的小型巴士。这两者经常在同一路线上竞争。1973年以前，肯尼亚公共汽车服务公司处于内罗毕城市区域范围内公共交通运输服务的垄断地位。1973年以后，由于肯尼亚公共汽车服务公司的容量不足，不能有效地满足城市交通增长的实际需求，加上 Matatus 运输方式的正规地位得到了总统法令的确认，可以在未取得正式许可证的情况下运营，因此 Matatus 成为肯尼亚公共汽车服务公司的主要竞争者，且数量得到了较大的增长。近年来，肯尼亚公共汽车服务公司仍面临着财政困难，车辆数量逐渐下降，这种状况鼓励了其他大型公共汽车公司的形成，并进入公共交通运输市场。

肯尼亚公共交通由交通运输部管理，交通运输部制定管理整个交通运输部门的政策和条例，拥有七个分局，其中包括交通运输执照管理委员会（Transport Licensing Board，TLB），该委员会主要负责执照发放和交通运输服务管理。在内罗毕，放松管制的市场导致在路线结构、运营实践、时刻表和票价方面很少有公共控制权，内罗毕市议会交通局对于公共交通的干涉范围很小。

内罗毕拥有七种公共交通运营方式，包括公共汽车、轨道交通和 Matatus。肯尼亚公共汽车服务公司成立于 1934 年，于 1966 年取得内罗毕城市公共交通服务的垄断权。直到 1973 年，肯尼亚公共汽车服务公司仍为内罗毕唯一的公共交通运营商，使用的车辆类型为高容量车辆。2003 年和 2006 年间，肯尼亚公共汽车服务公司遭遇多重财政困难，面临着许多挑战并且濒临破产。2006 年 6 月，运营权发生了演变，肯尼亚公共汽车服务公司被肯尼亚公共汽车服务管理公司（KBSM）接管。实际上，肯尼亚公共汽车服务管理公司运营了 285 辆公共汽车，有 175 个投资者，有接近 1 050 名职工，每月运输 295 万名乘客。Matatus 则是内罗毕最常见的交通运输工具，车辆类型包括小型巴士（最高容量为 25 名乘客）、货车、微型巴士（Nisan）（座位数为 14 个），比大型的 Matatus 更快更舒适。Matatus 的票价、路线和停车点都不是固定的，取决于乘客的需求，实际上大多数 Matatus 与肯尼亚公共汽车服务公司都是使用同一路线。Matatus 于 20 世纪 50 年代产生于内罗毕，成立之初被认为是非法的商业企业。1973 年，Matatus 得到官方认可，拥有了更为方便的市场进入性。目前，Matatus 占据了公共交通运输市场的 75%，大约有 16 000 辆，运营 125 条路线。出租车是单独的交通运输工具，一般情况下，出租车会在特定的地点等待乘客，也可以在道路上沿线被招停。出租车没有计量器，票价是在出发前经过商讨决定。内罗毕仅有少量的出行是由轨道交通承担的，轨道交通服务可以在内罗毕和蒙巴萨之间获得。

目前，肯尼亚的公共交通项目包括建立快速公共交通系统、制定国家综合运输政策、成立大都市区交通运输局。探索内罗毕采用快速公共交通系统可行性的研究已经受到委托在进行，该计划已经提交，正在等待项目资金。肯尼亚国家综合运输政策是在与利益相关方面经过协商制定的，目标在于改善该国交通运输服务的供应。内罗毕大都市区部正在计划形成一个交通运输局，以监管可靠的交通运输服务的供应和发展。

5）塞舌尔

塞舌尔公共交通总公司（Seychelles Public Transport Corporation，SPTC）是

一个半国营的组织，建立于 1977 年，为马埃岛和普拉兰提供有组织的道路客运交通服务。塞舌尔的公共交通部门是由政府监管的，由副总统负责管理旅游和交通运输。塞舌尔的公共交通部门主要有以下几个职责：①确保道路网络维持在最佳状态，定期进行高标准的维护工作；②确保道路系统建设与自然环境和谐发展，能够有助于社会和经济的可持续发展；③建立和监管公共汽车票价、公共汽车线路和公共汽车时刻表，以保证公共交通机构能为公众提供一个公平和体面的服务。

塞舌尔主要有两种公共交通工具，分别为公共汽车和出租车。塞舌尔公共交通总公司目前运行着由定制车辆组成的车队，以满足广大乘客的需求。目前，该公司拥有超过 200 辆的公共汽车和长途公共汽车，座位数为 19—80 个不等，拥有 41 条公共交通路线网络。在马埃岛和普拉兰，这些公共汽车满足了每年超过 1 600万名乘客的交通出行，包括为 7 000 名左右的学生和儿童提供交通运输服务。除此之外，塞舌尔公共交通总公司还有一些豪华的或半豪华的长途公共汽车以满足游客的需求。

6）坦桑尼亚

与发展中国家的很多城市类似，坦桑尼亚首都达累斯萨拉姆的公共交通系统很差，尽管其拥有良好的连接主要城镇的全天候道路网络。达累斯萨拉姆主导的公共交通运输方式是公共汽车运输，约占 60%；拥有超过 7 000 辆的小型巴士，普遍被称为中巴车(Dala-Dalas)，是达累斯萨拉姆主导的机动化公共交通工具，该城市的大多数居民都依赖于这种交通运输工具。尽管如此，达累斯萨拉姆现有的公共交通系统仍表现出拥挤和延误现象严重、车辆质量较差、道路事故持续增长等特征。除此之外，由于达累斯萨拉姆公共汽车的票价水平很低，导致其公共交通部门无法支付其运营成本。达累斯萨拉姆的公共交通部门由基础设施发展部的交通运输和通信局管理，交通运输和通信局的主要职责为制定和实施公共交通部门政策，目标是确保公共交通运输性能的提高，为国家社会经济发展提供最大的贡献。其基础设施发展部也设置了一些分支部门作为管理机构，例如陆地和海洋运输管理局(Surface and Marine Transport Regulatory Authority, SUMATRA)负责管理道路、铁路和海洋运输。达累斯萨拉姆的陆地和海洋运输管理局通过强制发行执照进行城市交通运输部门管理，公共交通服务运营商之间进行具体路线分配，并且必须每年支付许可费，同时必须遵守该部门的法规，服务费用是由运营商与陆地和海洋运输管理局之间协商决定的。

从历史上来看，达累斯萨拉姆的公共交通由一个公共交通公司——达累斯萨拉姆公共交通公司(Usafiri Dar es Salaam, UDA)提供，该公司建立于 1974 年，49%由中央政府所有，51%由市议会所有，运营 34 辆小型和大型公共汽车。多年来，UDA 都是达累斯萨拉姆唯一合法运营公共交通运输服务的公司，但是该公司并没有很好地提供满足实际需求的交通运输服务。1983 年以来，达累斯萨拉姆的公共交通运输市场撤销管制，UDA 的市场份额开始下降，而 Dala-Dalas 则受惠于开放的市场，目前大部分市场掌握在它们手上。Dala-Dalas 是达累斯萨拉姆通勤公共汽车所有者协会（Dar Commuter Bus Owners Association，DARCOBOA）所拥有的小型巴士，拥有 16—36 个座位。达累斯萨拉姆通勤公共汽车所有者协会是非正规公共交通部门的联盟，占据了 43%的公共交通市场，拥有大约 8 000 辆 Dala-Dalas。达累斯萨拉姆通勤公共汽车所有者协会的成员有 3 000 名，这反映出达累斯萨拉姆公共交通市场高度的破碎性，大多数所有者仅拥有 1 辆车。目前，达累斯萨拉姆的非正规公共交通运输仍十分混乱：公共交通服务不定期、公共汽车车辆大多为不适于道路行驶的二手车辆、低容量的车辆较多导致了过多的拥挤和鲁莽的驾驶行为。目前，Dala-Dalas 运营了 180 条路线。作为对于城市交通持续增长拥挤的回应，达累斯萨拉姆市议会决定着手快速公共交通系统的应用。这个系统由达累斯萨拉姆快速交通处（Dar es Salaam Rapid Transit Agency，DART）管理，该处成立于 2007 年 5 月 25 日。

7）乌干达

在坎帕拉，乌干达交通运输公司（Uganda Transport Company，UTC）拥有公共汽车服务的专营权，最初为私人交通运输公司，1972 年被国有化，当时它唯一的竞争对手来自于以轿车或旅行车为基础的共享出租车。乌干达交通运输公司国有化之后到 1986 年为成立乌干达当前政府之前的混乱时期，其服务主要集中于长途运输上。坎帕拉城市交通服务市场对私人运营商开放，大部分使用的是小型巴士。乌干达出租车运营和司机协会出现，并通过自我管理和终端控制来引导市场秩序。自行车和摩托车出租车（Boda-Boda）服务近年来的快速发展也引起了关注，使用和运营这些小容量车辆导致交通效率低下及较高的交通事故发生率，并成为城市地区特别是坎帕拉市交通拥挤的主要原因。伴随着 Boda-Boda 运营商数量增长的是乘客安全担忧的增加。2007 年早期，坎帕拉宣布用综合城市公共汽车服务取代这些小容量的公共车辆服务，其范围覆盖大坎帕拉都市区，然而该决定并没有得到实施。根据坎帕拉城市交通改善计划研究，乌干达政府在促进大型公共汽车的使用和良好公共交通系统的应用方面做了很多努力。

乌干达公共交通部门由国务秘书处负责管理，秘书处的任务之一是规划、发展和维护公路、铁路、水运和航空经济以及高效和有效的交通运输服务，为此，交通运输许可局负责交通运输管理和发展。在坎帕拉，交通运输许可局并没有试图限制公共汽车或者出租车运营商的数量，任何拥有合适车辆的运营商都可以取得许可证，确定路线及制定票价。虽然其交通运营商可以自行决定它们的票价，然而有证据表明运营商协会对于票价的制定有很大的影响。

由于乌干达私人小汽车数量很少，公共交通在城市和乡村地区人们的出行中起了重要的作用。乌干达拥有马踏途（Matatus）或出租车、自行车和摩托车出租车、大型公共汽车等公共交通工具。小型巴士拥有不同的车辆类型，最常见的类型最多能容纳 14 名乘客，中型公共汽车则最多能容纳 25 名乘客。小型巴士这种类型的交通工具在城市和农村地区都存在，它是一种低容量的集体交通运输模式，主要是能从公共道路的任何一点到达的中长距离运输，具体路线是由使用者的目的地和要求确定的，没有固定的时刻表。乌干达大约有 8 500 辆这样的小型巴士，Matatus 的服务框架是由乌干达出租车运营商和司机协会(Uganda Taxi Operators and Drivers' Association，UTODA)负责管理和监督的，出租车运营商和司机是该协会的义务成员，没有在该协会登记的运营在法律上是禁止的。能够容纳超过 25 名乘客的公共汽车在乌干达大约有 400 辆。没有大型公共汽车作为公共交通在大坎帕拉都市区运营，中型公共汽车是高容量的中长距离出行的集体交通运输模式，拥有建设良好的停车点、路线、中间站和时刻表。乌干达出租车运营商和司机协会向小型巴士司机收取第一次进入该协会的固定日常费用和离开的退出费用。这个组织的最初建立是为了保护和提高出租车拥有者和司机的利益，目前该组织已经变得极其强大并且能从小型巴士运营收费中获得可观的收入。Boda-Boda 是当地一个普遍的交通运输工具，可以为城市内外很多地区提供可达性。Boda-Boda 的快速增长可以看作是对自行车和摩托车可利用性增加的市场自发响应。这种方式的公共交通主要在城市地区可获得，目前也已经被扩展到乡村地区。Boda-Boda 的出行并没有固定的线路，可以根据乘客目的地的要求进行选择。估计目前在乌干达有 200 000 辆自行车出租车和 90 000 辆摩托车出租车。

3.2 西部非洲城市交通发展

3.2.1 贝宁、布基纳法索、加纳、几内亚比绍、利比亚、马里、尼日尔、塞内加尔、多哥

1) 贝宁

贝宁的公共交通部门由非正规部门主导，特别是被称为摩的(Zémidjan)的摩托车出租车，基本上集中于科托努和波多诺伏两个城市，Zémidjan 提供了 70%以上的城市出行活动。这种类型的交通工具出现于 20 世纪 70 年代末期，并在 80 年代的经济和失业危机中得到进一步地发展。自从那时起，许多工人将经营 Zémidjan 活动作为增加收入的一种方式。据估计，目前 Zémidjan 的数量已经超过了 150 000 辆。直到 20 世纪 80 年代中期，出租车汽车在科托努居民的移动出行中还占据十分重要的作用，但是伴随着经济危机，城市道路条件日益恶化，摩托车出租车较为廉价且在未铺装路面的地区拥有更好的可达性，出租车汽车逐渐被摩托车出租车所取代。由于科托努的常规公共交通发展不足、设施缺乏，Zémidjan 的交通运输方式较好地满足了当地居民的实际出行需求，成为了当地居民生活的一部分，也成了当地公共交通系统的一部分。尽管如此，这些摩托车出租车也给科托努的公共交通运输系统带来了很多干扰，存在着一些功能障碍。

贝宁的公共交通由负责地面交通、航空运输和公共工程的部门管理，该部门总的任务是制定和实施政府在公共工程和交通运输方面的政策，特别是与公共交通相关的政策。为此，该部门主要负责制定相关条例、确保其有效实施、设计交通运输总体规划和评估当地协会对城市及市际公共交通的管理。在20世纪80年代，贝宁当局曾试图禁止非正规部门的公共交通运输，甚至采用了一些镇压措施。然而，该项工作并没有取得预期的效果，相反，面对这种交通运输方式持续扩大的局面，贝宁政府被迫接受并尝试通过最小的操作来对它们进行规范，例如强制许可和每月税收。目前，科托努的司机都是官方登记的并且身着特定的背心、佩戴他们的身份标志号码(ID)，他们被归类于不同的联盟，这些联盟代表着他们的利益，是他们与政府谈判的代言人。目前，贝宁政府的主要目标不再是取缔非正规公共交通运营，而是改善其运营与管理。

在科托努，两轮公共交通作为一种社会现象得到了发展。Zémidjan的扩展是多种因素共同作用的结果：正规公共交通运输部门不能满足当前的出行需求；城市道路的恶化；年轻人的高失业率使得他们必须通过这种方式生存。Zémidjan的确是直接和间接工作的来源，运营商的燃油和润滑剂支出给贝宁政府带来了可观的财政收入。但是摩托车出租车状况不佳、司机行为不良、高频率的事故以及掺假燃料带来的空气污染及疾病的产生，使得其社会代价更高。实际上，一些研究表明摩托车出租车产生的事故比例达到了科托努城市总事故的40%，其费用是司机和消费者之间根据距离谈判而定的。

2）布基纳法索

布基纳法索独立后，瓦加杜古城市居民的交通运输方式被步行和骑自行车主导，直到20世纪80年代早期才有少量的出租车出现，同时建立了布基纳法索国家公共交通公司(Régie Nationale des Transports en Commun, RNTC X9)，这是第一个有组织的公共汽车公司。尽管如此，出租车在瓦加杜古城市交通运输供应市场中的份额将会持续增加，同时两轮车也得到了巨大地增长。这一趋势在今天也可以观察到，两轮车仍然是瓦加杜古城市使用最为广泛的机动化交通运输工具，58%的瓦加杜古人使用摩托车，20%的瓦加杜古人使用自行车。布基纳法索负责公共交通管理的部门为交通运输部，它的任务是组织、管理和发展交通运输部门，使交通运输成为其他部门强有力的支撑，以便促进布基纳法索的经济和社会发展。交通运输部通过陆地和海上运输总局(Directorate General for Land and Maritime Transports, DGLMT)来对公共交通进行有效的管理。

瓦加杜古是非洲有名的自行车和两轮机动车数量众多的城市之一。目前，瓦加杜古的交通运输系统特征为交通运输方式多样(步行、骑自行车、摩托车，搭乘私人小汽车、出租车和公共交通)，高水平的移动性(14岁以上的居民每人每天的出行为3.7，而其邻国平均仅为1.2)，并且是一个拥有两轮车的重要地区(100户拥有150辆两轮机动车和79辆自行车)。

由于巨大的财政困难，RNTC X9 成立 10 年后被私有化，并被重命名为瓦加杜古公共交通公司(SOTRAO)，并于 2000 年最终被迫关闭。两轮车购买较容易也在一定程度上导致有组织的公共交通公司的衰败。2003 年，一些私人合作者在瓦加杜古市议会的帮助下成立了一个新公司，以解决首都城市交通运输持续的功能障碍，在这种背景下，瓦加杜古公共交通公司(Société de Transport en Commun de Ouagadougou, SOTRACO)开始运营。SOTRACO 是一家私营公司，在瓦加杜古城市外围运营，并与瓦加杜古市签署了一项特许权协议。它拥有在主要道路上提供运营服务的 9 条路线，拥有 43 辆常规大型公共汽车车队，仅有 30 辆是实际工作的，平均寿命约为 12 年。SOTRACO 仅提供了瓦加杜古城市交通运输市场 6% 的服务，每年运载 400 万名乘客。SOTRACO 车队刚刚从合格技术人员缺乏及备件不可用所导致的公共汽车长期停止中复苏，它在这样一个困难的背景下运行，两轮车仍为最广泛的公共交通工具，其密集的使用是以公共交通为代价的。因此，其车队的容量与实际需求相比十分低，导致了公共汽车运行不规律，且在公共交通站点长时间的等待。由于布基纳法索政府有促进公共交通的意愿，自从 SOTRACO 成立以来，它就得到了来自政府的很多支持，包括各种税收的免除及其运营的补贴。

另外，在瓦加杜古，含有 5 个座位的出租车是集体交通运输最常使用的工具。它们的数量大约为 1 500 辆，其所有者可以被归于不同的联盟。然而，出租车常常状况不佳、不舒适且不安全，大多数都很老旧。

目前，布基纳法索正在发展和实施几个改善交通运输的项目，最重要的包括以下两个：

(1) 交通运输部门第二方案(The Second Program of the Transports Sector, PTS 2)。为了促进经济可持续增长，布基纳法索政府于 2000 年 6 月采取了 10 年战略计划(2000—2010 年)，这包括交通运输部门的发展，交通运输部门体制的加强和交通网络的提高，目前正在实施扇形交通项目。

(2) 瓦加杜古城市交通行政议会(The Executive Council of Urban Transports in Ouagadougou)。在制度层面，瓦加杜古市的城市交通决策者的多样及其职责的重叠，被认为是导致组织和管理瓦加杜古城市移动困难的基本原因。布基纳法索交通运输部和瓦加杜古市开始着手进行改革，计划成立一个单独的管理机构，瓦加杜古城市交通行政议会作为主体。

3) 加纳

加纳公共交通的问题在经历过人口和经济增长的发展中国家十分典型，因为生活水平的提高与人们移动性的提升有很大的联系。阿克拉、库马西和加纳的其他主要城市的公共交通主要特征表现为需求过量和供应短缺之间的矛盾。加纳的交通运输业目前由非正规部门占主导，非正规部门提供了大约 90% 的交通运输服务，但是它们提供的服务不可靠、不舒适和不安全。1927 年，阿克拉城镇议会已经在阿克拉、库马西、塞康—塔科拉迪和奥布阿西运营公共汽车服务。经过很多年，加纳政府建立了公共汽车服务公司如综合服务管理局（Omnibus Services Authority）、国家运输公司（State Transport Company）、城市快速服务（City Express Services）和最近的大都市规模运输（Metro Mass Transit）。加纳的非正规交通也在继续运营，公路运输同时由正规和非正规部门提供，这些较低水平的服务导致了严重的环境问题，结果导致如国家运输公司、城市快速服务和综合服务管理局这样的正规部门不能很好地运营，这迫使加纳政府不得不在 20 世纪 90 年代放弃国家运输公司和城市快速服务，并对综合服务管理局进行清理。

加纳的公共交通部门由交通运输部监管，交通运输部负责交通运输部门的政策制定、交通运营的管理框架、一体化道路交通运输系统的发展与投资。在阿克拉，干线道路和城市道路都由交通运输部负责。而交通运输的其他方面如安全和交通运输法规的实施是由其他部门管理的。为了使得交通运输部能够实现它的职责，有一些代理处负责监管，如司机和车辆驾驶执照局、国家道路安全委员会分别负责较好的驾驶标准和提高道路安全。在交通运输部下面还有第三个部门专门负责公共交通运输部门职员的培训，即政府技术培训中心，其成立于 1968 年，主要目标为公共交通部门培训和提供有技能的工人。除了这个部门，加纳还存在大都市区、市政和地方协会以监管当地公共交通，但是这些协会缺乏一个可以使它们有效协调这些活动的组织框架。根据社区的规模，当地政府市议会负责当地交通运输管理方案、停车控制和公共交通终端的管理。

在阿克拉大都市区，公共交通由私人拥有的小型巴士、出租车和大型公共汽车组成。大都市规模运输于 2003 年成立，为一个有限责任公司，其中加纳政府拥有 45%的股份。因为这样，它可以获得政府的财政支持，大都市公共交通服务最初是为了满足通勤者的需求，目前已被广泛使用，并且主要负责长距离的交通运输。目前大都市规模运输拥有 1 024 辆大型公共汽车，这些公共汽车平均使用了 5 年。大都市规模运输沿着城市和外围地区的主要走廊运营，除了小汽车拥有者，大约 4 个加纳人中就有 3 个利用公共交通到达他们的目的地。2005 年 9 月，大都市规模运输在阿克拉开始了快速公共交通系统的试点项目，以解决阿克拉和库马西的交通运输拥堵问题。小型巴士（Tro-Tro）由协会和联盟管理，通常为改装的小型巴士，在固定的线路上行驶，相对便宜和频繁，但是修缮较差且经常超载。出租车可以乘坐 4—5 人，其票价由协会和交通运输部根据它们的成本协商而定，但它们的运营面临着一系列的问题。大部分出租车处于协会和联盟的管理框架之外，通常是机会主义者，争取在 Tro-Tro 服务或者大都市规模运输服务路线上的乘客。

4）几内亚比绍

几内亚比绍的道路总长为 2 755 km，其中只有 770 km 是铺装路面，且基本上全部都位于大陆；岛屿的道路长度仅为 79 km，只有 13 km 为铺装路面；大约 50%

的国家和国际道路网络为焦油铺装路面，区域和地方道路网络为焦油铺装路面的比例少于30%和10%。由于缺乏桥梁，增加了几内亚比绍这个多河流国家的连接困难，该国较差的交通基础设施和铁路线路的缺乏则阻碍了商业贸易的发展。在几内亚比绍的农村地区，步行和骑自行车为主要的出行方式，现代的出租车集体交通现象仅在比绍出现。几内亚比绍的公共交通由交通运输和通信部门管理。在几内亚比绍，公共交通运输服务是由被称为小中巴公共汽车(Toca-Toca)的小型巴士和常规的共享出租车所提供，小型巴士在城市的固定路线上行驶，共享出租车都是白蓝色的5座小汽车，不计价而且一般处于运营好的状况中；市际交通由小型巴士和卡车(Candongas)提供，该小型巴士为7座的标致504，在城市的主干道上行驶。Candongas可乘坐10—20名乘客，车顶可供放行李。它们一般较安全，而且对于农村路线来说十分经济和适合。几内亚比绍的市际交通没有时刻表，通常车辆会等到满员再出发。在前公共交通运输公司(Silo Diata)失败以后，几内亚比绍建立了一个新的准国营性质的公司，即几内亚客运公司(Transfer Transportes de Passageiros SARL)，该公司拥有大型公共汽车，并享受在几内亚比绍运营公共交通的垄断权，但是为了建立城市交通运输市场竞争的法定框架，该公司的垄断地位于2007年被废除了。

5）利比亚

公共交通是利比亚最重要的交通运输方式，但是其运营目前正处于混乱的状况中。这是由于利比亚近几年的冲突所导致的，将近90%的私人和公共交通都被掠夺或者破坏了，道路和桥梁受到严重毁坏，到2006年早期，利比亚仅有700 km被破坏的铺装路面和1 600 km的未铺装路面。在蒙罗维亚，每天大约有40万名的通勤者到达城市中心。蒙罗维亚拥有120万人，过于拥挤导致城市外围地区的公共交通发展仍面临着严重的挑战，大约有12%的居民是私人小汽车拥有者，19%的居民使用非政府组织或者政府车辆，而69%的人则依赖于服务十分不佳的公共交通运输。利比亚的交通运输部门目前无组织、低效率和不能满足城市居民的基本可达性需求。考虑到交通运输是利比亚恢复过程中的一个关键部门，利比亚政府最重要的目标是快速从事基础设施恢复和运输服务系统重建的工作。利比亚的公共交通运输由交通运输部管理，交通运输部的主要职责是建立和实行利比亚政府制定的总体交通运输政策，制定来往利比亚的人流和物流计划，建立私人和公共运营商运输服务的规则、程序和实施标准及发展、管理、控制和监管车辆与大规模交通运输。任何取得合适的驾驶执照和通过道路性能测试的车辆都可以进入公共交通运输市场，公共交通运输的费用和路线是由利比亚政府监管的。黄色的出租车和公共汽车是利比亚最常见的交通运输工具，2006年其拥有18 788辆注册车辆，其中12 800辆为商业车辆，包括350辆公共汽车，剩余的则为出租车，然而出租车没有计价，并且可以在沿线搭乘乘客。公共汽车服务是由蒙罗维亚交通运输局(The Monrovia Transit Authority, MTA)提供，蒙罗维亚交通运输局是一个公共公司，由利比亚政府以提供新车的方式来获得资金补贴，其建立于1979年，提供蒙罗维亚和一些市际公共汽车的服务。由于战争，它停止了服务，但是近年来通过双边协作逐步恢复并建立车队。

目前，利比亚缺乏基本的地面交通运输基础设施，包括道路、桥梁、公共汽车候车厅和公共汽车终端；许多高速公路和关键桥梁处于失修的状态中，需要大量的修复和重建以促进供应充足的交通运输服务。利比亚政府出台了全国交通运输政策，指出提高交通基础设施可以加速其他生产部门的发展，将利比亚的社会经济恢复与有组织、有效率、可支付及良好合作的公共交通运输系统紧密地联系在一起，政府的目标是建立一个组织良好、有效率且经济的交通运输系统，该系统将涉及三个部门的整合：蒙罗维亚城市公共汽车系统（Monrovia Urban Bus System，MUBS）、学校公共汽车系统（School Bus System，SBS）和区域公共汽车系统[Regional (Inter-City) Bus System，RBS]。

6）马里

马里首都巴马科的公共交通运输历史变故很多，主要以公共和私人企业的屡战屡败为特征。马里长期的非正规部门通过自我组织战胜了正规的公司。直到1960年，马里的交通运输仍处于起步阶段，这时，随着城市的增长，被称为杜鲁—杜鲁尼（Duru Duruni）的小型巴士和出租车出现了，提供了额外的交通运输。马里没有常规的公共或私营公司存活，非正规部门仍占据着主导地位，装备和交通运输部负责公共交通的管理，政府和地区的一些其他行政部门和一些正式的协会及联盟也参与到公共交通的管理中来。以巴马科为例，城市和地区交通管理办公室（Regulatory Office of Urban Traffic and Transit of the District，RUTTD）建立于1989年，负责管理交通运输且制定交通运输计划。每个运营商都必须和巴马科地区政府签订一个协议，以获得在特定路线运营的权力。然而，由于巴马科缺乏管理交通运输的部门，政府和地区之间、不同群体之间对交通运输系统控制利益的冲突十分常见。

巴马科公共交通运输服务主要由两个公司提供，第一为私人非正规公司，索特拉马（Sotrama）或者杜鲁—杜鲁尼（Duru Duruni）是主导的交通运输工具，大约有18 000辆，它们是非正规的22座的小型巴士，基本上由私人部门运营，车辆运营遵守两条规则：根据需求或者预先确定的线路服务。然而这些车辆所提供的舒适度和安全性都十分有限，且是造成交通拥堵的主要原因。第二为正规公司，巴马科国家公共交通公司成立于1962年，在1976年崩溃，这为私人公司的进入提供了空间，目前私人公司已经变得较为完善。然而服务的巨大缺口使得地区可以通过与巴姆客车（Bamabus）公司和塔巴客车（Tababus）公司于1992年签订的许可权协议在交通运输部门重新获得利益。这些有组织的公司享有车辆运营的独占权，在一些路线和站点运营16个座位以上的车辆，但它们仍面临着巨大的财政困难，并需要私人公司进行激烈地竞争。目前，马里大约有160辆能够提供近100个座位、平均使用年限为 17 年的大型公共汽车在运营，这些公共汽车被一些私人公司所拥有：巴尼运输（Bani Transport）公司拥有 54 辆公共汽车、迪亚拉运输（Diarra Transport）公司拥有 25 辆公共汽车和 2 辆扩大公共汽车、班尼摩的（Banimonotie）公司拥有 10 辆公共汽车。每个公司所运营的线路都是根据与巴马科地区政府所签订的协议分配，费用则与马里政府保持一致。

7）尼日尔

在尼日尔，大多数出行都是由连接主要城市的焦油路面所完成，尽管如此，尼日尔的道路公共交通基本上没有发展。尼日尔最方便的交通运输工具为出租车，同时也拥有一些小型巴士。尼日尔城市地区拥有较密集的交通量，其中很大一部分是由两轮车辆提供。尼日尔没有轨道提供的公共交通服务，其公共交通运输是政府通过交通运输和民航局，特别是地面交通运输理事会进行行政管理的，地面交通运输理事会主要负责交通运输政策发展、地面交通运输规则和条例的发展及实施、地面交通运输管理、司机驾驶执照发放及运营商许可，同时也负责道路安全的协调。为了有限管理尼亚美的中心和第二级站点，尼日尔政府于 1988 年 2 月建立了专门的公共机构，该机构在尼亚美城市社区的管辖之下，主要任务是确保站点的适当功能及为使用者提供规律的服务。

尼亚美的一些公共汽车是由尼日尔城市公共交通（Société des Transports Urbains du Niger，SOTRUNI）公司运营，该公司为一个私营公司，成立于 2007 年，是斯纳塔尼（SNTN）公司私有化而来。它服务于尼亚美所有的城市区域及郊区，拥有 14 条路线，20 辆公共汽车在运营。由于充足装备的缺乏和财政资源的不足，其所提供的服务严重受到制约，很多目前已经没有在使用了。除此之外，尼亚美市际和国际交通运输是由国家公共汽车（SNTV）公司和一些独立的运营商提供，由状况良好的公共汽车提供常规服务。2003 年，尼日尔国家市际交通运输服务的车队数量估计为 3 087 辆，比 2002 年增长了 12%。城市中心区和往来商业区及城市外围地区的主要交通工具为出租车，又被称为泰勒祺（Talladjé-Talladjé）。城市出租车的运营由特殊行政部门管理，4—5 个城市的出租车主要在大的城市中心的一些特定路线上行驶。近年来，其数量有了明显的增长，目前尼亚美已有超过 1 000 辆的城市出租车。由于具有能够较容易地到达可达性不佳地区的优势，摩托车出租车在一些城市或大型城镇运营。

8）塞内加尔

从殖民时期到现在，塞内加尔已经建立了许多公司来进行公共交通运输管理，特别是在达喀尔。在这些公司之中，有国有公共汽车公司——塞内加尔国家运输公司（CSTC），其成立于 20 世纪 40 年代后期，于 1971 年重组并被重新命名为公共汽车公司（SOTRAC）。由于正规公司无法满足整个城市区域的交通运输需求，一些非正规的小型巴士或者直达长途客车在郊区运营。交通运营费用是由政府管理，如政府无法为 SOTRAC 提供常规的财政支持导致该公司处于财政困难的状况中，该公司于1998年11月宣布破产，并对应于私有化公共汽车网络运营的时期。但是由于缺乏组织良好的公共交通运输加上持续的城市化，城市区域的公共交通情况继续恶化，特别是在达喀尔。因此在塞内加尔首都制定一个合适的政策以解决交通问题变得十分紧急。塞内加尔政府随后开始重构交通运输部门，于1997年3月在达喀尔建立了城市交通运输的统筹主体即达喀尔城市交通管理委员会(Executive Council of Urban Transport in Dakar)。2000年12月，达喀尔建立了一个私人公共交通运输公司——达喀尔公共交通网络(Dakar Dem Dikk)，接管了之前SOTRAC的资产。尽管如此，经过10多年的发展，达喀尔的交通运输方式仍以步行为主(71%)，远超过公共交通的比例(22%)。

塞内加尔的公共交通是政府通过基础设施部、地面和航空运输局管理。其主要任务为准备及实施政府决定的政策，特别是在基础设施和交通方面的政策。为此，该部监管了一系列部门和代理处，包括CETUD和Dakar Dem Dikk。CETUD是有组织和管理的达喀尔城市区域交通运输局，其对应的职责为实施城市移动性改善项目(PAMU)，该项目包括五个部分，即交通部门容量的建立、公共交通运输车队的更新、城市火车的修复和发展、道路安全的提高和空气质量的改善。通过城市移动性改善项目，CETUD发起了非正规部门正规化的行动，发展了一个特殊系统，包括13个经济利益群体(GIE)，以聚集独立私人运营商的利益。这个创造性的计划得到了世界银行的支持，并鼓励运营商加入到经济利益群体中。到目前为止，大约有500辆车辆涉及该项计划中，2009年第二项运行则包括400辆小型巴士。CETUD也提供拥有者、司机和管理者的培训。

Dakar Dem Dikk成立于2001年，是一个私人有限公司，于2002年开始运营，拥有60辆大型公共汽车，但是由于车队年限限制使其不能有效运营。2004年以来，通过双边协助，新的公共汽车开始被Dakar Dem Dikk引入，目前总车队有400辆新公共汽车服务于城市的17条路线和887个站点。Dakar Dem Dikk被认为是达喀尔最安全的公共交通运输公司，并得到了政府的补贴，有些特定的社会人群可以免费乘坐。直达长途客车(Cars Rapides)是小型老式有篷货车，可以容量22名乘客，虽然其经过了有吸引力的装饰但是仍十分不舒适。连接塞内加尔所有城市的快速超载公共汽车处于状况不佳和面临着安全规则的挑战中。在达喀尔，这些白色、蓝色和黄色的车辆被称为小型巴士(Ndiaga Ndiaye)和直达长途客车(Cars Rapides)。该市场十分破碎，仅有两个主要运营商，一个拥有400辆车辆，另外一个拥有200辆车辆，而该市场总共拥有3 000辆车辆。它们的费用为固定的并由政府管理，但是经常根据每日或每月的时间谈判而定。塞内加尔唯一一个出租车计价的城市为达喀尔，但为了获取利益，出租车司机逐渐放弃使用这些计价器。另外达喀尔还拥有少量的郊区铁路服务，被称为远郊火车(Petit Train de Banlieue)。

9）多哥

多哥首都洛美的公共交通以常规高容量的公共汽车和非正规交通运输占据

主导地位为特征。早在1962 年,洛美就开始有高容量的公共汽车(可容纳 50—80 名乘客)常规运营,归国有洛美公共交通(RMTU)公司所有,其车队平均拥有大约 20 辆车辆。由于该公司票价设置在较低的水平及政府资助不足,导致其运营无法平衡,结果于 1982 年破产了。城市的无序蔓延加上 RMTU 公司的衰落刺激了洛美非正规交通运输部门的发展,它们主要由小型巴士出租车组成,与此同时,摩托车的使用也明显增长,但是摩托车仅为私人使用以到达城市的不同地区。1992 年,摩托车出租车开始在多哥出现,此后这种摩托车出租车开始被洛美人广泛使用,成为目前多哥首都公共交通运输的主要工具。洛美的公共交通运输由被称为摩的(Zémidjan)或者欧亚(Oléyia)的摩托车出租车占主导,80%的交通出行均由摩托车出租车完成。2002 年,洛美大约有 40 000 辆摩托车出租车,目前已接近有 70 000 辆,每辆每天平均运营 60 名乘客。

目前,多哥的公共交通责任主要在共和国总统局管理之下,然而任何交通运输的实践活动都是在主管机关许可证发放之前就被释放了,如摩托车出租车在其起步阶段就没有得到多哥公共权力的授权。1994 年,一群摩托车出租车司机形成了一个名为多哥摩托车运营者组织(Union Syndicale des Conducteurs de Taxis-Motos du Togo, USYNCTAT)的联盟,尽管当局禁止他们的形成。由于负外部性,在与该现象对抗了很长时间以后,多哥当局最终重新思考了他们的位置,不能否认他们在社会中的影响。多哥政府的政治力量更集中于寻找一个最好的正规化摩托车出租车的方式。

3.2.2 佛得角、科特迪瓦、冈比亚、几内亚、尼日利亚、塞拉利昂

1) 佛得角

佛得角的国家道路网络大约为 1 500 km,其中一半是铺装路面,主要分布在圣地亚哥、萨尔和圣文森特岛,其中圣地亚哥岛的道路网络密度相对较高。佛得角的主要城市中心拥有集体交通运输网络,可以通过小型巴士为不同地区提供交通联系,这些小型巴士通常被称为海狮(Hiace)和计价出租车(Metered Taxis)。Hiace 也连接不同岛屿地区,由几个私有公司提供。基础设施、交通和海洋部是佛得角负责管理交通运输的内阁部门,负责计划、协调和执行政府关于基础设施、通讯、交通运输、航空、航班及海洋安全、港口、机场和渔业的政策。

佛得角的主要公共交通运输工具为出租车、小型巴士(Aluguer)和常规公共汽车。佛得角的集体出租车交通网络发展良好,所有的出租车都装备了计价器,它们是一个相对舒适的交通运输工具,拥有高水平的流通。Aluguer 是至少 15 座的小型巴士,为岛屿的主要枢纽循环运营服务,跨岛屿为客户和待运货物提供服务。其费用很低,但是当使用这种交通运输工具时,必须考虑固定的时刻和路线。佛得角全国公共交通公司(TransCor)在岛屿内部运营常规大型公共汽车,但是于 2002 年 6 月破产了。

2）科特迪瓦

科特迪瓦首都阿比让早在20世纪60年代初就出现了组织公共交通的想法。在20世纪50年代，阿比让就有非正规的公共交通运营，使用的交通工具是传统的小型船、6—7个座位的小型货车和一些小型巴士。在科特迪瓦独立后，于1960年成立了一个准国营的公共交通运输公司，被称为阿比让运输公司（Société des Transports Abidjanais，SOTRA）。当科特迪瓦政府决定将阿比让公共交通的官方垄断给正规公司以后，传统交通运输方式的运行区域得到了大量减少。在这种环境下，科特迪瓦政府采取了一系列措施来恢复交通运输系统的活力。科特迪瓦的公共交通运输是在交通运输部的授权下，由政府通过不同机构进行管理的。为了提高城市公共交通的质量和解决不同机构间的职能重叠，科特迪瓦政府在国际捐赠者的支持下建立了一个新的机构和管理框架，于2000年2月成立了城市交通公司（Agence des Transports Urbains，AGETU）。该交通公司是阿比让地区及其郊区负责组织交通运输的当局，它的主要职责是组织、协调和监管阿比让的城市公共交通。同时，科特迪瓦政府还成立了其他的机构，如陆上交通管理公司（SONATT），主要负责发放司机驾驶执照和管理其他形式的公共交通当局。目前，科特迪瓦仅有一种交通运输服务是在正式合同之下运营的，即由与科特迪瓦政府签订许可证协议的SOTRA执行，该协议于1998年签订，为期15年，给了SOTRA除两个区域外的阿比让地区的公共交通运输垄断权。但实际上，该公司在整个城市范围内运营，拥有约600辆大型公共汽车，其中日常运营的车辆为500辆。SOTRA每年会得到政府补贴，一些社会和专业人群（公务员、学生）可以免费使用公共交通，而且总体票价处于较低的水平。但是SOTRA仍无法满足大部分现有居民的交通出行需求，导致科特迪瓦居民被迫使用其他非正规的公共交通方式。实际上，SOTRA满足阿比让的公共交通需求占总需求的比例不足20%。科特迪瓦还存在很多不同形式的交通运输工具，但是没有正规的合同，包括以下几种：

（1）Gbakas为私人拥有的小型巴士，为14—22座，连接城市商业区和城市外围区，它们的数量大约为5 000辆，占据了阿比让公共交通供应的27%，在事先确定好的路线上行驶，且沿线可以随时停止。尽管如此，它们还是十分的不安全。

（2）非正规的4座共享出租车或者称之为“三十—三十”（Woro-Woro），城市不同其颜色代码也不同，它们占据了城市公共交通运输市场份额的32%，在阿比让的数量估计为11 000辆。

（3）计价出租车为4座车辆，估计有11 300辆，可以覆盖阿比让整个城市地区。

（4）传统水上运输交通工具被称为平底小渔船（Pinasses），运营百辆当地船舶。

除了计价出租车外，科特迪瓦当局并没有对非正规交通运输部门的费用进行控制，因此，它们的运营并没有得到政府的财政支持。然而，科特迪瓦交通运输局试图实施一个投资计划，以恢复城市公共交通车辆，特别是 Gbakas 和 Woro-Woro。

目前，Gbakas 和 Woro-Woro 是唯一被科特迪瓦授权服务于不同市场的非正规运输工具，但是人口的增长带来了需求的快速增加，使得 Gbakas 和 Woro-Woro 服务的市场扩展为全部城市公共交通市场，尽管科特迪瓦政府已经采取了一系列的措施去阻止这种情况的发生。这种需求的持续增长和 20 世纪 80 年的经济危机共同增强了科特迪瓦非正规部门的发展，尽管 SOTRA 仍有垄断权，但它提供的公共交通活动依然处于下降状态中。SOTRA 的供给不足和非正规部门的快速增长导致科特迪瓦城市交通运输系统的衰落，产生拥挤、道路事故和污染。

3）冈比亚

冈比亚的全国道路网络由 1 559 km 的等级道路组成，其中 495 km 的道路为铺装道路，存在大约 1 300 km 的未定级道路，为农村聚落和一些城市居住区提供可达服务。冈比亚首都班珠尔及其附近的道路网络比该国其他地区发展的要好。冈比亚的道路条件总体上较差，这是由于常规投资和定期保养不足所导致的结果。冈比亚的大型公共汽车由冈比亚公共交通运输公司运行，一些小型巴士也作为公共交通运输工具在外围城镇和乡村运营。同时，冈比亚公共交通运输公司还在班珠尔运营跨越冈比亚的轮渡。冈比亚的公共交通运输部门由负责工程、建设和基础设施发展的政府秘书处监管。冈比亚政府的主要目标为达到作为实现长期发展框架（VISION 2020）所采取的中期发展战略——贫困削减战略（Poverty Reduction Strategy Paper, PRSPII）做贡献。该长期发展框架的重点在交通，并广泛重视基础设施和区域的相互联系。冈比亚政府通过冈比亚公共交通运输公司参与到公共交通的活动中，与此同时，冈比亚公共交通运输公司与国务秘书处内部的特殊部门也有紧密的联系。

由班珠尔基于议会通过的法案于 1976 年成立了冈比亚/利比亚阿拉伯公共交通总公司，该法案于 1988 年进行了修改，且带来了冈比亚公共交通运输公司的建立，冈比亚政府为其唯一的股份持有者。该公司的主要目标为运营和维持冈比亚的公共交通服务，包括客运和货运服务。1993 年，冈比亚公共交通运输公司与冈比亚渡轮服务有限公司合并，合并后公司的目标调整为运营和维护轮渡运输服务及内陆水运交通。但是在 2001 年，轮渡又从冈比亚公共交通运输公司中分离出来成为冈比亚港口局。冈比亚公共交通运输公司目前拥有 51 辆大型公共汽车，但是仅能满足目前需求服务最小数量的 50%左右。冈比亚拥有两种类型的出租车：绿色出租车（旅游出租车）和黄色出租车（常规出租车）。旅游出租车收取的费用较高，且与乘客数量多少无关。这些出租车必须拥有基本的安全设备，包括安全带和工作指标。而常规出租车较便宜，主要由当地人使用，价格取决于出租车上乘客数量的多少。

4）几内亚

科纳克里大约拥有几内亚 1/4 的人口，也是几内亚经济活动的主要集中区域，以交通运输部门为例，在科纳克里运营的车辆占据了几内亚整个国家车队的90%。科纳克里的城市移动性主要受到两个方面的限制：一方面，道路不足、分布不均且退化严重；另一方面，缺乏集体有组织的交通运输。这两个限制因素加上城市线性空间结构在很大程度上决定了城市出行的情况。自从前科纳克里公共交通运输公司（SOGETRAG）的活动停止后，科纳克里的城市居民就生活在供给不足和缺乏有组织的公共交通系统的双重限制之下。目前科纳克里的城市公共交通服务由被称为 Magbanas 的集体小型巴士和集中于主要道路运行的共享出租车提供，还有部分来往港口和远郊的交通运输服务由公共汽车提供。除了有一个十分受限的公共交通运输，科纳克里的城市居民在使用公共交通前后还必须步行一段很长的距离。几内亚负责管理公共交通运输的部门是交通运输部，它的主要任务是设计、发展和实施政府政策，特别是道路交通的政策。为了完成它的任务，交通运输部还包括地面交通运输局、公共公司、分散的服务和咨询主体（AGETUC）。几内亚国家地面交通运输局负责发行每个公共交通运输车辆的授权，且每年需要更新。在科纳克里，市政局拥有分散管理权，它们可以管理它们自己的财政运算，市长及它们各自的交通运输局管理交通。

科纳克里的公共交通运输服务是由出租车、小型巴士和公共汽车提供。科纳克里线性的城市空间形态导致其可沿中心走廊发展大规模的交通运输系统，当地也拥有大型车辆。仅有未来交通（Transport Future）公司为科纳克里一些城市路线提供了 12 辆公共汽车（该公司共有 50 辆公共汽车），其余的车辆被用于市际和国际交通运输服务中。Transport Future 公司车队的车的品牌很多样，包括吉姆西（GMC）、丰田（Toyota）、萨维姆（Saviem）、达夫（DAF），且基本上都是使用过的车辆。由于其车辆的条件不佳，Transport Future 公司拥有技术维护团队，该团队被认为人员过多，大约 200 人中有 52 人在该团队。它们公共汽车的一个主要问题是缺乏足够的基础设施，由于该部门缺乏组织造成了更多的拥堵。2008 年 5 月，几内亚政府成立了几内亚公共交通系统（Société Guinéenne de Transport）公司，为准公共性质的公司，其中几内亚政府拥有其 49%的股份，私人运营商拥有 51%的股份。该公司拥有 100 辆公共汽车，是 2007 年由几内亚政府购买的，这个新的运营商试图确保城市和国内交通的有效运输。小型巴士（Magbanas）是次于出租车的第二种交通运输工具，一般服务于城市道路网络的主要走廊，大约有 1 500 辆，它们是来自 15 个或 18 个地方的车辆，经常超载特别是在高峰时间。4 座的出租车是城市交通运输的主要工具，科纳克里大约有 5 000—6 000 辆的出租车，在其所有区域运营。几内亚剩余的交通运输市场由私人部门和私人车辆所占据，有时会提供未注册的公共交通，特别是在高峰期间。

5）尼日利亚

尼日利亚自 1960 年取得独立以来，其交通系统就存在道路状况不佳，公共汽车或卡车车队缺乏，火车和机场不规则、不足及超载，港口过于拥挤等问题。同时，尼日利亚的交通运输还面临着管理不善的问题，例如训练适当的运输管理者和规划师缺乏、机构协调面临着严重的问题、无效率的交通运输管制。尼日利亚前首都拉各斯被认为是第六大城市和世界上城市化速度最快的都市区之一，其交通运输同样也表现出功能不良的特征。都市区的快速城市化加上发展计划不足及执行不良导致该区域产生了一系列的交通运输问题，包括交通拥堵的持续增长、失修道路状况的恶化、物质吸引力和以道路为基础的公共交通的衰退、道路事故发生水平的上升、道路相关排放率和空气污染的增加及摩托车运输威胁的增长。尼日利亚政府正在采取相关措施以确保有效的交通基础设施和服务来维持国家的社会和经济发展。

公共交通运输部门在尼日利亚联邦层面是由联邦交通运输部监管的，在拉各斯层面则由政府交通运输部监管。政府交通运输部试图建立一个与全球最好水平一致的安全、有效、可支付和无缝衔接的多模式交通运输系统，主要负责政府道路基础设施网络、拉各斯政府范围内的道路交通运输和公共交通运输供应，包括政府层面和地方层面的许多部门及机构。但是为了提供一致的规划和促进政策的有效实施，拉各斯政府在世界银行的帮助下，于 2003 年建立了拉各斯大都市区交通运输局(Lagos Metropolitan Area Transport Authority，LAMATA)。该局的总体角色为协调交通运输的政策与项目和所有与交通相关机构的行动及拉各斯大都市区的公共交通服务的实施和管理。2007 年，拉各斯大都市区交通运输局成功地通过必要的法规来改善拉各斯大都市区的交通运输，同时其拥有特定交通运输服务的独有运营权，在这个框架下，一项试点的快速公共交通系统(BRT Lite)开始设计并于 2008 年 3 月成功实施，这是撒哈拉以南非洲第一个 BRT 实施项目。

尼日利亚联邦首都领地的行政交通运输秘书处负责实施其首都所有可支付交通项目和管理交通运输服务，为了实施 BRT 项目，联邦首都领地的行政将阿布贾划分为三个运营区，这些区域后来在公私合作行动下被授权给了三家公司，分别为阿布贾城市大规模交通运输有限公司(Abuja Urban Mass Transport Company Ltd.)、全球音波资源(Sonic Global Resources)和全国整体交通运输有限公司(Nationwide Unity Transport Ltd.)。

在阿布贾和哈考特港口的大型公共汽车的交通运输服务仍处于起步阶段，拉各斯的公共交通运输服务占据了居民出行的 60%，但是仍主要由非正规部门提供。自从 20 世纪 80 年代拉各斯国家交通运输公司崩溃以后就没有运营大型常规公共汽车的主要车队了，政府公共交通运输公司的失败导致了非正规部门的指数增长，非正规部门主要由小型巴士[又称之为丹弗车(Danfos)]和中型巴士[又称之为鲱(Molues)]组成。它们目前的数量大约为 100 000 辆，其中大多数都是 Danfos。拉各斯的公共汽车业几乎所有都是由私人拥有和管理，原则上为个人拥有 1—2 辆二手车辆，大多数雇佣日租司机。尽管如此，它们仍倾向于轻视车辆的基本安全标准——车辆处于严重失修的状况，同时司机的驾驶行为十分不好。Danfos 和 Molues 的运输产业主要由两个群体组成，分别为车辆拥有者和司机及管理者，大多数司机都附属于尼日利亚国家公路交通运输工会（National Road Transport Workers Union，NRTWU），车辆拥有者则隶属于尼日利亚公路运输雇主协会（Road Transport Employer's Association of Nigeria，RTEAN）。2008 年，尼日利亚国家公路交通运输工会与 LAMATA 签立了 BRT 运营许可合同，在 BRT 走廊里正式运营大型公共汽车，拥有 220 辆车辆，满足 18%的公共交通运输需求。尽管如此，需要指出的是，在 2005 年，尼日利亚政府计划重组和提高公共交通运输服务，决定结束非正规低容量的车辆，并建立了一个公共汽车公司——拉各斯资产管理有限公司（Lagbus Asset Management Ltd.），通过双边援助来购买公共汽车以资助其发展。该公司目前已有大约 1 000 辆的大型常规公共汽车，保证了 22%的日常公共交通出行，同时该公司也在 BRT 中运营。

商务摩托车（即摩托车出租车）又被称为奥咔哒（Okada），是尼日利亚主要的交通运输工具之一，目前是该国非正规交通运输系统中最常见的一种形式，近几年得到了快速的增长。Okada 的增长提高了高风险的交通运输行为和尼日利亚道路的事故水平，因此，它们受到了广泛的批评并以法规限制或者在一些城市禁止运营为终结。

6）塞拉利昂

塞拉利昂大约有 11 000 km 的公共道路网络，其中 8 000 km 为国家级道路，3 000 km 为地方道路、未定级道路和小径。尽管基本的高速公路拥有焦油表面，但第二等级道路的维护状况依然不佳且在雨天的时候常常不能通行。弗里敦的大多数主要道路都是铺装路面，但是地表有坑塘，未铺装路面一般也可通行。弗里敦主要道路的重新铺装和修复的项目正在进行，城市道路质量得到缓慢地改善。塞拉利昂公共交通运输部门由交通运输和民航部监管，交通运输和民航部提供交通运输所有政策的开启、指导和管理。该部政策的指导和管理覆盖了相关项目和塞拉利昂道路交通运输公司的活动，该主体的主要目标为设计、开发和管理与摩托车车辆登记及执照相关的法规和条例，同时也负责提高道路安全。

当地长距离的公共汽车服务由塞拉利昂道路交通运输公司（The Sierra Leone Road Transport Corporation）运营，公共汽车快速廉价且连接了所有的主要中心，但公共汽车或群体出租车的集体交通运输一般来说不稳定，有时也不安全。塞拉利昂道路交通运输公司为有限责任公司，成立于 1964 年，提供弗里敦和省、城、镇的市内及市际公共汽车客运服务，而较差的道路条件及管理的不善都会影响到塞拉利昂道路交通运输公司的运营。该公司获得了一些捐赠资金，特别是来自于伊斯兰发展银行（Islamic Development Bank，IDB）的资助。尽管有这些资助，但其运营仍处于不善的状况之中，塞拉利昂政府正在寻找塞拉利昂道路交通运输公司公私合营的可能性。一些私人公司和个体也提供弗里敦到其他主要城镇的小型巴士、公共汽车和客车服务。弗里敦当地出租车为 4 座车辆，在固定的路线上运营，可供出租，时间为一小时到几天不等，然而当地出租车都较旧。小型巴士通常被称为波达—波达(Poda Poda)，常常超载，以固定的价格提供城市和周边城镇的交通运输服务。

3.3 中部非洲城市交通发展

3.3.1 喀麦隆、加蓬

1）喀麦隆

目前，喀麦隆存在四种主要的公共交通运营工具：大型公共汽车(Large Buses)、传统出租车(Traditional Taxis)、摩托车出租车(Motorcycle-Taxis)、出租车巴士(Taxi-Buses)。喀麦隆的公共交通是由交通运输部监督，包括地面交通局(负责城市和市际交通运输)，负责地面交通的发展，政府政策的执行、协调和相关法规原则的制定及实施。公共汽车的票价由喀麦隆政府的交通及金融部门控制，同时这些部门也负责路线及执照事项的决定。喀麦隆政府试图保护组织良好的公共交通系统和解决由小型私人营运碎片化市场引起的负外部性，因此决定在一些地区禁止小型巴士的营运，特别是杜阿拉。然而，杜阿拉现有的公共汽车公司无法满足实际的交通需求，导致共享出租车和摩托车出租车的使用指数增长。从这时开始，杜阿拉的大部分公共交通都是由非正规部门提供的。

1973 年，由于面临着快速的城市发展和公共交通缺乏的挑战，喀麦隆政府决定成立一个有限公司即喀麦隆城市公共交通公司(Société des Transports Urbains du Cameroun, SOTUC)，归喀麦隆中央政府、杜阿拉和雅温得两个城市政府所有。SOTUC 于 1995 年 2 月破产，喀麦隆政府决定放开杜阿拉和雅温得的城市公共交通服务，希望运营商之间的竞争将促进城市公共交通的自给自足而不再依赖于公共财政的干预。自从 1995 年 SOTUC 破产以后，喀麦隆政府采取了一系列的改革措施，导致能够在杜阿拉 15 条固定线路上运营的传统大型公共汽车公司都必须通过投标过程进行选择。于是，出现了一个新的公共汽车公司即喀麦隆城市交通公司(Société Camerounaise de Transport Urbain, SOCATUR)，该公司是由喀麦隆私人投资者所有，于 2001 年开始运营。SOCATUR 依据特许权协议进行经营，该协议使它能够在最初 5 年期间在杜阿拉垄断经营公共交通服务。此外，SOCATUR 还跟杜阿拉城市社区签署了一份合同，负责当地交通运输组织，目前，该公司拥有平均使用年限为 10—15 年的公共汽车 70 辆，提供了杜阿拉 10%左右的日常出行。SOCATUR 实际上没有得到喀麦隆政府津贴，并且与 SOTUC 相反，虽然票价仍由政府控制在一个较低的水平，但政府未授予 SOCATUR 进口税和增值税的优惠。最后，杜阿拉较差的道路条件似乎成为该公司发展和扩张的一个主要障碍。

喀麦隆拥有 9 000—10 000 辆黄色喷漆的出租车在运营，所有的出租车都是二手的，大都是从欧洲进口并且条件很差。喀麦隆出租车的所有权高度分散，很少有所有者拥有多辆车辆。喀麦隆的法律规定出租车所有者要加入八个为保障他们利益而设立的官方贸易工会，但有些出租车所有者仍不愿加入。这些传统出租车主要以两种价格营运，分别被称为"搭乘"(Ride)价格和"过程"(Course)价格，"搭乘"价格是根据工会及政府之间的协议确定的固定收费，而"过程"价格大部分时间都是使用者和司机之间根据不同地方自由协商而定的收费。

在出租车运营增长的同时，喀麦隆出现了一种被称为弯皮(喀麦隆音乐的一种)(Bend-Skin)或者本斯琴(Ben-Sikin)的摩托车出租车使用的快速增长。摩托车出租车已经成为喀麦隆十分流行的公共交通运输工具，尤其是在杜阿拉，拥有超过 1 万辆的摩托车出租车，占据了城市公共交通市场的 30%。摩托车出租车的票价是由司机和乘客在运营之前协商决定的。然而，摩托车出租车通常被认为是一种不可靠的交通运输工具，主要是由于司机较差的驾驶行为导致摩托车出租车的事故率很高，大多数摩托车出租车的司机都是没有驾驶执照的，Bend-Skin 的吸引力在于即便在很差的道路条件下也能保持较强的机动性。另一种交通工具为出租车巴士，这是一种高容量的公共汽车，被雇员当作通勤手段，通常被用于长距离旅行。

2）加蓬

在加蓬首都利伯维尔，居民面临着许多移动的问题，部分是由于缺乏一个有力的公共交通系统造成的。实际上，大约 70%的利伯维尔居民的出行都依赖于公共交通。运输公司(Société des Transports des Villes, SOTRAVIL)破产以后，城市交通运输基本上依靠出租车和加蓬公共交通公司(Société Gabonaise de Transport，SOGATRA)(为一个正式的国有公司)提供的大型公共汽车，但是这两种运输类型都被迅速地淹没导致了非正规交通运输的扩张。交通运输部和民航局负责加蓬所有公共交通的运营。

利伯维尔的公共交通运营工具包括出租车、小型巴士和公共汽车。加蓬提供大型公共汽车的城市公共交通为 SOGATRA，该公司成立于 1997 年，主要任务为提供利伯维尔和奥文多城市地区的公共交通服务。近年来，该公司面临着许多障碍，限制了它的任务。尽管几年前 SOGATRA 流通中的公共汽车达到 120—130 辆，但目前在该公司 94 辆正式的公共汽车车队中，仅有 15 辆左右的公共汽车是有效流通的，其他车辆则由于各种技术原因而不可移动。实际上，车辆维修的问题已经成为该公司面临的一个主要问题。目前，该公司拥有 500 名员工，并处于破产的边缘。

出租车和小型巴士是在利伯维尔城市内部、城市之间使用的公共交通运输工具，出租车巴士大约提供 15 个座位，同时出租车汽车可以容纳 4 人。出租车是加蓬城市的主要交通运输工具，其中一些作为城市外部长距离的交通，然而由于部分乘客较为贫困，目前仍采用谈判进行票价的确定。但是相对于需求而言，出租车的数量相对不足，利伯维尔 700 000 名居民仅有 7 000 辆左右的出租车，这主要是由出租车获得和运营困难造成的。除了这些，还有一些非正规的交通运输工具被称为 Clandos，近年来它们的增长十分迅速，并成为公共交通的一个重要组成部分。目前，利伯维尔 Clandos 的数量为 2 000 辆，成为解决城市公共交通短缺的一个现实途径。

3.3.2 中非、乍得、刚果(布)、刚果(金)、赤道几内亚

1) 中非

在 20 世纪 50 年代后期，中非一个有良好核心组织的公共交通系统最先由法国人建立，该系统主要由大型公共汽车组成，被称为雷蒙德巴士(Bus Raymond)，后来成为班吉城市运输公司(Transport Urbain à Bangui，TUB)。后者于 1967 年转化为中非政府所有公司——中非公共交通公司(Société des Transports en Centrafrique，SOTRECA)，在 20 世纪 70 年代，SOTRECA 被国有化为国营运输公司(Compagnie Nationale des Transports Routiers，CNTR)。这些公司的运营车队通常都在 40 辆到 60 辆之间。CNTR 的管理效率低下导致其面临财政困难并于 1979 年 9 月宣布破产，而且该公司的车辆也受到了皇帝博卡萨一世统治结束时期的破坏和抢劫行为的影响。自从该公司运营失败以后，中非政府从公共交通运输活动中脱离出来，而让非正规部门管理它的小型巴士和出租车运营。结果，直到今天，班吉都没有大型公共汽车提供的公共交通运输服务，公共交通运输部门在很大程度上都是自动化的，并且是基于非正规部门低容量的。此外，班吉的道路基础设施不足，无法满足其日益增长的道路交通需求，从而导致了拥堵和各种形式的污染。

交通运输和民航部负责中非所有交通运输活动的管理，特别是公共交通。其任务为开发和构建公共交通政策，执行城市交通的法律和管理框架，签发执照和经营许可证，此外，还负责票价和线路的制定。公共汽车与出租车的司机和管理者都被归入一个被称为公共交通巴士运营者组织联盟(Syndicat des Conducteurs et Receveurs des Taxis et Bus，SCRTB)的工会，工会通过参加协商会议并在受到当局的骚扰和虐待的情况下进行干预来维护司机和管理者的利益。就公共交通基础设施和城市设备的提供而言，班吉市在公共交通问题上也起到了重要的作用。因此，该城市已经建成公共汽车候车亭和终端，但是由于缺乏财政资源，这些设施数量不足且维修不善。总的来说，班吉市的道路网络系统的条件很差且缺乏有限的维护计划。

中非的公共交通运营主要由小型巴士和出租车组成，分别提供 15 个和 4 个座位，车队主要是由二手车组成，少数从欧洲进口，大部分为日本车。出租车一般服务地区间和城市内部(长距离)的交通，而小型巴士的线路一般都服务于城市的外

围地区。近年来，摩托车出租车开始在班吉市的郊区出现，然而摩托车出租车一直都是被禁止的，直到 2005 年 8 月，市议会决定允许它们在特定区域运营，目的是使得一些狭窄和条件差的道路能够有一种集体的交通运输工具。

2）乍得

在乍得，公共交通运输主要由摩托车出租车（Motorcycle-Taxis）主导，在当地被称为“Clando”，产生于 20 世纪 90 年代后期。乍得的公共交通运输缺乏一个正式的高容量的公共汽车公司或者铁路服务公司。一般而言，乍得的交通政策，特别是公共交通政策是由基础设施部负责的，国务秘书处负责运输。乍得的基础设施部起草了 2000—2009 年国家交通运输战略（National Strategy of Transport, SNT），主要目标是促进经济增长和减少贫困。自 2003 年以来，由于石油资源，SNT 带动了乍得道路交通基础设施的显著改善。大多数交通运输者要在乍得交通运输部的地面交通局进行注册，获得注册资格者将持有交通运输许可证，这个许可证必须每年续期。交通运输者也被归入一个运营商的合作社和联盟，以维护他们的利益，然而大部分交通运输活动依然是非正规的。2002 年，乍得部令规定了全国各地摩托车出租车运营的固定条款和条件，包括司机必须头戴头盔和身穿制服，但是这个法令并没有在运营商或者管理机构方面得到实施。实际上，摩托车出租车的活动在乍得并没有完全得到许可，且脱离了政府控制的范围。2008 年，恩贾梅纳大约有 8 000 辆摩托车和出租车，仅有 40 辆符合法规规定并取得了必要的许可证。总体而言，乍得拥有 16 000 辆摩托车出租车，主要集中于南部城市。除了摩托车出租车外，恩贾梅纳还拥有一些出租车，然而乍得并没有常规的公共交通汽车或者提供城市间常规联系的乡村出租车线路。

乍得目前正在实施国家交通运输计划支持的项目（The Project of Support for the National Program of Transport, PAProNAT），这对公共交通有很大的影响，特别是城市间的交通。乍得国家交通运输计划的目标是通过提高市场、社会和行政服务的可达性来减少贫困和居民间的隔离，特别是农村地区。

3）刚果（布）

在刚果（布），特别是在首都布拉柴维尔，城市交通供给的特点表现为政府当局的公共管理和非正规部门主导的私人运营的交替，尽管后者目前已经占据城市交通系统的垄断地位。刚果（布）公共交通发展的历史可以被归纳为公共交通公司的成功和失败。公共交通公司几经变换，从 1947 年的交通运输公司（SATA），一直到现在的城市汽车（City-Cars）公司。这种情况主要是由于管理不善导致的，特别是在备件方面（备件不足且交货时间长）；缺乏维护公共汽车的相应技术；车辆的缺乏导致其长时间的超载，以至于最终造成定期损坏。现在，刚果（布）的城市交通运输主要由私人非正规部门主导，占据了公共交通运输市场的 95%左右。该国的公共交通运输主要由共享出租车和小型巴士组成，并由交通运输部和民航局监管。小型巴士由提供 35—40 个座位的柯斯达（Coasters）和提供 12—20 个座位的福拉—福拉(Foula-Foula)组成,目前布拉柴维尔大约有 2 000 辆小型巴士在运营。共享出租车又被称为"100—100",通常提供 4—6 个座位,大约有 1 000 辆在布拉柴维尔运营。刚果(布)的出租车主要是归私人所有,一般都是归司机所有,有一些经营私人路线,而其他的则采用集体共享的模式。

4) 刚果(金)

交通运输是刚果(金)特别是金沙萨人民每天面临的一个严峻挑战,同样,公共交通也是个难题。然而,刚果(金)独立于 1960 年,其人民已经从由比利时人建立的公共交通服务中得益,但却由于刚果(金)缺乏熟练的管理者来准备接受比利时留下的管理机构,再加上备件不足导致公共交通部门的服务水平急剧下降。目前,由于道路和公共干线的损坏,刚果(金)的公共交通情况日益恶劣。这些导致了混乱的交通运输系统,并由非正规部门主导。为了改变这种情况,刚果(金)政府于 2006 年成立了公共交通运输有限责任公司(STUC SARL)来保证公共交通恢复活力。STUC SARL 为一个有限责任公司,刚果(金)政府为主要股份持有者,占据 96.3%的股份。2005 年,刚果(金)政府代表 STUC SARL 通过国家信用向印度购买了 250 辆新的大型公共汽车,然而由于道路基础设施条件差和高峰小时的过度超载,数量已经减少到 180 辆大型公共汽车,现仅有 127 辆在运营。目前,刚果(金)主要的公共交通工具仍为小型巴士。

刚果(金)的公共交通由交通运输和通信路线部管理,在该部内,地面交通运输局主要负责实施政府的一般政策,发展和实施国家的交通运输计划,以及制定相关的法规和条例。与此同时,它也负责监管道路安全和防止事故的发生。在刚果(金),公共交通管理被下放到省和金沙萨市,省和金沙萨市可以管理其范围内的公共交通运输,它们拥有处理公共交通许可、确定票价及收取公共汽车和出租车运营商税收的权力。实际上,尽管运营者可以根据市场供应和需求限制进行票价的制定,然而刚果(金)经济部和金沙萨市还是根据经济环境和成本设定了最高票价限制。同时,路线的制定完全取决于运营商。除此之外,运营商必须在刚果(金)国家保险公司(SONAS)购买保险并在税务总局(General Directorate of Taxes,DGI)注册,但这些措施通常都被非正规部门忽略。刚果(金)的非正规部门主要进行短距离的运输运营,使用的是进口的二手车辆,大约有 1 200 辆小型巴士,能提供 5—26 个客座,但实际运载人数是该数量的两倍,缺乏舒适和安全。它们按照自己的路线运营,尽管没有正式的计划,但它们还是会在一些特定的点停车。

金沙萨的主要道路上很少有摩托车出现,人们更倾向于使用小汽车或者两轮车(电动车或者自行车)。然而,自 2007 年以来,摩托车出租车在金沙萨的某些地区出现。金沙萨的边缘城市铁路也在由国家铁路公司(Office National de Transport, ONATRA)运营,由于车辆和铁路网络的条件差,每天运载的乘客仅有 8 000 人左右。

5）赤道几内亚

出租车是赤道几内亚最流行的交通运输工具，直到 2006 年 4 月，每个市议会都可以自由设置其区域范围内的出租车运营特点。因此，多年来，赤道几内亚的出租车一般为老式二手车辆，从西班牙进口，每个市政局决定其特定的特征。但是自 2006 年 4 月以来，赤道几内亚的交通运输和通讯部开始着手重组部门，决定将金属灰色的梅赛德斯-奔驰车辆作为其唯一合法的出租车，在这之前的运营执照都不再有效。

3.4 南部非洲城市交通发展

3.4.1 安哥拉、博茨瓦纳、马拉维、毛里求斯、纳米比亚、南非、赞比亚、津巴布韦

1）安哥拉

在安哥拉，连接罗安达和省首府的大多数道路都逐渐得到了更新，这些道路有约 8 000 km 长的沥青铺装路面，但是 1975 年爆发的冲突毁坏了很多基础设施。目前，很多道路仍未铺装且状况不佳，特别是雨天这些道路都无法通行，且由于采矿和桥梁破损导致道路不可达。即使在罗安达城市内部，道路状况也较差，因此，重建基础设施成为安哥拉政府的主要目标。其交通运输部主要负责制定、执行和监管安哥拉政府的交通运输政策，为了与其任务保持一致，交通运输部的职责包括：计划和完成政府在交通运输领域的行动政策；参与交通运输部门投资政策的制定；改善道路安全；计划和制定实际有效的交通运输运营的必要法律和规则。

罗安达有三种类型的城市公共交通：公共汽车、集体出租车、私人出租车。公共汽车主要用于连接城市和镇区，其官方票价为单趟 0.3 欧元，一些公共汽车为现代装有空调的车辆，其他的则较为残旧。集体出租车为蓝色和白色喷漆的小型客车巴士，没有固定的目的地，大约可以装载 12 名乘客，罗安达大约有几千辆集体出租车，它们的路线覆盖了罗安达城市和其外围区，可以在任何地点上下乘客。私人出租车中仅有一位名为麦肯（Macon）的运营者获得官方执照，运营车辆为 5 座车辆。此外，还存在没有执照的私人出租车在城镇的一些地区运营，如国际或国内机场和酒店附近，票价是跟消费者谈判而定。

2）博茨瓦纳

博茨瓦纳拥有铁路、航空，而道路运输为其主要交通运输方式。博茨瓦纳拥有 24 455 km 的道路，包括铺装、未铺装和沙路，同时还有第二等级、第三等级和可达道路。通过高速公路和较好的沥青道路连接了该国的所有主要区域。博茨瓦纳国家的车辆拥有率接近为 10 人中有 1 人拥有私人小汽车，在哈博罗内，以大型公共汽车为形式的公共交通几乎不存在。然而，其有出租汽车和小型出租巴士服

务可利用，但是后者一般来说都是维护不良且不适于道路行驶。哈博罗内大约有9 000 辆车辆被注册为公共交通运输车辆。博茨瓦纳的公共交通由工程和运输部监管，该部还负责该国所有的交通运营。在该部内部，道路交通运输和安全局(Department of Road Transport & Safety, DRTS)专门涉及公共交通运输管理，为公共交通部门的管理主体。基于与交通咨询委员会的协商，道路交通运输和安全局负责发行公共交通运营许可。同样的，该局建立了一个检查团，负责道路车辆适用性、坚持公共交通预定路线和其他与交通运输相关的事项。另外，该局还负责制定新的公共交通运输路线，然而运营商在没有利润的下降路线上拥有选择权，结果是在一些路线上服务的公共交通车辆超过了所需，而其他路线仍维持未使用的状况。在从道路交通运输和安全局取得许可后，运营商被认为是它们服务的唯一群体，它们必须通过这种方式运营以支付其运营成本。但是为了帮助这些运营商和鼓励更多的居民加入市场，博茨瓦纳政府决定免除交通运输者的所有收入税。

博茨瓦纳城市地区的公共交通主要由出租车和小型巴士组成。小型巴士被称为 Combis，在当地和一些城镇运营，并在政府管理的路线系统中运行，统一收费。小型巴士还可以在设计的路线上的任何一点停车以上下乘客。长距离客运主要运营在主要城市和采矿中心及主要村庄中，这些运营由大型公共汽车特别提供。出租车为可以一次运营 5 名乘客的车辆，可以被划分为两种类型，即常规出租车和特殊出租车。常规出租车通常不在特定的路线上行驶，且要等到车辆都坐满了才出发，有一个固定收费标准；而特殊出租车基本上提供门到门的单程服务。

3）马拉维

马拉维大约有 1 200 万人口，其中 25%左右居住在城市区域。马拉维作为内陆国家，交通运输连接的有效性对于提高其经济活动和人口福利十分重要，大多数城市居民以集体交通运输来完成他们的日常出行。在 20 世纪八九十年代的自由化和放松管制之前，马拉维的公共交通运输部门由名为郡公共交通公司(Shire Bus Lines)的公共公司主导，该公司近年已经破产。自 20 世纪 90 年代以来，马拉维交通运输的总体特点是公共交通放松了管制，交通运输政策被修改为允许市场决定、公司自治和交通运输管理与拥有以及允许私人参与，结果是私人运营商的数量以指数的方式增长。20 世纪 90 年代中期，很多小型巴士进入马拉维的交通市场，减轻了公共交通的负担。

马拉维的公共交通管理是由交通运输和公共工程部通过道路交通理事会(Road Traffic Directorate)管理，道路交通理事会负责与机动车辆、司机执照、运营授权和许可控制相关的行政管理。自 2000 年以来，马拉维政府着手改革，自由化公共交通运输部门，但是全国交通运输政策到 2004 年才全部放松管制，移除进入和退出集体客运交通部门的任何限制，给予其自由制定关税的权力。该状况使得马拉维从 2000 年前的政府控制价格转变为市场确定价格，即只需要在实施前通知政府就行了。也就是说运营商只需要在道路交通理事会登记并取得必要的执照和许可证就可以运营了。然而道路交通理事会仍为道路安全和许可证获取的实施主体，也跟马拉维小型巴士所有者协会一起管理小型巴士路线的分配。在放松管制的背景下，马拉维政府制定了竞争和公平交易委员会，以防止卡特尔形成和反竞争实践等产生的间接影响，该委员会成立于 2005 年 2 月，主要目标是鼓励公共交通部门的公平竞争和管理垄断，以维护居民的利益。近年来，为了繁荣该部门和提高其组织及结构，马拉维政府移除了其增值税，并进口了 45 座以上的公共汽车。

尽管马拉维有大量的大型公共汽车车队，但该国的公共交通仍由小型巴士主导。直到最近，马拉维道路交通运输方面的主导运营商均为国家所有的郡公共交通公司，该公司在马拉维政府于 2006 年宣布其债务无法偿还以后自动破产，其正式破产于 2008 年 4 月宣布。一些郡公共交通公司的前管理者接管了其资产，通过私人运营方式试图提供马拉维常规的大型公共汽车服务。马拉维国内提供奢侈长途客车市场服务的主要公司为安盛巴士服务公司(Axa Coach Services)，该公司的车队和路线扩展相对快速，还有一些公共汽车公司也提供马拉维及其周边国家的国际交通运输服务。马拉维小型巴士的运营完全自由化，且竞争程度很高，该国的小型巴士数量在 3 500 辆左右，小型巴士和中型巴士占据了市场份额的 47%。马拉维目前登记的出租车数量不可知，估计为 1 500 辆。马拉维还有一种被称为马托拉斯(Matolas)的公共交通工具，经常超载且不安全，连接该国的主要城市中心，但由于可支付性高，它们满足了大量人口的需求，确保了 24%的全国客运交通。

4) 毛里求斯

新机动车道的建设和现有道路的改善使得毛里求斯的道路交通经历了一个显著提高的阶段。在毛里求斯，道路是唯一运载客货的途径，其道路网络接近 1 900 km，其中 90%是铺装路面。随着该国繁荣之后，一些交通问题也开始出现，如严重的交通拥堵影响了高峰时刻进入和离开路易斯港口的所有交通。随着更多的人拥有小汽车并使用小汽车进行通勤，毛里求斯的交通拥堵问题在最近变得更为严重。毛里求斯有一个广泛的公共汽车服务网络，这也成为公共交通的主要方式。毛里求斯的公共汽车网络覆盖整个国家，其中 1/3 的公共汽车服务由国家交通运输公司提供，基于此，毛里求斯的道路交通改善了很多并且拥有更多改善之后的现代公共汽车类型。

毛里求斯的公共交通运输部门由公共基础设施、地面交通和海运部监管，为了确保地面交通运输质量，该部通过国家交通运输局(National Transport Authority)进行管理。毛里求斯的国家交通运输局建立于 1980 年，为实施与道路相关的国家政策和决定管理实体，必须确保提供客货运的交通运输满意水平，以维持该国的社会和经济活动。除此之外，该局还在立法管理车辆执照和运营方面为公共基础设施、地面交通和海运部提供建议，即国家交通运输局负责定义和实施公共交通运营的条例，包括设立票价和时刻表、车辆的登记及执照，也负责将免费交通补贴发放到运营商手中。2005 年，其制定免费公共汽车交通政策惠及所有老年人和学生，其中老年人可以免费使用所有的公共汽车，而学生仅能免费使用其居住地和学校之间的交通运输工具。

毛里求斯最常见的交通运输工具为公共汽车，主要的公共交通公司为国家交通运输公司(The National Transport Corporation, NTC)。该公司为半国营性质的公司，成立于 20 世纪 80 年代早期，开始为一个中型公司，但在接管了前瓦科阿运输(Vacoas Transport)有限责任公司的资产以后，国家交通运输公司发展为一个主要的交通运输机构，提供了 40%的公共交通运输，拥有 520 辆平均使用寿命为 15 年的公共汽车。路易斯港口城市还存在一些其他的公共汽车服务，主要的正规公共汽车服务公司有联合公共汽车服务(United Bus Service)公司、毛里求斯公共交通(Mauritian Bus Transport)公司、特里奥莱公共汽车服务(Triolet Bus Service)公司和罗斯山交通运输有限公司(Rose Hill Transport Ltd.)，它们全部于 1975 年之前开始运营，这些正规的交通运输公司拥有 500 辆车辆。毛里求斯的第二位交通运输工具为出租车，比公共汽车更为舒适，提供了该国所有区域的服务，大约有 800 辆车辆。

近年来，毛里求斯政府打算引入轻型轨道交通系统，从该国的中心通过主要城镇到达路易斯港口，但由于高投资水平和该项目财政可行性的不确定，该项目没有得到实施。其他的交通运输项目则为路易斯港口的公共汽车路线和路易斯港口的环路建设。

5）纳米比亚

纳米比亚拥有良好的道路基础设施，总长为 64 799 km，其中 7 841 km 为柏油路面，总体而言维护良好。纳米比亚的公共交通部门是由工程、交通运输和通信部监管，该部主要致力于确保交通基础设施的可利用性和质量，为满足政府和消费者而提供专业化的服务，打算在自我维持的基础上商业化一些服务，但其核心责任则在于管理方面。纳米比亚对工程、交通运输和通信部进行了重组，目的在于提供、维护和行政管理交通基础设施。该部的交通运输局负责公共交通的管理，同样包括发放运营许可证。

纳米比亚的公共交通类型主要有公共汽车、出租车和小型巴士(Combis)。温得和克的公共交通以大型常规公共汽车的形式存在，由温得和克城市政府运营，目前大约有 600 辆公共汽车。纳米比亚存在集体出租车系统，这些出租车主要在城镇和城市的工业区或商业区之间运营，大约有 15 000 辆车辆，满足了温得和克 75%左右的日常集体交通运输出行。但这些出租车的路线并不固定，且有一定的灵活性，票价也是根据距离而定的。Combis 是最容易获得的公共交通运输工具，可以到达纳米比亚的任何地方。通过不同路线的结合，温得和克是纳米比亚连接度最高的区域。

6）南非

南非包括 9 个省和 284 个市，包括 6 个主要的城市，分别为约翰内斯堡、开普敦、德班、茨瓦内、艾古莱尼和纳尔逊·曼德拉湾。在 20 世纪 90 年代以前，由于南非的种族隔离政权，立法都是基于种族的，包括公共交通立法。公共汽车是南非政府倾向于使用的道路交通工具。在南非城市区域，公共汽车服务满足了所有白人人口的需求，公共汽车同时也补贴提供给黑人人口以解决其通勤需求，目前大约有 60 家公共汽车公司得到国家交通运输局的补贴。在 20 世纪 80 年代后期放松管制以后，小型巴士出租车最初为南非黑人社区出行的工具，之后得到了大幅增长，其市场份额已经超过了公共汽车和火车。南非共有 120 000 辆以上的小型巴士出租车，尽管小型巴士出租车快速增长，但仍面临很多来自于一般民众关于安全的担忧。总体而言，南非每年有 400—500 辆的小型巴士出租车涉及致命的道路事故中。

在种族隔离政权失败的近 20 年后，南非的立法仍有一些障碍需要解决，可以通过以下例子来说明：公共交通运营执照许可证的发放管理仍是一个棘手的问题，并且是导致公共交通运输业发生冲突的来源，造成了小型巴士出租车产业间的暴力，特别是在利润丰富的路线，而且公共交通仍被认为是为穷人和黑人提供的服务。

南非国家交通运输局通过交通运输部来负责政策框架的制定和交通运输政策的监管，省政府在很多方面与国家交通运输局类似，它们负责省内交通运输管理和计划监管。除了计划功能，南非省政府还要制定公共交通运输部门提供补贴和省内道路建设的预算。历史上，南非省政府并不能设计和实施公共交通基础设施及其运营的预算，该预算的制定是当地政府的责任，当地政府通过法定的交通一体化规划，并咨询社区来识别短期到长期的交通干涉，并相应地制定预算。因此，南非当地政府在法律上不能对其进行干涉，除非这些干涉是在交通一体化规划中，交通一体化规划为期五年，每年进行修订，五年过后，该规划需要进行更新。整个南非不同部门的交通运输职责如下：

国家政府：设定广泛的公共交通运输政策，为提供补贴的公共汽车公司制定预算并通过省政府来集中这些预算。

省政府：设定指引，为当地政府无法实现的交通运输立法授权提供援助，特别是在广大农村地区，并为公共汽车运营商提供合同和补贴。

当地政府(特别是城市)：通过交通一体化规划来负责公共交通运营，并由社区直接负责。

一般而言，小型巴士出租车主导了南非非正规公共交通运输系统，确保了 67.9% 的集体交通运输市场份额。小型巴士出租车是唯一渗透到南非城市每个区域的公共交通运输工具，是最便宜的交通运输工具，其运营轨迹是工作人口的日常生活路线。南非的公共汽车大部分由私人部门运营，占据了19%的客运交通运输市场份额，它们聚集在南非公共汽车运营商协会(South African Bus Operators Association, SABOA)之下，其登记会员超过200 000辆公共汽车。南非还存在一些计价出租车为公共交通提供了微小份额。除此之外，南非每个省都还有广泛的集体交通运输。

豪登省：拥有很多公共汽车运营，最大的包括南非公共运输公司(Putco)、约翰内斯堡所有的都市公共汽车公司、茨瓦内所有的公共汽车服务公司。Putco建立于1945年，拥有1 600辆以上的公共汽车，其中550辆为后方引擎，其余的则为前方引擎。其车队最近重新调整了资金以符合新的立法要求，该公司主要在豪登省和其邻近省范围内运营，最终都以豪登省为终点，其车队包含标准和铰接式客车。约翰内斯堡都市公共汽车公司拥有超过530辆的车辆，覆盖了80条路线，主要为历史上的白人区域服务，而最近这些服务被扩展到了黑人城镇，但是这跟Putco产生了一些争论。其车队包括标准和双层巴士。茨瓦内城市拥有超过300辆的公共汽车，运营在历史上的白人区域，车辆包括标准和双层巴士。除此之外，豪登省还有35 000多辆小型巴士出租车。

西开普省：是开普敦城市的所在省份，金箭公共汽车服务公司(Golden Arrow Bus Service)是开普敦城市公共汽车的主要运营商，其中一些运营被分给了小型公司，有900多辆公共汽车，16 000多辆小型巴士出租车。

夸祖鲁-纳塔尔省：是德班所在省份，德班的城市公共汽车运营于2003年被私有化了，雷蒙特奥尔顿(Remant Alton)公共汽车服务公司接管了公共交通的运营，拥有560辆左右的公共汽车和70辆中型巴士出租车(25—35座)，以及大约有16 000辆小型巴士出租车。

林波波省：大部分为农村地区，大北方(Great North)交通运输公司是其最大的公共汽车公司，在该省的城市和农村地区运营，为国家所有公司，大约有520辆公共汽车，6 500多辆小型巴士出租车。

西北省：大部分为农村地区，主要的公共汽车运营商包括西北星(Northwest Star)、波斯哈巴(Botlhaba)、博茨瓦纳码头(Batswana Gare)及博亚纳拉(Bojanala)，其运营由政府所有的西北交通运输投资有限公司负责。在21世纪早期，西北省加速实施了广泛的经济增长政策，导致了阿塔梅朗(Atamelang)公共汽车服务公司的建立。西北省大约有13 000辆小型巴士出租车。

东开普省：为纳尔逊·曼德拉湾所在省份，但是很大一部分仍为农村地区，阿尔戈阿(Algoa)公共汽车服务公司在城市中运营，大约有330辆车辆，该公共汽车服务公司已将一些服务转交给规模较小的经营者。纳尔逊·曼德拉湾市大约有10个小型巴士出租车协会，约有4 000辆小型巴士出租车。

自由邦省：大部分为农村地区，主要的公共汽车服务由州际公共汽车线和马卢蒂(Maluti)公共汽车公司提供，有接近12 000辆小型巴士出租车和92个已注册的小型巴士出租车协会。

姆普马兰加省:大部分为农村地区,有9个补贴公共汽车的合同,8 000多辆小型巴士出租车。

北开普省:没有太多关于公共汽车运营的信息,大约有1 000辆小型巴士出租车。

7)赞比亚

赞比亚的道路网络包括总长为38 763 km的柏油路,总长为8 592 km的碎石路和21 999 km的泥土路。在过去的10年里,赞比亚的道路网络得到了显著的改善,大多数主要线路都处于相对合理的范畴内。赞比亚政府优先进行了道路网络修复且修复过程仍在进行中。赞比亚小型城镇和卢萨卡、利文斯敦、铜带等大城市外围区域几乎不存在正规的公共交通运输,而存在出租车和小型出租车服务。除此之外,赞比亚还存在豪华市际长途客车连接卢萨卡和津巴布韦的哈拉雷及南非的约翰内斯堡。

赞比亚通信和交通运输部的道路交通运输局负责管理道路的交通运输,以及实施符合该部门核心职能与公共交通相关的道路运输,负责登记、许可与认证注册车辆及司机,特别是实施与道路交通相关的法律法规。在赞比亚对道路交通运输业放松管制后,很多服务提供商开始进入该市场,为确保满足使用者期望的服务质量,道路交通运输局需要提供一个有效的管理制度。

卢萨卡城市的公共交通运输由公共汽车和出租车组成,公共汽车服务包括城市间和城市内的公共汽车服务。卢萨卡的大型公共汽车由私人公司运营,负责总站在卢萨卡的市际公共汽车服务,小型巴士则提供城市内部的交通运输服务。其中,小型巴士没有遵循时刻表,而是根据需求进行运营,因此,要等待车辆满员以后才出发。而较大的标准公共汽车在出发前需要等待更多的时间,行驶较慢,停的站点也较多。因此较快的小型巴士的票价要比标准公共汽车的票价高20%左右。另外一种公共汽车的类型为载客邮车(Postbus),在主要城镇的邮局之间运营,试图遵循特定来往路线的固定时刻表,同时运载邮包和乘客。除此之外,还有豪华长途客车提供私人长距离的客运服务,连接卢萨卡和所有地区及省的首府,甚至到达哈拉雷及约翰内斯堡。这些长途客车通常维护良好、舒适,提供相对准时的服务,其通常在大多数公共汽车站点间运营,且可以在卢萨卡的主要道路上发现它。出租车为5座的小型汽车,在卢萨卡和一些其他主要城镇中十分常见,它们没有计价器,在街道上行驶。与载客邮车类似,载客邮船雨季期间在赞比亚河的上游和班韦乌卢湖之间运营,同时运载乘客、货物和车辆。

8)津巴布韦

在过去的几年里,津巴布韦的经济以高通货膨胀和津巴布韦元的大量贬值为特征,这种经济现实对津巴布韦的公共交通提供有不利的影响。目前,津巴布韦城市区域的交通模式以步行为主导,公共交通占据第二位。因此,人们对公共交通的需求不足导致公共交通需要等待过长的时间，这种情况在津巴布韦首都哈拉雷更为严重。津巴布韦在1980年独立前，其公共交通运输服务由联合运输集团(United Transport Group)运营，该集团为正规私人公司，在津巴布韦城市里与当地政府签订了一个特权许可协议，给予联合运输集团在特定区域运营的垄断权。津巴布韦在其独立后就取消了联合运输集团的津贴并合法化了非正规交通运输部门。从那时开始，联合运输集团被国有化为津巴布韦联合客运公司(The Zimbabwe United Passenger Company, ZUPCO)，并通过新公共汽车的形式得到一些政府的支持，该公司则进入到了一个衰落的时期，被非正规部门所替代。尽管如此，津巴布韦的政治和经济环境对所有的(包括正规的和非正规的)公共交通运营商都有一个决定性的影响，由于与成本相比票价水平较低，基本上很难维护和更替它们的车队，结果是服务的缺乏导致居民必须行走一段很长的距离。

哈拉雷的公共交通运输管理由交通运输和通信部负责，根据运营商自身选择的路线及其车辆道路适用性的情况发放许可证。其公共交通的票价是固定的并由交通运输部控制，目前的票价相对于成本来说还处于较低的水平，因此运营商无法更新其车辆。在津巴布韦，政府和运营商都倾向于自由化和交通运输市场的自我管理，这导致了交通运输部门的动态化。

ZUPCO成立于1988年，为一个国有控股公司，其中有51%的股份归国家所有。尽管津巴布韦政府支持其车辆获得，但ZUPCO无法有效地满足交通运输需求。2004年，津巴布韦政府决定独自承担ZUPCO的所有权。津巴布韦独立后，ZUPCO为其唯一的法定公共交通运营商，受到了来自许多非正规较小容量车辆的挑战，导致其进入一个衰退的时期，从1980年的1 200辆公共汽车下降到1997年的700辆左右，同时线路数量从426条减少为270条。2002年，其采取了一个恢复计划，计划购买新车辆(包括豪华长途客车)以满足乘客的需求。哈拉雷的小型巴士为5—11座，成为主要的机动化交通工具，大约有6 000辆，尽管有几家公司的车辆数超过了200辆，有的甚至在票价方面有严格要求并规定运营方面有现代设施，但小型巴士市场仍十分破碎，大多数所有者仅拥有1—2辆车辆。它们在固定的路线上行驶，票价由政府控制，一般等到满员才出发。在得到津巴布韦政府许可合法化以后，小型巴士的数量得到了大量的增加。

3.4.2 莱索托、马达加斯加、莫桑比克、斯威士兰

1) 莱索托

莱索托的道路网络正在不断扩大，特别是莱索托高地水项目的实施进一步推动了道路网络的扩展。莱索托的道路系统与到达南非道路网络的许多节点联系起来，为其城市和港口提供了优良的可达性。莱索托没有铁路网络，首都马塞卢也是为了货运而建设连接到南非的铁路网络。莱索托的公共交通运输部门由公共工程和交通运输部管理。该部的设想是拥有高效率且发展良好的交通运输和

建造业，以提高投资和减少贫困。该部门的交通运输局(The Department of Transport and Traffic，DTT)负责车辆和司机的登记、执照的发放和检查。客运费用和其他关税也是由该局制定并由道路运输委员会批准。

除了常规出租车和少量公共汽车以外，莱索托的集体交通运输主要是基于私人运营商。公共汽车由公共所有的莱索托货物和公共汽车服务公司运营，大约仅占据总公共交通的 0.5%。作为提供交通运输服务的社会责任，莱索托货物和公共汽车服务公司制定的大多数路线都不是经济可行的，都需要政府补贴。小型巴士、中型巴士和大型公共汽车提供的城市和城市间的客运服务占据了莱索托交通运输市场的 75%以上。由于不需要十分舒适或维护良好，莱索托的小型巴士便宜且很少有事故发生，且可以在每个地方提供公共交通服务，并确保消费者可以在主要路线上快速找到集体交通运输的工具，但其次要路线与在沥青道路上有所不同，可能需要等待很长时间。莱索托的常规出租车为黄色条纹车辆，可以运载同一方向的 4 名乘客，由政府固定价格，因此比小型巴士要贵很多。

2）马达加斯加

限制马达加斯加发展的一个主要问题为缺乏能够解决城市和城市间居民移动的可持续和安全的公共交通系统。马达加斯加的公共交通是由交通运输和旅游部管理和监督的，与地面交通相关的方面最近处于地面交通代理(Agency of the Land Transport，ALT)的管理之下。马达加斯加的地面交通代理成立于 2005 年，负责道路地面交通运输的经济管理和道路安全的政府政策及战略实施，负责司机和车辆的执照发放、道路车辆技术的检查管理和预防行动的实施，负责提高政府、运营商和使用者之间的关系，同时管理未解决的冲突，而道路的提高则在国家安全部门的职责之下。

马达加斯加的公共交通运输服务类型包括：出租车或者小型巴士(Taxi-Bes)、人力车(Rickshaws)和普通巴士(Bush-Taxis)。Taxi-Bes 是小型巴士类型的公共交通车辆，连接地区间的城市，已经被大多数马达加斯加的主要城市所放弃使用，一般较残旧且收费固定。Rickshaws 为非机动化的人力车，从亚洲进口，在马达加斯加特别流行，每次可以乘坐 2 名乘客，票价没有受到控制，根据路程而定。Bush-Taxis 为该国最典型的公共交通类型，最便宜且最流行，是大多数马达加斯加人唯一实际使用的交通运输工具。连接城市的 Bush-Taxis 经常处于拥挤的状态，其车辆类型包括小型巴士、9 座车辆和塔塔(Tata)巴士。

3）莫桑比克

莫桑比克的马普托城市拥有 100 万人以上的人口，但大多数为低收入者，且居住在城市的外围地区，大部分依赖于公共汽车运营来完成其日常活动。马普托的公共客运市场 80%由非正规部门主导，主要为 15 座的小型巴士。其他的交通运输则由一个政府公司——莫桑比克公共交通(Maputo Public Transport，TPM)公司负责，运营超过 70 辆的大型公共汽车。莫桑比克的公共交通主要由交通运输和通信部监管，城市道路交通服务执照的发放则被转移给市政当局了。因此，任何想要在莫桑比克首都运营的公共交通公司都需要从马普托城市政府的交通运输理事会那里取得执照，票价由政府制定并需要得到市议会的批准。1989 年，莫桑比克的公共交通运输系统自由化，导致私人车辆供应大量增长，为城市街道的使用带来了激烈的竞争。这样，由于可使用车队的过度导致车辆的投资变得不可持续。在莫桑比克，条例和规则的实施是国家交警和市政警察的责任。由于国际市场石油价格的上升，莫桑比克政府于 2008 年 2 月为城市中心私人运营商提供了补贴，也采取了中期和长期战略，即通过仅大型公共汽车可进入城市中心，小型巴士在城市外围地区服务来减轻城市中心的交通拥堵。除此之外，莫桑比克政府还逐步用目前广泛使用的 25 座小型巴士来取代 15 座的车辆，然而由于缺乏公共资金，该结果还难以看见。

马普托的大型公共汽车由 TPM 公司运营，该公司为马普托地区的国有公共交通公司。除了少数路线以外，该公司在马普托城市拥有客运交通垄断权。最初，TPM 公司拥有总长为 562 km 的交通网络，超过 30 条路线，但是由于缺乏资金来购买多余的部分和严重不好的道路条件导致其产生了较高的运营成本，车队日益衰落且覆盖区域减少了 382 km，导致 27 条前公共汽车线路变为了非正规运营。尽管如此，在马普托市政府的帮助下，TPM 公司于 2008 年购买了一些新的大型公共汽车，车队发展到 89 辆车辆，其中预计有 80 辆为 2008 年年底新购买的公共汽车。TPM 公司的市场份额估计为 18%—20%。非正规部门的出现主要是由于 TPM 公司无法满足城市居民移动性的需求，其登记车辆的数量由 1994 年的 100 辆增加到 2000 年的 1 000 辆，目前有超过 3 000 辆的车辆，满足了 80%左右的交通运输需求。查帕斯(Chapas)是 15 座的小型巴士，大部分由日本进口的车辆组成，与 TPM 公司的车辆在相同的路线上运营，也可以用比公共汽车小的车辆来满足郊区的交通运输需求。它们在两个主要公共汽车总站间运营，一个在商业区(Baixa)，另一个在博物馆(Museum)。Chapas 一般被用来进行短途交通，通常需要等到乘客满员才出发。马普托还存在一些小型摩托车出租车。另外，马普托的出租车相对昂贵且大多数在晚上使用，到达不能被 Chapas 服务到的区域，大多数出租车是不计价的。

4）斯威士兰

在斯威士兰，交通运输体系的构成是国民经济中的一个重要环节和服务提供商，其交通运输系统主要由 3 108 km 左右的道路和 298 km 的铁路组成。斯威士兰的全国交通运输政策和愿景为建立一个可以提供安全、成本有效、基础设施一体化及运营能够最好地满足消费者需求的交通运输体系，同时该交通运输体系可以提高经济和社会发展及经济和环境可持续。斯威士兰的私人小汽车拥有率仍较低(3.2%)，大部分的人口仍使用公共交通。斯威士兰的公共交通运输部门主要由公共工程和交通运输部之下的道路交通委员会管理，主要负责计划和管理道路交通运输服务。道路交通委员会也有登记所有公共交通运营商和发放其活动许可证的责任，服务特定路线的许可证需要每年更新。自 1997 年以来，小型巴士正式被认为是斯威士兰公共交通的一种工具，公共汽车则由政府车辆检察员定期检查，若是发现有缺陷就需要离开市场直到修复。

斯威士兰的公共交通运输工具有公共汽车、小型巴士和出租车。公共汽车是斯威士兰主要的交通运输工具，规模类型有 30—70 座的常规大型公共汽车（主要用于长距离和市际城市交通）、16—30 座的中型巴士（主要用于城市内部交通运输）和 10—15 座的小型巴士。包括小型巴士在内，斯威士兰共有 7 000 辆左右的公共汽车，全部由私人运营商运营，是该国主要的交通运输工具。与非洲其他交通运输工具类似，斯威士兰的这些车辆试图容纳尽量多的出行者，小型巴士通常沿着主要道路运行，大一点的城镇通常作为小型巴士的节点或者连接点。由于缺乏补贴，斯威士兰的运营商完全承担维护车辆及其安全的费用。由于较低的票价水平和较低频率的运营，负责斯威士兰市际交通运输的公共汽车通常是超载的。出租车服务在姆巴巴纳和曼齐尼运营，设定了最低票价，但票价通常都是根据不同的情况而不同。在斯威士兰一些大型城镇也有非共享的出租车，为私人租用出租车。

4　非洲城市交通发展实践案例——拉各斯与约翰内斯堡

4.1　公共交通主导型模式——拉各斯

拉各斯(Lagos)位于尼日利亚境内西南角、几内亚湾沿岸，是尼日利亚的旧都和最大的港口城市，也是撒哈拉沙漠以南非洲第一大城市，同时还是西非最重要的制造业和商业经济发展中心，人口仅次于埃及开罗。拉各斯都会区位于拉各斯潟湖(Lagoon)周边，是一座由三岛一陆组成的港口城市，主岛拉各斯岛(Lagos Island，当地称之为 Eko)为城市中心，与伊科伊岛(Ikoyi Island)、维多利亚岛(Victoria Island)及大陆之间有桥梁相连。其中，维多利亚岛为高级住宅区，伊科伊岛是旅游娱乐区，除此之外，陆地上还有七个区(图 4-1)。

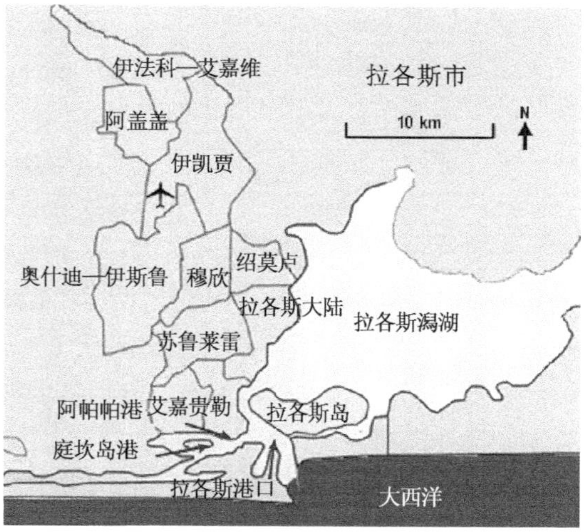

图 4-1　拉各斯都会区行政区域示意图

1950 年，拉各斯只有 30.50 万名居民。根据世界银行的报告数据，1995 年，拉各斯人口达到 1 028.70 万人；2013 年，拉各斯都会区总人口约为 1 500 万人。相关研究文献表明，到 2025 年，拉各斯都会区人口将达到 2 500 万人。拉各斯的土地面积仅占尼日利亚国家的 2.5%，但却是尼日利亚人口最多的城市，其城市人口数几乎是尼日利亚整个国家城市人口总数的 1/3。拉各斯集中了尼日利亚工业总产值的 60%，建有阿帕帕(Apapa)、伊卢佩朱、亚巴、伊凯贾(Ikeja)和穆欣(Mushin)五大工业区。拉各斯也是西非最现代化的海港之一，港口年吞吐量为 800 万 t，占全国进出口货运量的 70%—80%，同时其渔业也颇盛。伊凯贾国际航空站，为尼日利亚的航运中心。拉各斯的铁路、公路通内地扎里亚、卡诺等城市。

4.1.1　拉各斯城市道路交通系统

拉各斯城市道路交通系统的发展大致经历了三个阶段：20 世纪 60—80 年代

高速公路和重要联系桥梁建设高潮期、20 世纪 80 年代—20 世纪末城市干道建设高潮期和 20 世纪末—21 世纪初城市道路系统完善和改造高潮期。

20 世纪 60—80 年代，是拉各斯高速公路和重要联系桥梁建设的高潮期。1960 年尼日利亚独立后，伴随着拉各斯城市的快速发展，交通运输需求也急剧增加。拉各斯这一阶段的交通运输投资以公路交通投资为主，交通发展的目标以“经济效益”为主，着重建设为快速经济服务的道路交通系统，城市道路建设成为尼日利亚国家道路建设的重点。根据世界银行尼日利亚统计报告显示，在国家城市道路网络修建中，联邦政府负责 6%的道路修建工程费用，州政府负责 27%，地方政府负责 67%。拉各斯这一时期的道路交通建设，主要包括修建了大量的高速公路和改善了现行的城市道路，建好的主要道路包括拉各斯—巴格达里高速公路、埃科大桥、阿帕帕(码头)公路和伊乔罗长堤。拉各斯—巴格达里高速公路主要服务于拉各斯西部城镇。埃科大桥建成于 1965—1975 年，起于阿帕帕地区，连接到大陆地区的伊乔罗地区，横跨潟湖 430 m，向内地延伸 1 350 m，是从阿帕帕和苏鲁莱雷地区进入拉各斯岛的出入口。阿帕帕公路和伊乔罗长堤主要服务于出入码头的车辆通行。在 1975 年开始的尼日利亚第三个国家发展计划中，预计在拉各斯州建设 573 km 的道路，总投资为 3 127 万奈拉。1975—1980 年拉各斯主要修建了阿帕帕—奥沃龙索基高速公路。此条高速公路起始于利物浦路，经庭坎岛到达莱蒂雷、穆欣和伊卢佩朱，最后抵达奥沃龙索基，成为拉各斯外环路的一部分。此外，在这一时期，还建设了阿盖盖公路，在很大程度上缓解了从穆欣到伊凯贾的交通压力。

20 世纪 80 年代—20 世纪末，拉各斯进入城市干道大规模建设时期。这一阶段，道路交通建设仍然是尼日利亚国家基础设施建设的重点，联邦政府和地方政府均意识到高效便捷的道路交通系统对于国家社会经济发展的重要作用，并承诺要大力投入，缓解交通基础设施不足带来的一系列问题。这一阶段建设了大量的拉各斯城市主干道。其中比较重要的如拉各斯第三大主干道和作为拉各斯内环线一部分的多尔芬路的建设。拉各斯第三大主干道跨过潟湖向北延伸，经过埃布泰梅塔、拉各斯大学到达奥古布、奥朱塔，再向西与拉各斯—伊巴丹高速公路相连接。多尔芬路起始于埃科大桥，与拉各斯第三大主干道相连，通过拉各斯岛来跨越潟湖，最终到达伊科伊岛。此外，在这一时期还在拉各斯的西南部建设了连接埃科大桥和维多利亚岛的道路，完善了拉各斯内环路的建设，并修建了专门用于疏散从大陆如绍莫卢、伊格博比、亚巴和埃布泰梅塔到拉各斯岛的交通道路——克利福德·伊科罗杜路。为了方便拉各斯岛与大陆的联系，20 世纪 90 年代还建设了拉各斯第三座大陆桥，起点为连接阿帕帕—奥绍迪高速公路和拉各斯—伊巴丹高速公路的奥沃龙索基，终点为拉各斯岛上的阿德尼基·阿德勒立体交叉道。除了城市干道的建设，拉各斯这一时期也建设了部分高速公路，例如将阿帕帕码头路、阿帕帕—奥沃龙索基路与阿帕帕和拉各斯岛的隧道连接起来的阿帕帕利物浦路、伊帕贾高速公路和拉各斯北部海滩环路。这些城市干道和高速公路的建设，使拉各斯岛与大陆联系更加便捷，在很大程度上承载了满足城市经济活动的交通需求，缓解了拉各斯城市的交通压力，对拉各斯的城市发展发挥了重要作用。特别是拉各斯第三大主干道和内环线的建设，大大便利了居民从城市郊区进入商务区的出行，而多尔芬路和第三座大陆桥的建设极大地方便了各岛屿和大陆的交通联系。除了交通道路的建设，在土地利用方面，拉各斯也进行了相应的调整，不再将所有的商务和政治中心全部集中在拉各斯岛，而是将部分国家机关迁移到维多利亚岛和伊科伊岛，在一定程度上缓解了从大陆进入城市中心区拉各斯岛的交通压力。在穆欣和绍莫卢—巴瑞加等城市道路网密度低、道路基础设施建设相对落后的地区则加大了道路交通的建设力度。

20 世纪末—21 世纪初，拉各斯的城市道路系统建设以城市道路的完善和改造为主。政府进行了大量现有城市道路的改善工作，如将拉各斯岛上的大量单车道和双线公路改建成为双车道道路，将克利福德・伊科罗杜路拓宽成为一条高速公路。此外，伊科伊岛、阿帕帕和苏鲁莱雷地区的大量现有道路也得到了拓宽和改造，同时还对部分的次级道路进行了道路等级的提升。较重要的道路改造项目如拉各斯岛上的纳米迪・阿济基维路、西大街和阿盖盖公路，伊科伊岛上的伊科伊公路、阿沃罗沃—布迪洛路和京士威路，阿帕帕和苏鲁莱雷地区通往机场的宽街和伊盖穆路(图 4-2)。

图 4-2　拉各斯都会区主要道路示意图

虽然，经过三大阶段的道路系统建设，拉各斯的交通问题在一定程度上有所缓解。但是不得不看到，随着城镇化的快速发展，周边地区的人口大量涌入拉各斯，拉各斯在人口和经济快速增长的同时，仍然面临着人口过分拥挤、交通紧张、环境恶劣等众多问题。拉各斯的交通系统一直致力于满足人口和交通的基本需求，居民的上下班出行面临着严峻挑战。且由于拉各斯主要的商业、工业的就业岗位以及部分政府职能机关位于拉各斯等岛屿，外围大陆地区的大量居民的通勤与出行仍然要不断往来于三个岛屿和阿盖盖地区、阿姆沃·奥杜芬和奥古布等大陆地区，再加上道路交通管理系统的不完善，使得拉各斯的交通混乱和拥堵问题十分突出。

总的来看，拉各斯道路网络的覆盖面、通行能力和条件均无法满足目前的交通需求。拉各斯都会区的主要商业和政治中心位于拉各斯岛上，但仅有 5 座桥梁将其与大陆相连，这些桥梁也成为人们往来通勤的主要联系通道。拉各斯市 5 180 km 的公路每天承载着约 600 万名乘客的市内出行。拉各斯拥有全国最高的交通工具密度，达 222 辆车/km，远远高于尼日利亚平均水平(11 辆车/km)。此外，拉各斯还拥有尼日利亚全国最高的小汽车保有量，在拉各斯注册的新的交通工具数量占尼日利亚全国的 40%。根据尼日利亚交通管理部门的有关报告，拉各斯的道路交通系统仅能满足约 90%的交通需求。拉各斯居民从都市区大陆北部和西部的居住区到中心商务区拉各斯岛至少需要花费 2 小时的通勤时间，如果发生交通工具故障、事故或者道路上被洪水堵塞等情况，则需要更多时间或者根本无法通行(图 4-3)。

图 4-3　拉各斯都会区交通拥挤示意图

4.1.2　拉各斯城市交通出行结构

城市交通出行结构指的是在一定时空范围内各种出行方式承受的交通量比例，它反映了城市交通系统中不同交通方式的功能地位以及城市交通的需求特点。拉各斯的城市交通出行模式主要包括公共汽车、摩托车(两轮和三轮摩托车)、出租车、私家车、自行车和步行。可以根据每种模式的运营和使用情况,划分为三种主要类型:私人机动交通、城市公共交通和城市慢行交通。其中城市公共交通又包括市营公共交通[公交巴士、快速公共交通系统(BRT)]和辅助公共交通客运系统。

1)私人机动交通

拉各斯的私人机动交通出行工具主要包括私人摩托车和小汽车。尼日利亚独立后,伴随着20世纪70年代石油经济的繁荣,拉各斯居民的收入普遍增加。到1970年后,随着尼日利亚对进口货物限制的放松,大量的汽车进口到拉各斯,拉各斯的私人汽车保有量迅速增加。1960年,拉各斯的私人汽车保有量为8 880辆,到1970年增加了1倍以上,达到18 642辆。1970—1974年,在拉各斯新注册的车辆多达42 000辆。拉各斯私家车数量快速增加的状况一直持续到20世纪80年代末。20世纪90年代后,尽管尼日利亚国家经济出现衰落,但在拉各斯市注册的车辆数依然呈现上升趋势,主要以私家车为主。1999年,拉各斯千人汽车拥有量达到4.3辆/千人。1990—2005年,在拉各斯注册的车辆总数为213.66万辆,其中小汽车占82.26%。

2)城市公共交通

由于拉各斯目前还未建成轻轨和地铁,城市的铁路和轮渡又没有得到充分发展。因此,拉各斯城市的大众运输主要局限于公共汽车。拉各斯的城市公共交通出行模式主要由大量的小型巴士(Danfos,每次可运送乘客7人)、中型巴士(Molues,每次可运送30名乘客)、合乘计程车(Kabu-Kabu)、摩托车出租车(Okada)组成。在拉各斯有约75 000辆小型巴士和约200 000辆摩托车出租车,它们成为居民出行的主要工具,提供了超过50万个直接就业岗位。可以将拉各斯的城市公共交通系统划分为市营公共交通系统和辅助公共交通客运系统。

拉各斯市营公共交通系统主要包括公交巴士和BRT。拉各斯公共巴士的数量,1961年仅为12辆,至1964年增加到93辆,1970年达到120辆。在1967年拉各斯州创建后,拉各斯市区覆盖的范围大大增加,城市公共交通的运营主要由拉各斯州公共交通公司负责,由于该公共交通公司运营的亏损,导致公共交通服务范围缩小,质量下降,整个城市的公共交通运营能力逐渐萎缩。1978年拉各斯州运输公司年运载乘客数为9 000万人次,至1989年下降到760万人次,1992年更是下降到不足600万人次。这一阶段,拉各斯州的公交巴士数量也减少较多,从1984年的16.5万辆减少到1988年的10万辆,新的公共交通车辆从1983年的1.65万辆减少到1988年的1 500辆。直至20世纪80年代末,拉各斯市的公共交通服务濒临崩溃边缘。

一方面拉各斯的公共交通服务能力不断下降,而另一方面随着拉各斯的经济发展和人口增加,公共交通需求急剧膨胀,虽然拉各斯政府也出台了一些复兴城市公共交通服务的政策和措施,但鉴于投入不足、管理不善等原因,公共交通服务仍然难以满足日益增长的交通需求。在此情况下,拉各斯城市在很大程度上放弃了大众公共交通运输系统,居民的公共交通出行开始依赖于私营的、非正式的中小型公共交通车辆和摩托车出租车等辅助公共交通客运服务系统。

拉各斯的辅助公共交通客运服务系统最常见的方式有出租车服务、拨号叫车服务、小型公共汽车服务[如波利卡佳汽车(Bolekaja)、卡卡汽车(Kaka)、丹弗车(Danfos)等]和摩托车出租车服务。拉各斯政府向私家车主颁发营业许可证，并要求辅助公共交通客运服务系统在特定的路线上运行。虽然这一措施在一定程度上缓解了拉各斯居民的出行困难，但仍然很难满足居民的公共交通出行需求。1990 年，拉各斯乘客的交通需求就已经达到 70 万—100 万名乘客/天，其中 95% 的交通需求来自于公路交通的小汽车、公共汽车和出租车，而这部分公路交通需求中的 80%—85%的人乘坐公共交通。在拉各斯城市大众公共交通服务严重不足的背景下，出租车和中小型公共汽车起到了重要补充。1989 年，拉各斯城市约投入 1.4 万辆出租车，每天承载约 110 万名乘客；中小型公共汽车每天则承载 450 万—500 万名乘客，并因此成为拉各斯城市公共交通系统的主力军。20 世纪 90 年代后，因尼日利亚国家经济衰退、道路状况不佳和公共交通公司无法满足城市日益增长的人口出行需求等原因，破旧商用摩托车也成了拉各斯市公共交通的辅助客运系统中的一个必要的模式。摩托车出租车具有灵活自由、通行覆盖面广的特点，在数量上很快显著增加，同时三轮车在 20 世纪 90 年代以后也作为一个新的公共交通辅助模式兴起。由于三轮车相比摩托车来说更舒适、耐用，维修也很方便，还比出租车便宜，因此其在一定程度上满足了通勤者在出行方式的安全性、多样化和舒适度方面的需求。总的来看，拉各斯的辅助公共交通客运服务系统在一定程度上缓解了城市的交通压力，但是也由于存在车辆杂乱无章和缺乏管理等问题，对城市环境和交通产生了一定的负面影响。城市道路问题成为拉各斯城市发展中面临的最严重的问题之一。

3）城市慢行交通

拉各斯的城市慢行交通主要包括骑自行车和步行两种交通方式。步行作为拉各斯最基本的出行方式，主要受到出行距离和出行目的的影响。在 20 世纪六七十年代，拉各斯居民步行出行的比例很大。根据拉各斯人力资源研究机构的调查数据显示，在 20 世纪 70 年代初，拉各斯市选择步行出行的人数占到总人数的 18%。

出行以步行为主的居民主要有两类：一类是主要居住在阿盖盖地区的穷人，为节省费用而选择步行上班；一类是居住在维多利亚岛的居民，因工作地点与居住地点距离很近而选择步行上班。随着尼日利亚国家石油经济的繁荣、人们收入的增加和城市区域的扩大，出行选择步行的人数比例日渐减少，据 1985 年时，在对撒哈拉以南非洲国家的若干城市的调查中发现，在巴马科、达喀尔和雅恩德，步行占总的出行方式的 50%以上，而在拉各斯仅为 3%。进入 20 世纪 80 年代后，尼日利亚国家经济衰退，城市穷人也日渐增多，因负担不起昂贵的交通费，越来越多的人又选择了步行出行。

骑自行车和摩托车出行的人较步行出行的穷人具有相对较高的社会地位，有着相对较高的收入，这一类人在拉各斯市也占据着相当大的部分。

4.1.3 拉各斯城市快速公共交通和轨道交通系统

1）快速公共交通系统

拉各斯面临的公共交通服务质量差、交通拥挤和环境恶化等问题，使得州政府将改善城市交通系统作为政府需要解决的最紧迫的问题。1999 年，拉各斯州长波拉·蒂努布（Asiwaju Bola Ahmed Tinubu）提出包括轨道交通和水路大运量公共交通系统建设在内的多式联运系统发展和城市交通建设计划（Lagos Urban Transport Project, LUTP）。其中，以提高公共汽车服务来补充完善轨道大运量公共交通也是这个计划的核心部分。进入 21 世纪以后，为了缓解拉各斯市的交通状况，世界银行资助了 1 亿美元贷款来帮助拉各斯市进行城市交通系统的改善；拉各斯州政府也提供了 3 500 万美元的资助；私人部门也参与进来，出资购买了泛非经济银行公共有限公司（Ecobank Plc.）生产的 100 辆大容量公共汽车。LUTP 项目的主要职责是发展公交巴士服务和铁路公共交通系统。

为了顺利实现这一计划，拉各斯政府必须调控和使民营公共交通运营秩序规则化。因为要实施设想的干预措施和改革计划，必须设立一个以政府作为强大后盾的正式机构来保证财政的可持续性。2003 年，成立了拉各斯大都市区交通运输局（Lagos Metropolitan Area Transport Authority, LAMATA），该局的主要职能是规划和制定新的公共交通计划，协调不同层次政府机构的交通政策行动以及运输系统的基本投资。同时，该机构利用车辆登记税以资助其经营和一些投资支出。快速公共交通系统（BRT）廊道的建设是 LAMATA 公共交通建设计划的重点项目之一。2006 年拉各斯州政府为了应对一直以来交通系统面临的难以逾越的挑战，还制定了战略性交通总体规划，并在 2006 年 8 月，开展了关于初期 BRT 通道的可行性研究。拉各斯政府还将进一步加大对 BRT 的规划，使之更好地为城市道路交通服务。

LAMATA 建立并配置了具有最高积极性、受教育程度高和有经验的员工，并且他们直接和拉各斯州长签订合同，这也为早期城市交通建设行动议程的实施和政策保障提供了最有力的动力。拉各斯的 BRT 建设和行动议程，享有政策和财政投入的最高优先权。出租车行业和由于 LAMATA 的建立而失去部分权利的拉各斯政府机构强烈地反对 LUTP 项目的实施，但是拉各斯州长和他的副手以及后来的接班人都提供了强有力的政治领导，使得该项目在早期能顺利推行。如果没有政策和成功的行政管理的有效支持，拉各斯 BRT 建设的推进将非常困难，也不可能成功运营。

道路旅客运输经营在尼日利亚已合法化，由两个独立的非政府组织——尼日利亚公路运输雇主协会（Road Transport Employer's Association of Nigeria, RTEAN）和国家公路交通运输工会（National Road Transport Workers Union,

NRTWU)进行管理。RTEAN 主要代表的是交通工具拥有者和特许经营业主的利益，主导城市间和公交大巴士的运营；NRTWU 则主要关注占主导地位的城市内部和公交小巴士的运营。NRTWU 是一个国家机构，但根据每个州的具体情况，每个州都有自己的议会和相关的行政管理职能。NRTWU 工会层面的运作由其分支机构进行管理，管理区域根据交通工具和货车市场区域由主要终端来进行划分，具体运营线路也由分支机构管理。车辆交纳注册费并从终端出发。在站台排队等候，只有满载才能离开终端(在主要的方向，在高峰时间)。一旦离开终端，NRTWU 则对运营车辆很少进行控制，主要根据线路上的乘客需求进行服务。占拉各斯公共交通主导地位的小商业巴士大部分都不是由所有者运营，而是由个体司机支付每天的租金给业主进行运营。其中，司机支付所有的直接经营费用，如租用向导、购买燃油、修理和支付系统使用费(包括执法机关勒索费)。而业主则保留维护和维修责任，并覆盖固定成本，如金融、保险、许可。类似于这种关系的经营租赁车辆使用，是撒哈拉以南非洲的行业标准。

总的来看，拉各斯的快速公共交通系统(BRT Lite)建设成功有三个重要因素：一是持续的致力于改善拉各斯糟糕交通状况的最高水平的政策保障；二是强有力的制度手段；三是有效的交通设施规划。

为了提高公共交通系统和规范市场，拉各斯政府决定沿着 22 km 的走廊建设 BRT，这条走廊沿着一条繁忙的、多车道的、以服务性道路为主的大道展开。该系统被称为 BRT Lite。该系统受到哥伦比亚波哥大和巴西库里蒂巴 BRT 建设经验的启发，并根据拉各斯的具体情况，考虑有限的预算和较短的实施时间，在某些设计上进行妥协(图 4-4)。

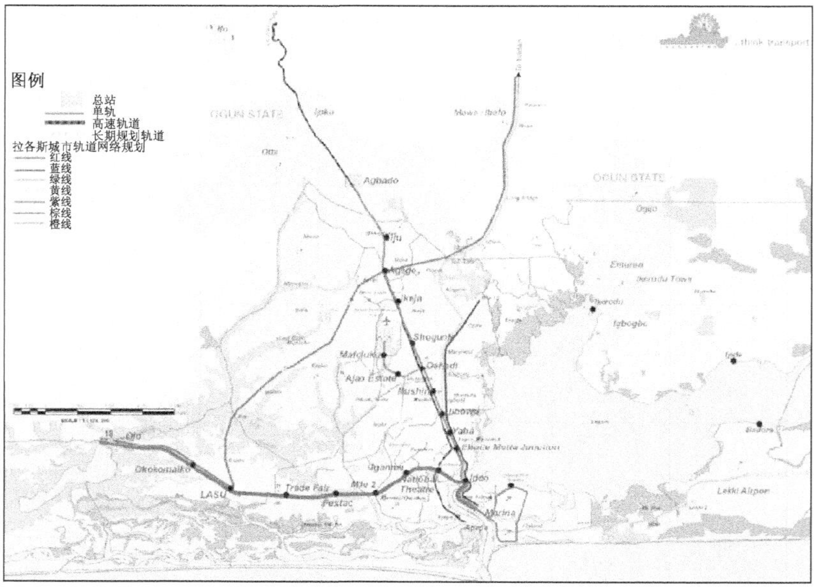

图 4-4　拉各斯交通战略总体规划的 BRT 规划线路图

拉各斯 BRT 系统的主要目标在于为所有出行者提供更多的交通选择，并着力满足城市贫民的移动需求。其设计目标包括缓解交通拥堵、减少交通碳排放、优化现有公路网络等。BRT Lite 建成于 2008 年，长 22 km，沿主要通勤路线分布，从位于该市北部轴线上的 12 英里路（Mile 12）地区穿过克利福德 · 伊科罗杜路和福恩绍诚廉大道到达塞姆斯，连接着拉各斯市最大的中央商务区拉各斯岛（图 4-5）。

图 4-5　第一阶段的拉各斯 BRT Lite 线路图

整个拉各斯 BRT 廊道 65%的长度是完全隔离的，使用 400 mm 高的路缘石划分路界，20%的长度使用道路标志与现有的公路分开，还有 15%是与其他车道混在一起的。因此，拉各斯 BRT 廊道的建设可以利用现有道路进行改造，而无需为其建设新的专用通道，从而节省建设成本。拉各斯 BRT 车道的建设成本约为 170 万美元/km，远远低于世界上其他地区 600 万美元/km 的 BRT 车道造价（图 4-6）。

拉各斯 BRT 的辅助基础设施于 2007 年 2 月开始建设，2008 年 3 月投入使用，包括 3.3 m 宽的 BRT 车道、3 个总站、2 个公共交通车库、26 个公共交通候车

图 4-6　拉各斯 BRT 廊道示意图

亭和 10 个 100 kW 的发电机(用作街道照明的后备电源)(图 4-7)。拉各斯州政府拥有的财产管理公司投入了 180 辆大容量的公共汽车来确保 BRT 的实施，并且为快速公共交通车辆铺设了专门的车道，禁止黄色公共交通车辆和其他的重型公共交通车辆通行。拉各斯的 BRT 从概念设计到实施，只用了 15 个月便完成了全部过程，2008 年 2 月完成了第一阶段工程，同年 3 月 17 日正式投入运营，为其他城市实施 BRT 树立了榜样。

图 4-7　拉各斯 BRT 辅助基础设施示意图

BRT 的运营大大改善了拉各斯市的公共交通环境，对城市的可持续发展做出了积极的贡献。BRT 中的公共汽车不用变换车道，专用车道保证了车辆的快速行驶(如同轨道交通般的快速运行)，这改变了传统的公共汽车和小汽车的出行时间，加之配套的停车限制政策，使得更多的人放弃了私家车而选择乘坐公共交通，这在一定程度上缓解了城市的交通拥挤；节省了乘客的时间，乘客乘坐快速公共交通出行的时间比普通公共交通车辆要快得多；减少了因车辆拥堵所带来的城市环境污染，节省了燃料的同时也节约了运营成本等。

快速公共交通每天运营 16 个小时，从早上六点到晚上十点，并且 LAMATA 制定了严格的规章制度对其进行引导和管理，以此来提高快速公共交通的运营速度、安全性和准点率。据估计，BRT 以 22 km 的运输线路承载了拉各斯全市 25%

的客流，而所用车辆仅占全市车辆的 4%。目前，10%前往拉各斯岛的出行都是借助于 BRT。LAMATA 进行的一系列调查显示，平均每个工作日有 195 000 名乘客乘坐 BRT 出行。在拉各斯 BRT 投入运营的前 6 个月，其共承载了 2 900 万名乘客。该系统在高峰时期，每小时向每个方向运送的乘客达到 1 万人。这样的运行效率对拉各斯市长期的拥堵来说是卓有成效的。

使用 BRT 可以减轻交通系统对环境造成的影响，特别是减少燃料消耗及其所产生的二氧化碳和其他温室气体的排放（常常是由私人车辆产生）。在 BRT 的作用下，拉各斯城市交通的二氧化碳排放量降低了 13%，居民的平均出行时间也大大缩短，缩短的出行时间有时甚至超过了 50%。此外，乘客在车站的等待时间从 45 分钟缩短到 10 分钟，从而减少了呼吸受污染的空气和罹患呼吸道疾病的风险。

BRT 成为拉各斯市解决当前城市道路交通问题的最行之有效的办法，但现行的 BRT 也存在一些问题。其最大的局限在于运力不足，无法满足高峰期的需求。车道上的快速公共交通车辆不足，在周末及高峰时段，车票十分紧张，为了乘坐快速公共交通，乘客需要排很长的队，等车耗用时间太长，有时甚至需要 20—25 分钟。基于此，LAMATA 除了加大对 BRT 的投资，扩大其服务范围外，也试图完善其他的公共交通服务来使各项公共交通服务协调运营。

总的来看，拉各斯 BRT 的成功实施归功于其采用的整体性方法，不但包括提供基础设施，还包括公共交通行业的重组、私人部门为购买新的公共交通车辆提供资金，以及建立新的制度结构和监管框架为其提供支持。拉各斯州政府的大力参与再加上 LAMATA 的出色领导，保证了为该系统设计的蓝图得到很好的遵循，使该项目以相对较低的成本获得了快速实施。

2）轨道交通建设

根据预测，2025 年拉各斯州的人口可能会达到 2 500 万，成为世界上第三大城市。人口的增加和经济的发展，势必会加重拉各斯目前道路系统超负荷运行的问题，交通拥堵现象难免会进一步恶化。早在尼日利亚第二共和国时就有专家提出了在拉各斯发展高速交通—地铁网络的建议。1985 年布哈里总统当政时，曾着手兴建地铁系统，但因资金紧缺半途而废。2003 年时，拉各斯州长波拉·蒂努布正式公布了修建轻轨网络系统的决议。该系统由 LAMATA 负责运营，是拉各斯大都市区城市交通工程的一部分，首期投入 1.35 亿美元，计划修建七条轻轨线路。所有的铁路运营车辆都由私营企业来提供，而 LAMATA 主要提供政策导向和网络基础设施建设，以及对其进行管理。

拉各斯政府在交通战略总体规划（STMP）中，明确提出了发展轨道交通的规划方案。STMP 是在研究了拉各斯州作为世界上增长最快的大城市和尼日利亚的商业及经济中心，未来的交通需求的基础上制定的 30 年的规划。拉各斯轨道运输（LRMT）网络是交通战略总体规划的重要组成部分，作为指导国家公共交通基础设施发展的指南针。

拉各斯城市轨道交通网络(LURN)是一个覆盖高通勤交通需求的城市轨道网络系统，从拉各斯大都会延伸到奥贡和奥约边境地区，主要包括七条干道(图 4-8)。这七条线路连接了拉各斯主要的人口和活动中心，轨道交通线路和已有的水上交通线路、BRT 线路进行了有效的衔接。这七条线路为:蓝线——奥科麦科(Okokomaiko)到玛丽娜(Marina);红线——阿巴多河(Agbado)到玛丽娜(Marina)，经过伊多(Iddo)到达穆尔塔拉穆罕默德(Muritala Mohammed)国际机场;绿线——玛丽娜(Marina)到莱基(Lekki)机场;黄线——乌塔河(Otta)到伊多(Iddo);紫线——雷德姆(Redeem)到奥乔(Ojo);橙线——雷德姆(Redeem)到玛丽娜(Marina);棕线——12 英里路地区(Mile 12)到玛丽娜(Marina)。其中红线和蓝线是优先建设线路，蓝线长 27 km，据拉各斯州州长法潇拉表示，拉各斯轻轨第一阶段工程蓝线将在 2015 年 6 月竣工。蓝线运行后，每天将运送 400 000 名乘客，全线通车后，运行能力将达到 700 000 名乘客/天。预计轻轨线路通行后，拉各斯市道路上的丹弗车(Danfos)将减少 13 000 辆，别的车辆也会相应的减少。

随着拉各斯城市人口的不断增加，城区背负着更多的人口压力，城市环境不断恶化，而轨道交通的运营，对于沿线地区的经济发展将会有很好的促进作用，有利于吸引市中心人口向郊区迁移，从而使人口布局更加趋于合理化，进一步缓解城市的过度拥挤。

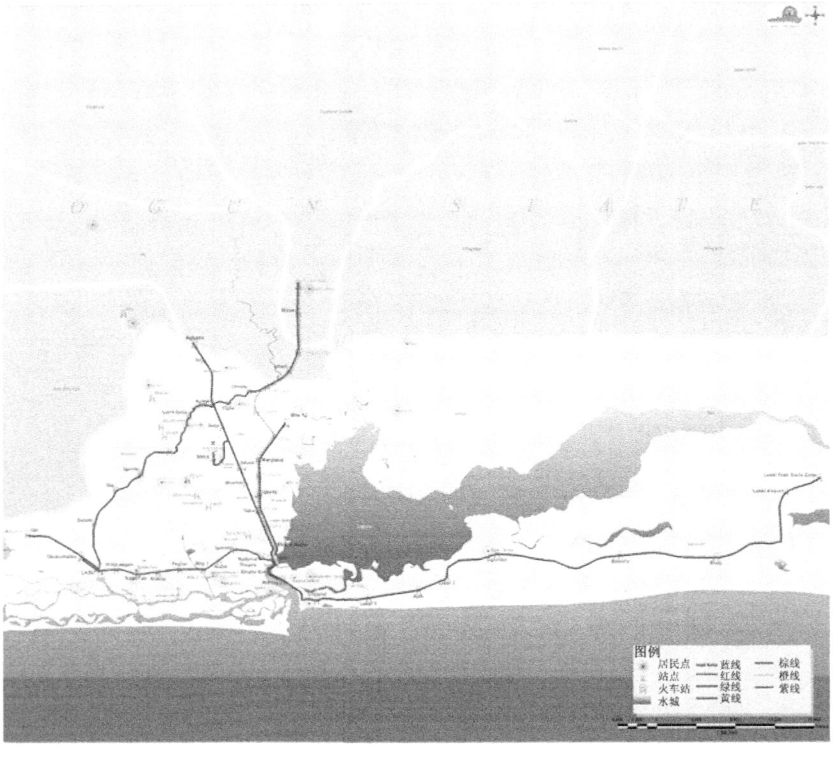

图 4-8　拉各斯轨道交通网络

4.2 轨道交通主导型模式——约翰内斯堡

4.2.1 社会经济发展和政策规划背景

约翰内斯堡位于东北部瓦尔河上游高地上，海拔 1 754 m。约翰内斯堡是南非最大的城市，人口为 388.81 万人，算上周围郊区人口其总人口约为 700 万人。约翰内斯堡是南非的金融、通信和商业中心，是国家主要的工业和地面物流中心，也是非洲重要的交通中枢城市，拥有非洲最大和最现代化的航空港。约翰内斯堡城市具有较高的移民率，由于从国家其他地区移民到约翰内斯堡城市的人口迅速增加，加剧了其对城市经济和社会基础设施的需求。1996—2001 年，约翰内斯堡的人口增加了 22%。

约翰内斯堡因受种族隔离空间规划政策的影响，城市空间体系不平衡，大多数黑人居住在没有自来水和电等基本服务的城镇非正规聚落中，城市的种族隔离和政治政策塑造了城市的土地使用和公共交通模式。南非在 1948—1994 年发生的种族隔离制度导致空间规划的目的是使非洲劳动力居住在乡镇，远离商业、金融中心和传统的白人居住区。这一政策的实施使得黑人居住的大多数乡镇地区，位于 25 km 和 30 km 以外的 CBD 之间，造成严重的交通通勤问题。

在缺乏交通投资的情况下，黑人、亚洲人和其他有色工人由于居住和工作地的隔离，直接导致了约翰内斯堡市交通量的迅速增加。这样的交通服务给业主和经营者提供了最好的财务回报，但却为用户提供了普遍较差的服务水平，较高且不稳定的票价、简陋的车辆、司机驾驶技术差等问题普遍存在。在种族隔离时期，除了提供关键的交通流动性和就业机会，迷你巴士系统对于非白人来说，唯一的益处也就是提供了就业机会。

南非有三个层次的政府。国家政府提供全面的国家政策和交通运输方案在地方一级实施的资金。区域政府（省一级政府）协调省和地方政府（约翰内斯堡市）。地方计划一般由国家和省级政府审查，地方政策在国家政策的支持下实施。

约翰内斯堡城市的协调利益相关者，在政治领导下实现国家政策计划，整个政府管理制度结构如图 4-9 所示。

在约翰内斯堡公路局下成立了一个专门的约翰内斯堡公共交通公司（Rea Vaya）规划和实施团队，执行董事向交通运输市长委员会汇报工作。机构成立后，BRT 运行一直由 Rea Vaya 业务单元（系统公司）负责。该单元具有操作控制公共交通运行及管理的责任，如系统管理总线操作、票务、收益管理、站管理、系统维护、检查和执法。约翰内斯堡重要的郊区通勤铁路系统属于南非国家铁路系统的管理权限，不属于市管辖范围。自 2006 年开始，约翰内斯堡城市政府负责城市边界内的多式联运规划和监管责任。

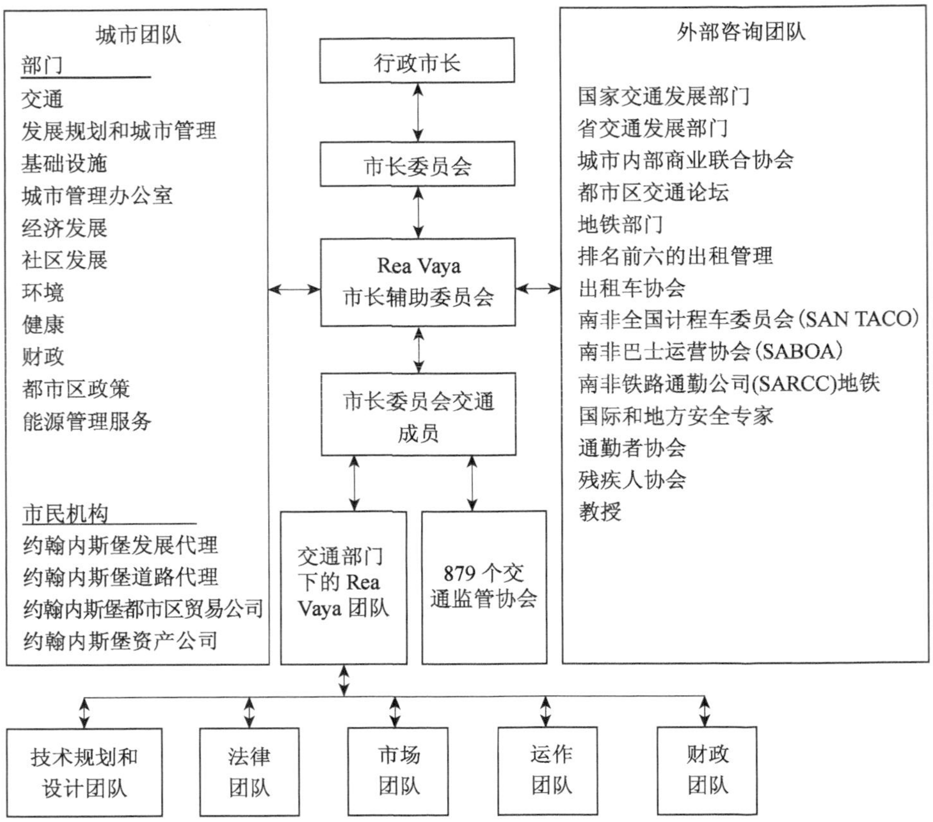

图 4-9　约翰内斯堡城市机构结构

4.2.2　城市道路系统和出行结构

约翰内斯堡有相对发达的道路网络和高速公路系统(图 4-10、图 4-11),四通八达的现代化高速公路网覆盖整个城市和周边的卫星城市,路面宽阔干净。其道路网络显著的特征为覆盖城市中心干线道路呈放射状形式,环路为城市中心提供了过境交通的功能。

约翰内斯堡城市交通出行方式主要包括搭乘私人小汽车、公共汽车、小型巴士出租车、个人出租车、摩托车和步行。表 4-1 反映了约翰内斯堡城市基于道路相关的客运方式的统计信息。2009 年 6 月,在约翰内斯堡登记的私人小汽车数量为 852 935 辆。搭乘小汽车出行在约翰内斯堡城市交通出行方式中所占的比例最大,年客运量达到 219 460 万人次。

在登记的 43 570 辆小型巴士出租车中,大约有 19 600 辆作为公共交通车辆运营。摩托车的数量是公共汽车数量的 7 倍多,然而约翰内斯堡的摩托车并不作为公共交通运输的工具,小型巴士出租车是约翰内斯堡的主要公共交通运输工具,年客运量达到 251 381.8 万人次。

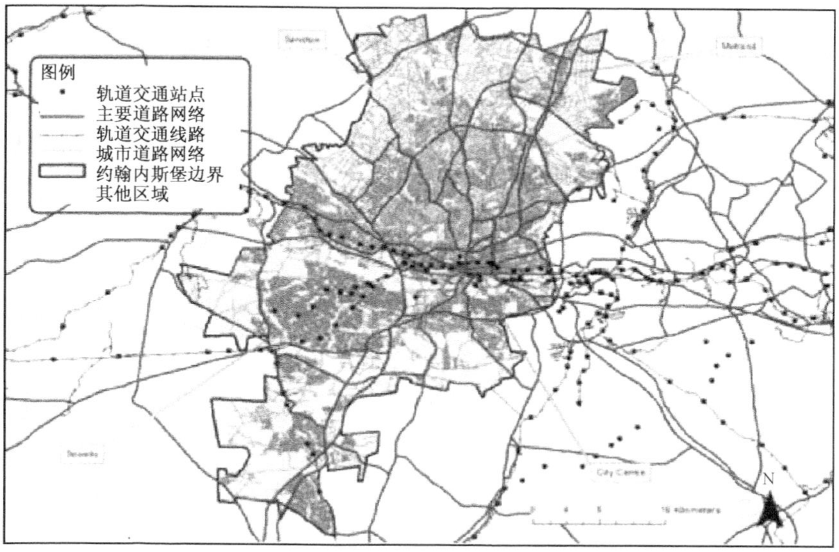

图 4-10　约翰内斯堡城市道路和轨道交通网络

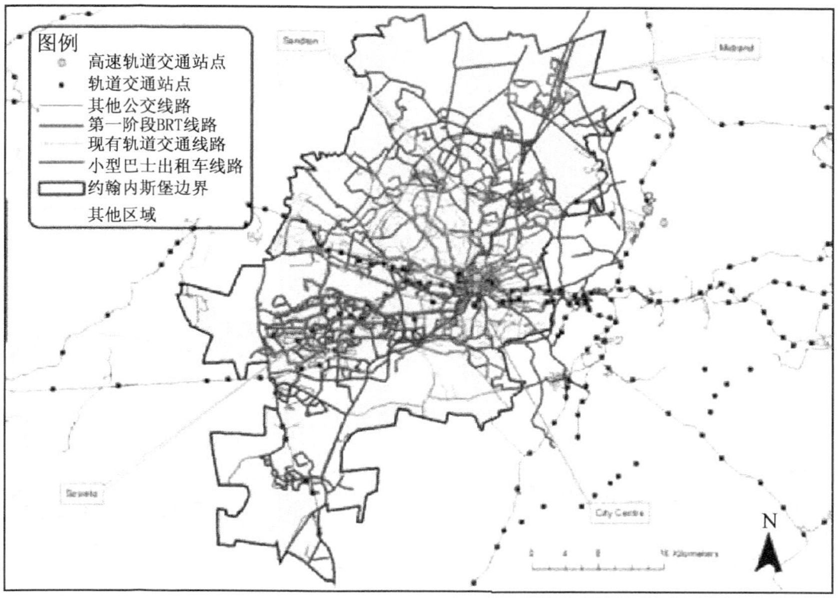

图 4-11　约翰内斯堡公共交通运输网络

表 4-1　约翰内斯堡不同交通工具使用情况

指标	私人小汽车	公共汽车(包括中型公共汽车)	小型公共汽车(巴士出租车)	个人出租车(计价轿车出租车)	摩托车
车辆数(辆)	852 935	4 936	43 570	992	38 579
车型容量(人)	5	35—130	15	5	2

续表 4-1

指标	私人小汽车	公共汽车(包括中型公共汽车)	小型公共汽车(巴士出租车)	个人出租车(计价轿车出租车)	摩托车
年均行驶里程(km/辆)	219 000	27 260	64 680	16 350	—
年客运量(万人次)	219 460.00	2 856.20	251 381.80	36.05	3 529.98
日均出行次数(次/辆)	6.10	6.50	7.00	1.92	6.10

从 1996 年南非主要城市不同交通方式所占的市场份额来看，在约翰内斯堡，公共交通所占的市场份额最大，为 48.2%，其次是小汽车，为 34.2%。在南非的主要城市中，除了纳尔逊・曼德拉小汽车占最大市场份额外，约翰内斯堡、德班、开普敦、艾古莱尼、茨瓦内等城市均是公共交通占最大市场份额。从横向比较来看，约翰内斯堡公共交通所占的市场份额居中，小于德班、开普敦、茨瓦内等城市(表 4-2)。

表 4-2　1996 年和 2003 年南非主要城市不同交通方式的市场份额　(%)

1996 年								
主要交通方式		约翰内斯堡	德班	开普敦	艾古莱尼	茨瓦内	纳尔逊・曼德拉	所有城市
公共交通		48.2	51.8	50.0	49.5	50.0	38.0	49.2
其中	轨道交通	9.2	6.6	24.2	8.8	14.8	1.1	12.3
	公共汽车	11.8	21.5	9.5	3.8	19.0	19.4	13.0
	出租车	27.2	23.7	16.3	36.9	16.2	17.5	23.9
小汽车		34.2	39.3	38.4	40.3	42.2	50.7	39.2
步行		14.8	5.8	8.7	7.1	6.4	8.9	9.0
其他		2.8	3.1	2.9	3.1	1.4	2.4	2.6
公共交通在机动化交通方式中的比例		58.5	56.9	56.5	55.1	54.2	42.8	55.7
通勤出行数量(次)		841 000	672 000	825 000	687 000	518 000	197 000	3 740 000
2003 年								
主要交通方式		约翰内斯堡	德班	开普敦	艾古莱尼	茨瓦内	纳尔逊・曼德拉	所有城市
公共交通		48.9	53.0	47.8	46.9	54.1	40.1	49.1
其中	轨道交通	9.8	4.9	20.8	11.5	11.1	1.2	11.3
	公共汽车	4.5	17.6	9.1	0.6	14.5	12.1	8.7
	出租车	34.6	30.5	17.9	34.8	28.5	26.8	29.1

续表 4-2

2003 年							
主要交通方式	约翰内斯堡	德班	开普敦	艾古莱尼	茨瓦内	纳尔逊·曼德拉	所有城市
小汽车	37.5	37.2	40.8	42.9	36.8	42.9	39.4
步行	11.6	7.3	7.1	7.8	7.6	13.8	8.9
其他	2.0	2.5	4.3	2.4	1.5	3.2	2.6
公共交通在机动化交通方式中的比例	56.6	58.7	53.9	52.2	59.5	48.3	55.5
通勤出行数量(次)	1 232 000	809 000	1 021 000	804 000	526 000	271 000	4 664 000

从南非主要城市不同公共交通方式的市场份额来看，小型巴士出租车逐渐占领了公共交通方式的市场份额，表明它们对于消费者来说更可达和更可接受。小型巴士出租车的运营没有特定的时刻表和线路，使用者可以通过搭乘手势乘坐它们到达他们想去的目的地，为了提高小型巴士出租车的可适用性，特别是第一次使用小型巴士出租车的乘客，约翰内斯堡城市设计了搭乘手势的一个小册子。另外，约翰内斯堡还为使用者设计了小型巴士出租车费用引导。这一特点，在南非很多城市中均有体现。如表 4-3 所示，在南非的主要城市中，除了开普敦轨道交通占公共交通方式的最大市场份额外，约翰内斯堡、德班、艾古莱尼、茨瓦内、纳尔逊·曼德拉均是巴士出租车占公共交通方式的最大市场份额。2003 年约翰内斯堡的巴士出租车所占公共交通方式的市场份额更是高达 70.6%。

表 4-3　1996 年和 2003 年南非主要城市不同公共交通方式的市场份额　(%)

1996 年							
主要交通方式	约翰内斯堡	德班	开普敦	艾古莱尼	茨瓦内	纳尔逊·曼德拉	所有城市
轨道交通	19.1	12.8	48.3	17.7	29.5	2.8	25.0
公共汽车	24.5	41.4	19.0	7.8	38.0	51.1	26.4
巴士出租车	56.4	45.8	32.7	74.5	32.5	46.1	48.6
2003 年							
主要交通方式	约翰内斯堡	德班	开普敦	艾古莱尼	茨瓦内	纳尔逊·曼德拉	所有城市
轨道交通	20.3	9.3	41.9	26.3	18.9	2.1	23.1
公共汽车	9.1	33.3	20.2	2.1	25.1	30.1	17.6
巴士出租车	70.6	57.4	37.9	71.6	56.0	67.8	59.3

4.2.3 快速公共交通系统实践

1）大容量公共交通推行

快速公共交通享有专用路权，全面体现了“公共交通优先”原则，较之普通的公共交通客运，具有大容量、快速等优点；相对于轨道交通又具有高效、低成本等特点，是一种相对成熟的公共交通系统。城市的快速发展需要快速公共交通作为支撑。特别是近年来，在南非城市化进程迅速、基础设施供给又相对薄弱的情况下，城市交通需求持续上涨，迫切要求各大城市建立以公共交通为主导的合理的居民出行结构。面对城市化的迅速发展，私人汽车的迅速增长，优先发展低能耗的快速公共交通，采取有力措施提高能源使用的经济性，是解决出行问题的重要途径。

约翰内斯堡将快速公共交通系统（BRT）作为其长期公共交通的解决方案，称之为 Rea Vaya 系统。该系统规划总里程为 325 km，包括 30 个中转站点，为南非最大的 BRT 项目。Rea Vaya 系统线路以约翰内斯堡市中心城区为中心，向外呈放射状辐射，进行总体规划、分阶段实施，以合理引导土地开发，满足城市扩张需求。

约翰内斯堡第一阶段 BRT 项目（1A 阶段）于 2006 年通行，总设计里程为 120 km，包括 78 个公共交通车站。预计到 2013 年，Rea Vaya 系统的日乘客量将达到 43 万人次。此数据可与德国城市法兰克福大众交通系统每天的客流量相当（法兰克福为每天 50 万名乘客），而法兰克福的大众交通系统的规划和发展已经历时几十年。2009 年 8 月，在约翰内斯堡内城索韦托，40 辆快速公共交通车辆在长达 25.5 km 的线路上开始运行，标志着 Rea Vaya 系统第一阶段首条线路的正式开通（图 4-12）。该线路共设置 33 个站点，连接杜姆方坦（Doornfontein）、埃利斯公园和索韦托的托克扎（Thokoza）公园，沿途为城市最繁忙区域，日输送旅客 30 万人次。截至 2010 年 5 月，约翰内斯堡的几大支线相继建成，143 辆快速公共交通车辆处于运行状态。快速公共交通车辆在索韦托和约翰内斯堡之间运行，途经足球城和埃利斯公园体育场，约 20 000 名球迷可以通过 BRT 抵达世界杯运动场馆，为 2010 年 6 月至 7 月世界杯比赛期间的交通提供了很好的保障。目前，Rea Vaya 系统已开通一条主干线、一条互补线路和若干条支线，主干线连接 Doornfontein 的埃利斯公园和索韦托的 Thokoza 公园；互补线路运行于索韦托的达布逊维尔（Dobsonville ）与约翰内斯堡 CBD 和埃利斯公园之间；支线主要连接娜莱迪（Naledi）到 Thokoza 公园，扎巴鲁（Jabavu）到湖景站，摩佛罗（Mofolo）到新兴都市站，普罗提姆·格伦（Protea Glen ）到 Thokoza 公园，埃尔多拉多公园到 Thokoza 公园等地。为实现其可能达到的最高效率，最初的公共交通系统“地铁公共交通”也被加入到快速公共交通线路中，并为支线公共交通修建了 170 个巴士站点，而主干线车辆采用最新购置的大型铰接式车辆，可容纳 112 名乘客，符合最新环保和舒适标准，车身主体颜色为红色，互补线和支线采用 75 座容量的公共交通车辆以示区分。

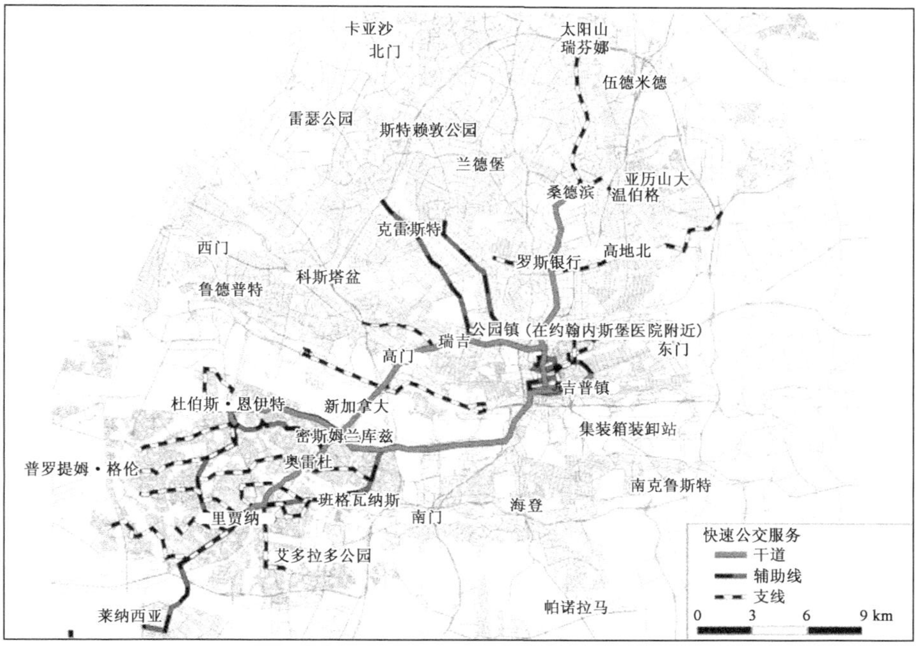

图 4-12　Rea Vaya 系统第一阶段建设线路

Rea Vaya 系统的首次扩展（1B 阶段）正在稳步进行中。1B 阶段线路全长为 18 km，设置 10 个公共交通站点。该线路始于索得里森（Noordgesig），穿过本妮维尔（Pennyville）、新加拿大（New Canada）、帝国路、地铁中心、里西克（Rissik）街，在城市内部连接 1A 阶段线路，覆盖了索韦托的郊区、里士满、梅尔维尔、韦斯特伯里、瑞瓦勒（Riverlea）、波斯蒙特（Bosmont）、布里克斯顿、豪登维尔（Coronationville）等地。与 1A 阶段相比，1B 阶段的开通将不仅影响到出租车行业，还包括城市的其他小型汽车运输企业，1B 阶段也将组建专门的公共汽车公司负责车辆运行，该公司将拥有 130 多辆公共交通车辆。

约翰内斯堡对公共交通最大的改善在于 BRT 网络的实施，而 BRT 网络设计的背景在于约翰内斯堡城市公共交通网络战略，其实施是分阶段的。BRT 实施的部分整合需要说服小型巴士出租车运营商来支持其发展，约翰内斯堡成功地说服了一些小型巴士出租车运营商来支持 BRT，不过前提是他们需要拥有运营的部分股份。小型巴士出租车协会仅有一小部分参与到 BRT 实施的第一阶段，但排除了其他的协会。由于担心 BRT 会对其市场造成影响，这种情况引起了被排除协会的愤怒。另外，关于在南非全国实施 BRT 的政策引起了小型巴士出租车协会的反抗，包括暴力反抗。尽管如此，约翰内斯堡还是成功地实施了 BRT，其成功实施 BRT 的过程可以总结如下：

在制定公共交通网络战略时，咨询了小型巴士出租车协会；改变了公共交通网络战略最初设计 BRT 的原则；在实施的第一阶段识别了受影响的小型巴士出租车协会；城市和小型巴士出租车协会关于 BRT 的实施签署了谅解备忘录；对波哥大米兰诺快速公共交通（Transmillenio）系统和南美洲其他城市公共交通系统的技术访问涉及的城市及城市内有影响的小型巴士出租车协会，由政府对公共交通网络系统的规划设计进行调控；BRT 技术转向的建立涉及的城市和小型巴士出租车协会，由政府财政支持的咨询会向小型巴士出租车提供了日常的技术协助，并帮助该协会进行技术协商；最初的快速公共交通运营计划得到了城市和小型巴士出租车协会的同意；在 2009 年 8 月底，25 km 的 BRT 开始运营，在正式开放该系统前的 6 个月期间内，其运营在临时法律安排的管理下，以促进城市和受影响的小型巴士出租车协会之间谈判的顺利；25 km系统最初的交通运输指标为每天运输 16 000 名乘客。

2）轨道交通系统建设

南非交通基础设施存在车辆状态不良且技术陈旧、铁路运营能力低下、货运系统效率低下、公共客运服务资源匮乏等诸多问题。针对以上问题，2005 年4 月 8 日和 9 日由南非交通部长主持的交通会议决定编制“全国整体交通计划”。历经 5 年时间，2010 年，南非《全国运输总体规划（2005—2050 年）》（即 NATMAP 2050，以下简称《规划》）正式发布。目前，在南非客运交通体系中，私人汽车发挥主导作用，小型公共交通车辆次之，大型公共交通车辆及铁路对客运的支撑力度微乎其微。从交通运量来看，南非私人汽车的运量份额占总运量的 31.5%，公共交通车辆占 68.5%，其中小型公共交通车辆占公共交通运量的 76.5%。从车辆出行距离来看，南非私人汽车的份额占到了 71%，而公共交通车辆仅为 29%，其中绝大部分属于小型公共交通车辆，其比例高达 95%。铁路客运和大型公共交通服务的缺失，引发了私家车、小型公共交通车辆的快速增长，导致南非客运效率低下，大都市区主要道路面临严峻的交通压力。

为了改变这种状况、优化南非客运交通体系，《规划》指出，在规划期内，一方面，严格控制私家车的使用，通过利用提高道路收费比例、征收燃油附加税等各种税费、实施汽车限购限行等方式，提高私家车的使用成本，降低私家车的增长速度；另一方面，大力发展铁路客运及大型公共交通系统，政府将重点资助低收入区域、大都市区以及低客运量和旅游专线等特殊交通走廊，发展由出租车、公共交通车辆和铁路构成的大型公共交通系统。

按照《规划》，南非将优先建设四条国家高速铁路交通走廊，即时速 200 km、车站间距 100 km 以上的标准轨铁路，标号分别为 N1、N2、N3、N4（图 4-13），同时《规划》指出 N1、N3 的优先建设级别最高。

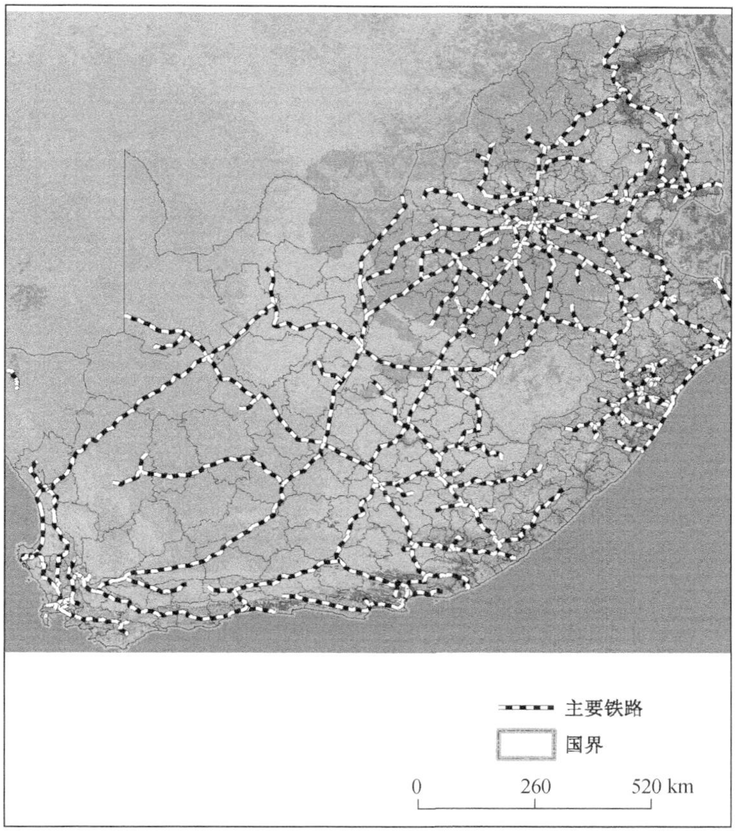

图 4-13 南非轨道交通规划建设示意图

4.2.4 轨道交通为主的公共交通系统改革

约翰内斯堡的公共交通运输改革遵循了南非大部分地区采取的模式，但鉴于其独特的历史和行政系统背景，许多公共交通改革的方面都是其特有的。约翰内斯堡公共交通运输改革主要集中于土地利用改革和公共交通管理改革两方面。

1）土地利用改革

土地利用改革承认了公共交通和土地利用之间的相互依存关系，土地利用和交通之间的相互作用一直被认为是环境建设系统化管理的关键。因此，为了使改革干涉可持续，公共交通的改革也需要土地利用改革进行补充，意识到这个，约翰内斯堡城市公共交通的改革过程与土地利用改革紧密地联系在一起。约翰内斯堡城市土地利用改革的大部分实施都是由国家政策和法规引导的。

《开发促进法》(Development Facilitation Act)：于南非快速转变土地发展的过程中被引入，为了便于政府主导的发展和重建项目的实施，该法促进了土地利用一体化发展，提高了居住和非居住发展的邻近，最小化了城市蔓延。该法是通过规划委员会和法庭在处理有关土地发展的争端制度化的，交通被认为是土地改革过程中的一个整合部分。

《市政系统法》(Municipal Systems Act)：规定了市政应该实施的系统，以确保市政服务的可持续，并明确提出，要制定综合发展规划(IDPs)，就需要整体引导市政预算。在该法中，只有综合发展规划中有预算的项目才能实施，理论上一体化交通运输规划(Integrated Transport Plans, ITPs)是综合发展规划的一个特殊部门规划。作为综合发展规划的一个重要组成部分，空间发展框架决定了城市空间发展的方向。交通通常在空间重组上起着很重要的作用。该法还强调公众参与是综合发展规划中很关键的部分。

《市政物业价格法》(Municipal Property Rates Act)：市政价格和税收是城市收入的主要来源，该法给了政府从物业价格中获得收入的权力，并且根据空间属性(包括交通)，物业价格会十分不同。因此，该法使得交通运输收入执行产生"价格获取"的概念。

经过多年的发展，约翰内斯堡及豪登省其他城市的火车服务在轨道翻新、信号灯系统、一站式快递服务的引入等方面得到了提高。为了吸引高收入的出行市场，约翰内斯堡和茨瓦内在两条走廊沿线引入了特殊的"商务快速服务"，一个走廊为索韦托到约翰内斯堡城市中心的走廊，另一个为茨瓦内到约翰内斯堡的走廊。而该"商务快速服务"的引入受到了约翰内斯堡市民协会的批评，认为该服务是区别了为穷人提供的服务。

2）公共交通管理改革

公共交通管理改革，主要包括以管理为目的的法律和条例及其在公共交通服务、公共交通管治和公共交通金融中的影响。南非和约翰内斯堡城市公共交通管理改革可以归功于1996年国家交通政策白皮书。在南非公共交通管理的立法中，最重要的是《国家地面交通过渡法》，该法于2009年修订为《国家地面交通法》。在立法中，公共交通管理改革的有力措施包括：任何想要运营公共交通服务的人都需要申请许可；政府拥有运营执照发行及回收的所有权力；政府拥有限制公共交通车辆和路线的权力；在市政府层面的交通管理由一体化交通运输规划管理，任何不在一体化交通运输规划中的活动都是不合法的，一体化交通运输规划也属于广泛的公共协议过程；公共交通运营许可证需要与一体化交通运输规划一致；运营商之间的竞争是对使用道路权力的竞争，而不是对道路本身的竞争，公共交通运输方式的运营需要作为综合的系统，反对不同方式之间的竞争；公共交通补贴的提供建立在竞争投标的基础上，所有之前存在的补贴合同都会从预期运营商中通过投标获得，在合同到期之后会重新投标；补贴公共交通服务需要通过一体化交通运输规划来确定及合理化；小型巴士出租车将会转变为管理正规的交通运输工具，拥有法律地位；使所有的公共交通运输服务的运营和管理有分隔；南非的交通管理由国家、省和当地政府共同负责，国家交通运输局负责总体政策的形成和监管，同时管理全国基金。

南非许多其他国家政府部门，例如能源部、工业和贸易部、劳动部，也制定了对交通有影响的政策。除了管理交通基础设施（如省道），省交通运输局也负责改进国家政策以符合省的情况、协调省内交通运输活动并提供一些行政功能，如交通运输补贴和公共运输运营许可。很多省级行政功能也被分解到当地政府，特别是在大都市区。当地政府是基本的交通政策实施代理，当地政府的交通政策通过ITPs来实施，在该规划中政府将项目的实施放在优先于其他事项的地位。ITPs每年都要检查，包括公共参与，只要法律上没有得到ITPs许可的，交通运输项目就不能实施。

南非包括约翰内斯堡城市的公共交通管理改革过程主要包括：交通方式投标和合同文件条例的制定，劳工社团联会、政府和现有公共汽车运营商三方协议的制定，运营许可委员会的建立，小型巴士出租车合法化和资产重组，ITPs。

交通方式投标和合同文件条例的制定是为了监管并资助公共交通服务。劳工社团联会、政府和现有公共汽车运营商之间的争论导致三方分块协议的制定，也被称为领导性协议（Heads of Agreement），该协议将会管理过去的津贴以及管理环境和系统计划变化之间的过渡。同时，该协议也建立了谈判合同制度，为公共拥有和补贴公共汽车服务提供一个过渡期以准备在合同期满之后进行竞争性招标。约翰内斯堡建立了运营许可委员会和公共交通登记者，在其领域内管理运营许可证的发放和合法化公共交通运营商的登记。关于小型巴士出租车“成为合法”的运动开始启动，目标为将所有现存的运营商登记到一个数据库中，促进代理小型巴士出租车协会及民主选举领导制度的建立。每个省都会建立当地区域的小型巴士出租车协会，同时也需要将小型巴士出租车运营商登记为税收付款人。约翰内斯堡启动了小型巴士出租车资产的重组过程，用最低标准设置的车辆来取代旧的小型巴士出租车。现存的小型巴士出租车运营商将会得到50 000兰特以回收他们的旧车，并且他们可以选择退出该市场或购买新车。只有通过上述立法过程的运营商才会从出租车资产重组过程中获得收益。约翰内斯堡制定、资助的公共交通运输合理化规划作为其ITPs的部分，基于此被资助的运营商将会得到调整。约翰内斯堡市政当局提供ITPs的预算编制，其ITPs是最早得到南非国家和豪登省政府通过的规划。约翰内斯堡城市地铁运营为共同所有，其公共交通运营由城市所有公司管理，在城市交通管理功能之外。在约翰内斯堡，公共交通网络战略作为ITPs的一部分，其网络致力于使城市公共交通合理化，促进小型巴士出租车、公共汽车和轨道交通服务间的整合，不同的交通运输方式基于其经济特性在交通运输系统中会扮演不同的角色。

3）公共交通改革的绩效

2008年，南非全国共有113个补贴公共汽车合同，包括82个竞争性的投标合同和31个临时合同。然而，投标合同的补贴分配仅为整个公共汽车补贴预算的

34%。约翰内斯堡所在省份豪登省，补贴公共汽车的总数量为 2 113 辆，每年乘客出行 133 898 725 次，补贴预算为 13.6 亿兰特。南非整个国家的公共汽车补贴为 34.17 亿兰特，总乘客出行 488 114 983 次，公共汽车数量为 7 119 辆。所有合同转变为竞争性招标合同的延误常常是由领导性协议的实施引起的。基于此，约翰内斯堡成立了民主选举协会。该协会承担运营商的管理责任，利用路线分配来进行协会的设施分配。通过自我管理机制，该协会能够识别和防止运营商的非法登记运营，同时其也拥有内部组织结构，并负责成员训练、培训及与市政当局和总体行政部门的联系。

1999—2004 年，出租车资产重组过程和与小型巴士出租车未来相关的不确定性可能会导致小型巴士出租车的收购率下降。运营商尤其反对资产重组过程，举行了许多次反对运动。一方面，一些资产重组的出租车运营商经历了用来取得新车辆的贷款偿付困难。另一方面，运营商也经常抱怨行政部门积压其运营许可的申请，导致其车辆被征收。尽管南非政府努力推动不同交通方式的整合，但其不同公共交通方式之间仍继续独立运营。通过资本开支规划和 ITPs，约翰内斯堡城市确定了小型巴士出租车的等级设施应升级为正式的设施，用最小的设施来满足小型巴士出租车协会和乘客的需求。然而对小型巴士出租车协会收费的决定却受到了该协会的反对，在某种程度上，该协会禁止使用这些设施，甚至在某些情况下，小型巴士出租车协会必须派出执法人员来防止这些设施被使用。使用收费的争论最终通过出租车费的引入得以解决，这样一来，每年登记的设施使用费用将会在每年更新的运营执照中收取。

总的来说，约翰内斯堡的公共交通系统改革有成功也有失败之处。其成功表明：完成非正规公共交通运输部门的正规化十分必须，没有非正规交通运输部门的正规化，约翰内斯堡的很多公共交通运输干涉都可能不会成功；政治承诺至关重要，约翰内斯堡城市和其他政府部门都有统一的愿景；全国层面的引导政策对于确保干涉的可持续性十分重要；城市层面的一体化交通运输规划对于引导、干涉、有系统地实施十分必要。其失败之处在于：不同交通方式之间的整合仍不足，缺乏交通方式之间的有效整合使得公共交通费用很高；数据一般不可用导致无法系统地监测交通运输系统的表现。

5 全球城市交通发展与非洲可持续城市化

5.1 全球城市交通与气候变化:发展中国家的角色

当今,超过一半的人口居住在城市里面,预计到2030年将会有2/3的人口居住在城市。其中,95%的城市人口增长将会发生在发展中国家,同时所带来的对机动化水平的提升需求将成为发展中国家所面对的挑战。一般来说,交通和机动性是实现可持续发展的前提条件。但是,通过近期的趋势不难发现,发展中国家短缺的交通基础设施和服务不仅没有减轻贫困和社会分割,反而使得这些问题更加严重。

发展中国家的城市面临着严重的交通拥堵和日益恶化的空气质量。据测算,城市空气污染所导致的健康成本占到了发展中国家5%的成本。低于20%的城市居民拥有和使用私家车,大部分居民的日常出行主要依靠正规和非正规的公共交通、出租车及步行等方式。

虽然如此,但是在拥堵的城市中,日益恶化的生活环境大大降低了发展中国家的城市在经济和财富增长中的作用。步行非安全、公共交通的低效率等问题,影响了日常的经济社会生活的顺利进行。世界范围内的金融危机对于交通运输产生了直接影响。例如,造成了交通基础设施投资资金的短缺和阻碍了出行需求的实现。对于非洲这些欠发达地区来说,由于其落后的交通供应水平使得上述现象看似并不糟糕,然而,长期看来,交通出行需求将会不断增加。

少部分发展中国家的城市能够承担大规模的交通基础设施投资和提供足够的服务以满足目前和未来的出行需求。在非洲地区,目前大部分交通基础设施的投资都侧重于比例较小的私人非正规部门上。可持续的城市交通政策应在建构合理的出行方式、减弱社会不公平方面发挥积极作用。

持续不断的城市化和机动化在很大程度上导致了日益增加的世界温室气体的排放。根据2009年的世界国际能源机构(IEA)的统计,城市范围承担了超过71%的全球温室气体排放,到2030年这一比例将进一步增加到76%。虽然,发达国家人均二氧化碳(CO_2)排放量远远高于发展中国家,但据估计,在未来的20年,能源领域CO_2排放量的增加中89%都来自于发展中国家。交通部门所产生的温室气体量的增长速度远远大于其他部分。据最近国际能源机构的世界能源报告统计显示,全球温室气体排放量的23%来自于交通相关部门,私人小汽车、轻型载货汽车和大货车是其主要来源。2050年,世界范围内的小汽车拥有量将会增加3

倍，根据目前趋势，到2030年交通能源利用、CO_2排放量将会增加50%，到2050年将会进一步增加到89%。根据国际能源机构统计，即使大幅消减其他部门CO_2的排放量，但如果不降低交通部门CO_2的排放量，其对于全球气候的变化仍然会有很大威胁。这就要求发展中国家必须改变城市居民的出行模式、提高机动车效率以及选择低碳能源(图5-1)。

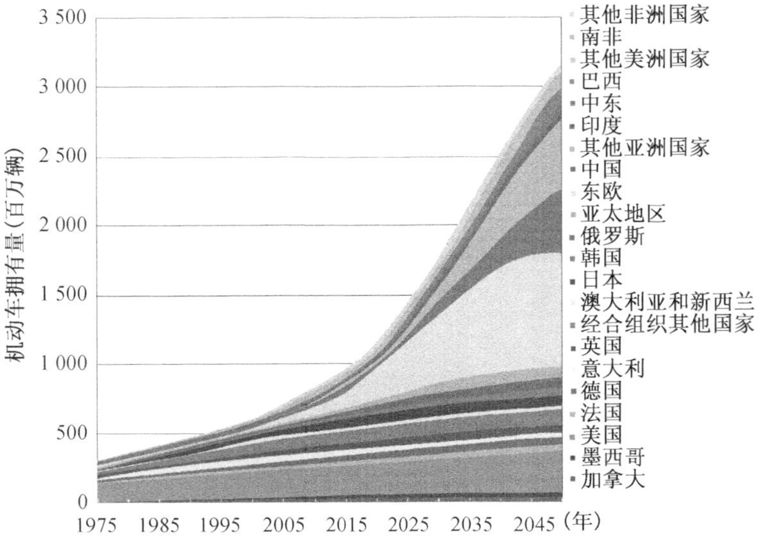

图5-1　世界机动车增长趋势预测

然而，仅仅依靠技术更新去达到社会经济持续发展的目标并不可行。因为大范围选择清洁汽车和清洁能源受到了资金和资源的限制。特别是在非洲，大部分的非洲城市居民、政府和商务目前还无力承担这些先进技术，这不仅仅是财政限制的原因，还包括维护技术能力有限的原因。

应对有效地气候变化政策离不开交通部门整体效率的提高，交通部门在降低或者稳定温室气体排放量方面发挥着至关重要的作用。因此，城市范围内可持续机动性的建立需要引起重视。

5.2　世界城市轨道交通发展规律

5.2.1　世界城市地铁建设的空间网络特征和影响因素

1) 地铁建设时序

地铁作为城市公共交通的重要组成部分，在缓解城市交通压力、拓展城市空间等方面发挥着重要作用。西方学者通过建立最优模型、一般均衡模型以及借助地理信息系统(GIS)技术分析地铁的网络拓扑结构与城市经济地理格局的关系，并重点针对地铁与城市土地利用的相互关系以及地铁对居民出行决策的影响开展了丰富的研究。近年来有学者从政策环境角度分析城市轨道交通的建设，通过比较不同国家交通政策的差异探讨政府在地铁建设中的作用以及形成地铁差异的制度因素。总体而言，已有研究较多集中在对单个城市地铁系统的深入分析，包括其对土地利用、居民出行的影响、与城市空间格局的相互关系等，如对哥本哈根地铁的客流分析，对里约热内卢地铁系统的线路优化分析，对马德里、罗马和雅典三个城市地铁系统结构的演化分析，对英国城市轨道交通的发展研究以及对突尼斯城市轨道交通建设的反思等。然而，对各国之间地铁网络的横向比较和归纳分析较少。有鉴于此，本书系统分析了世界城市地铁建设的时序特征。在世界范围内选取了 2003 年以前地铁建成通车的 121 个城市地铁样本，构建了包括 121 组地铁系统和 109 组地铁所在城市的基础数据(其中 12 个样本的城市用地规模数据缺失)，对各地区城市地铁系统的网络特征及其影响因素进行归纳分析，并依据属性特征的相似性对地铁系统进行类别划分(图 5-2)。

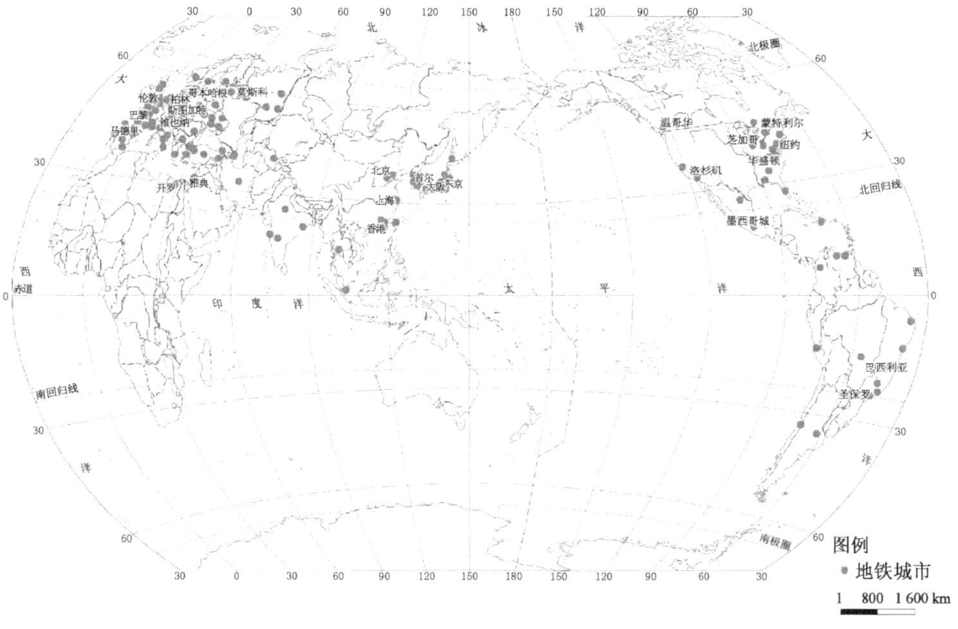

图 5-2　选取的地铁城市样本分布图

地铁的建设始于 1863 年，以伦敦地铁的建成通车为标志。本书将 1863—2003 年的 140 年划分为 6 个时间段，对各时间段内 5 大洲新开通地铁的城市数目进行统计(图 5-3)。

1950 年以前开通地铁的城市数目较少，其中两次世界大战对地铁的建设产生了较大的影响。进入 20 世纪中叶，地铁的建设开始加速，新开通地铁的城市数量不断增加，地铁建设的重点地区也不断变化。1863—1900 年，新开通地铁的城市仅有 7 个，主要集中在欧洲以及北美洲的美国；而在 20 世纪前 50 年里，新开通地铁的城市数量一共只有 13 个，但是建设的重点地区已经开始变化，亚洲取代北美洲成为地铁建设的重点地区。而在 20 世纪后半叶，新建地铁城市的数量急剧上升，从 1951—1975 年新增 30 个到 1976—2000 年新增 62 个。在 2000 年后仅 3 年时间里，新增地铁的城市就有 9 个。欧洲一直是地铁建设的重要地区，这在很大程度上得益于欧洲的经济发展水平和公共交通政策。随着 20 世纪 50 年代以后许多第三世界国家的独立以及经济发展，地铁开发热点地区开始转向亚洲、南美洲等经济起飞的发展中国家和地区。

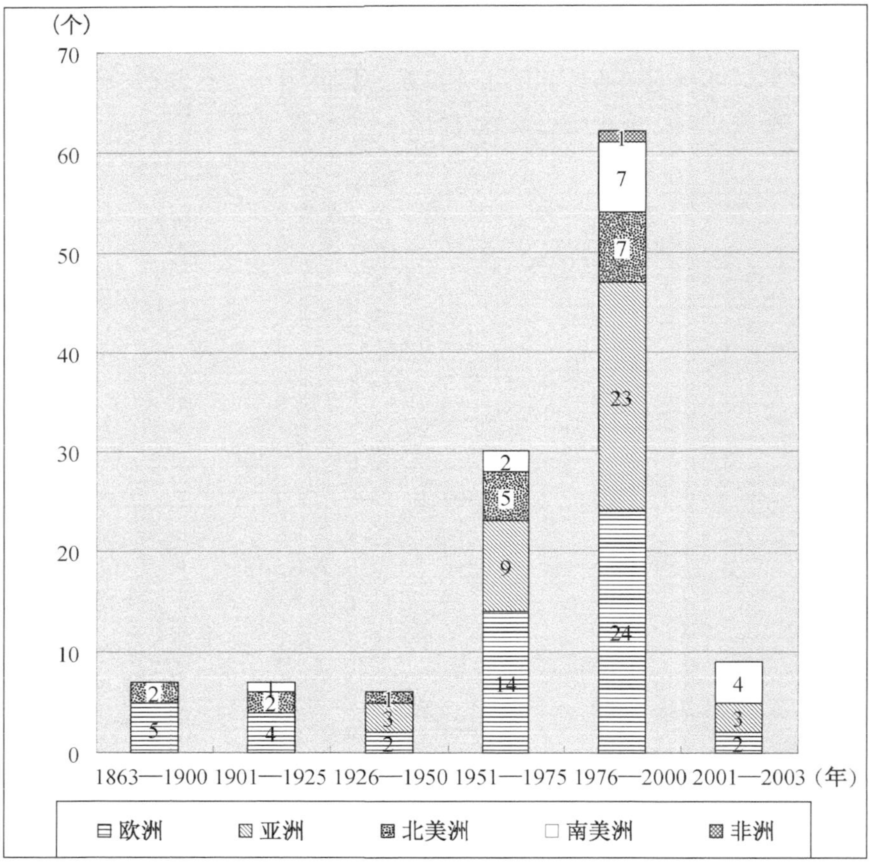

图 5-3　1863—2003 年世界地铁建设时序图

2）地铁建设的空间差异

地铁建设不仅在时间上有所波动，在空间分布上也表现出非均衡性。以大洲为单位，对各地区的地铁城市数目、总通车里程、城市平均通车里程以及地铁规模的标准差进行统计分析，结果如表 5-1 所示。

表 5-1　2003 年世界各大洲地铁规模情况

	修建地铁的城市数目(个)	总通车里程(km)	平均通车里程(km)	地铁规模标准差(km)
欧洲	51	3 161.20	61.98	76.28
亚洲	38	2 150.80	56.60	58.29
北美洲	17	1 677.00	98.65	97.47
南美洲	14	452.50	32.32	14.57
非洲	1	62.00	62.00	0.00

就世界范围来看，欧洲是地铁总通车里程最长的地区。欧洲的地铁建设有着悠久的历史，截至 2003 年年底修建地铁的城市共有 51 个，约占全世界地铁城市数目的 42%，其总通车里程超过 3 000 km，约占全世界总通车里程的 42%。但是欧洲各城市之间地铁的通车里程差异较大，其地铁规模的标准差为 76.28 km。

虽然亚洲的地铁建设起步较晚，但是发展迅速，其总通车里程已经超过 2 000 km，居第二位。由于亚洲大部分地区建设地铁的历史较短，因此城市间地铁的通车里程差异较小，地铁规模的标准差为 58.29 km。随着亚洲的经济持续高速发展以及人口向城市的进一步集聚，亚洲修建地铁的城市数目会继续增加，其总通车里程也将持续上升。

北美洲是修建地铁最早的地区之一，但是随着城市公共交通政策的转变以及政府对私人交通工具的鼓励，在以后的城市交通发展中地铁将会受到冷落。北美洲地区一共修建地铁的城市有 17 个，平均通车里程为 98.65 km，但是城市之间地铁规模的标准差为 97.47 km，显示不同地铁系统的规模差距较大，这除了受到城市规模以及城市交通现状等因素的影响外，城市政府之间在地铁发展政策方面存在差异也是一个重要原因。

南美洲的地铁建设起步也比较晚，截至 2003 年共有 14 个城市修建了地铁。其总通车里程为 452.50 km，平均通车里程为 32.32 km，由于大部分城市的地铁建设历史较短，因此城市间地铁规模的差异小。但是南美洲的地铁建设仍然有很大的发展空间和开发潜力。

根据本书地铁样本的选取标准，开罗地铁是 2003 年以前非洲唯一的城市地铁系统，开通于 1987 年，通车里程为 62 km，但由于社会经济条件以及自然环境等原因，非洲的地铁建设与发展仍然面临许多困难。

3）地铁的网络发育程度和网络等级结构

本书采用连接率(β)、环路指数(μ)、实际成环率(α)以及实际结合度(γ)四个指标来分析世界地铁的网络发育程度。其中连接率(β)和环路指数(μ)是反映网络连接程度的指标，而实际成环率(α)和实际结合度(γ)是反映网络扩展潜力的指标。β 是网络边数 e 与网络节点数 v 之间的比值，反映每个节点平均连接的线路数。当 β 小于 1 时，网络呈树状网络结构；当 β 大于 1 时，网络呈回路网络结构。μ 表示网络环路数，网络越发达，μ 值越大。α 表示环路指数与最大可能环路数的比值，反映实际成环的水平，$1-\alpha$ 表示其成环的潜力。γ 反映线路的实际结合水平，其值越小，结合潜力越大。e 为网络的边数，υ 为网络的节点数，p 为网络的子图数。计算公式分别为：

$$\beta = e/\upsilon$$
$$\mu = e - \upsilon + p$$
$$\alpha = (e - \upsilon + p)/(2\upsilon - 5)$$
$$\gamma = e/[3(\upsilon - 2)]$$

对比分析反映网络发育程度的指标可以发现，各地区地铁在网络结构上同样存在差异(表 5-2)。欧洲和北美洲的网络连接程度总体上要优于亚洲和南美洲，但是亚洲和南美洲在网络扩展潜力方面要好于欧洲和北美洲。进一步分析各地区地铁的网络指标，欧洲和北美洲的地铁网络结构大部分已经发育为回路网络结构，但是亚洲和南美洲仍然处于树状网络结构向回路网络结构的过渡中。从网络的环路数来看，最优的是北美洲地区，达到 7.765；而南美洲网络的成环水平较差，仅为 0.571，仍然有较大的扩展潜力。从现状的网络发育程度来看，欧洲的地铁网络是最优的，而亚洲的地铁网络则有较大的网络扩展潜力。此外，地区内部各城市之间地铁系统的网络发育程度呈现出非均衡性，在网络连接程度方面，亚洲地区城市之间地铁结构的差异最为突出；而在网络扩展潜力方面，欧洲地区则最为不均衡。

表 5-2　2003 年各地区地铁网络的成熟度指标值比较

地区	样本数 N(个)	网络连接程度指标				网络扩展潜力指标			
		连接率 β		环路指数 μ		实际成环率 α		实际结合度 γ	
		平均值	标准差	平均值	标准差	平均值	标准差	平均值	标准差
欧洲	51	1.040	0.153	5.628	9.681	0.051	0.082	0.384	0.048
亚洲	38	0.981	0.788	4.053	12.741	0.014	0.027	0.361	0.020
北美洲	17	1.025	0.086	7.765	15.522	0.033	0.047	0.364	0.028
南美洲	14	0.947	0.067	0.571	1.604	0.007	0.019	0.365	0.023

各地区地铁系统在地铁规模和网络成熟程度方面存在差异。以地铁的属性指标组和网络指标组作为变量，对 121 个地铁样本进行聚类分析，探讨不同类别城市地铁系统的属性与网络特征，结果如表 5-3 所示。

表 5-3　2003 年各类城市地铁系统主要指标值表

类别	数目(个)	代表城市	一级指标	二级指标	最小值	最大值	平均值	标准差
第一类城市地铁系统	10	伦敦、巴黎、纽约、芝加哥、马德里、东京、柏林、首尔、莫斯科、墨西哥城	属性指标变量	L(km)	145.00	415.00	250.10	92.21
				M(个)	149.00	469.00	245.00	110.20
				N(条)	8.00	14.00	10.70	1.95
			网络指标变量	β	1.05	1.30	1.16	0.10
				μ	11.00	64.00	35.90	18.02
				α	0.03	0.16	0.08	0.05
				γ	0.35	0.44	0.39	0.03

续表 5-3

类别	数目(个)	代表城市	一级指标	二级指标	最小值	最大值	平均值	标准差
第二类城市地铁系统	4	雅典、维也纳、斯图加特、哥本哈根	属性指标变量	L(km)	22.00	108.00	58.50	36.65
				M(个)	23.00	52.00	40.00	12.52
				N(条)	2.00	12.00	5.50	4.51
			网络指标变量	β	1.24	1.61	1.41	0.17
				μ	12.00	27.00	16.75	6.95
				α	0.15	0.42	0.26	0.12
				γ	0.43	0.59	0.50	0.07
第三类城市地铁系统	107	北京、上海、中国香港、大阪、米兰、布鲁塞尔、洛杉矶、温哥华、蒙特利尔、圣保罗等	属性指标变量	L(km)	2.00	164.00	44.57	36.44
				M(个)	6.00	117.00	37.42	28.40
				N(条)	1.00	9.00	2.58	1.63
			网络指标变量	β	0.83	1.23	0.98	0.07
				μ	0.00	9.00	1.46	2.27
				α	0.00	0.25	0.02	0.03
				γ	0.34	0.48	0.36	0.02

注:L 为地铁规模;M 为地铁站点数目;N 为地铁线路数目;β 为连接率;μ 为环路指数;α 为实际成环率;γ 为实际结合度。

第一类城市地铁系统包括伦敦、巴黎、纽约、东京等 10 个城市的地铁系统。其规模介于 145—415 km,样本之间规模的标准差为 92.21 km,样本之间的波动性大。其站点数目介于 149—469 个,线路数目介于 8—14 条。分析此类别地铁的网络指标,其反映网络连接程度的指标连接率(β)和环路指数(μ)的值都比较高,连接率(β)的均值为 1.16,显示该类地铁系统已经完全发展为回路网络结构;同时环路指数(μ)的均值为 35.90,表示网络连接程度较好。反映网络扩展潜力的指标实际成环率(α)和实际结合度(γ)值比较小,实际成环率(α)的均值为 0.08,成环潜力为 0.92,表示网络仍然有很高的成环潜力;实际结合度(γ)的均值为 0.39,表示网络的结合潜力较大。总的来说,这类地铁的规模较大,网络已经完全过渡为回路网络结构,网络的连接程度好,但是仍然有很高的网络扩展潜力。

第二类城市地铁系统包括雅典、哥本哈根、斯图加特和维也纳 4 个城市的地铁系统。其规模介于 22—108 km,样本规模的平均值为 58.50 km。其站点数目介于 23—52 个,而线路数目介于 2—12 条。分析此类地铁的网络指标,其反映网络连接程度的指标连接率(β)和环路指数(μ)的值都比较高，连接率(β)的均值为 1.41，表示地铁网络已经完成由树状结构向回路结构过渡；环路指数(μ)的均值为 16.75，显示网络发达，但是其成熟程度要低于第一类地铁。反映网络扩展潜力的指标实际成环率(α)和实际结合度(γ)的均值分别为 0.26 和 0.50，其值均高于第一类城市地铁系统，显示第二类地铁网络的扩展潜力要低于第一类地铁，地铁网络的网络成环潜力和网络结合潜力一般。总的来说，该类地铁系统的总体规模比第一类地铁系统小，其网络的发育程度较好，已经完成由树状网络结构向回路网络结构的转换，并且网络的连接和成环程度较好，但是扩展潜力一般。

第三类城市地铁系统包括北京、中国香港、大阪、米兰、布鲁塞尔等 107 个城市的地铁系统，大多数城市的地铁系统都是属于这一类别。其地铁规模介于 2—164 km，均值为 44.57 km，总体样本的标准差为 36.44 km，样本之间的波动性较小。这类地铁的站点数目介于 6—117 个，线路数目介于 1—9 条。其反映网络连接程度的指标连接率(β)和环路指数(μ)的值都比较低，连接率(β)的均值为 0.98，不足 1，显示该类地铁系统中大部分城市的地铁网络呈现树状结构；环路指数(μ)的均值仅为 1.46，远低于其他两类地铁系统，网络仍处于发展阶段，其成熟程度较低。反映网络扩展潜力的指标实际成环率(α)和实际结合度(γ)的均值分别为 0.02 和 0.36，都处于较低水平，显示这类地铁系统目前的网络成环和结合水平较低，仍然有较大的开发潜力。总的来说，这类地铁的规模普遍较小，同时地铁网络处于较低的等级水平，网络发育程度低，大部分地铁网络处于由树状网络结构向环状网络结构转化的阶段，地铁网络具有很高的成环潜力和结合潜力。

4) 地铁建设规模的影响因素分析

地铁建设是一项浩大的工程，受城市交通需求、城市规模形态、城市社会经济发展水平和国家政策等诸多因素的影响。本书通过对 109 个城市的人口规模、用地规模与地铁建设规模的回归分析，对影响城市地铁建设的两大因素——城市人口规模和城市用地规模进行讨论。由表 5-4 可知，地铁建设规模与城市人口规模的相关性较高，其相关系数为 0.467，通过显著性概率水平为 0.01 的检验。地铁建设规模与城市用地规模的相关系数为 0.215，通过显著性概率水平为 0.05 的检验。进一步对三个变量进行回归分析，结果如表 5-5 所示。

表 5-4　城市地铁建设规模与城市人口规模和城市用地规模的关系

	项目	城市人口规模	城市用地规模
地铁建设规模	皮尔逊相关系数	0.467**	0.215*
	双尾检验显著性	0.000	0.025

注：** 表示相关系数的显著性概率水平为 0.01；* 表示相关系数的显著性概率水平为 0.05。剔除 12 个缺少城市用地规模数据的样本，此分析的样本数为 109 个。

表 5-5　城市地铁建设规模与城市人口规模和城市用地规模的回归分析

	回归方程		F 检验统计量观测值	概率 P 值
地铁建设规模与城市人口规模的回归方程	$L=30.165+7.727P^{***}$	(a)	29.806	0.000
地铁建设规模与城市用地规模的回归方程	$L=58.497+0.004S^{*}$	(b)	5.173	0.025
地铁建设规模与城市人口规模、城市用地规模的回归方程	$L=29.828+0.001S+7.456P^{***}$	(c)	14.899	0.000
	$L=30.165+7.727P^{***}$	(d)	29.806	0.000

注：*** 表示相关系数的显著性概率水平为 0.001；* 表示相关系数的显著性概率水平为 0.05。剔除 12 个缺少城市用地规模数据的样本，此分析样本数为 109 个，其中，二元回归方程 c 采用全部进入策略(Enter)，回归方程 d 采取逐步回归策略(Stepwise)，样本数为 109 个。其中 L 为地铁建设规模；P 为城市人口规模；S 为城市用地规模。

地铁建设规模与城市人口规模的回归方程的拟合程度很好，回归方程通过了显著性概率水平为 0.001 的检验；地铁建设规模与城市用地规模的回归方程的拟合效果较好，回归方程通过了显著性概率水平为 0.05 的检验；以全部进入策略(Enter)建立起来的地铁建设规模与城市人口规模、城市用地规模的二元回归方程，通过了显著性概率水平为 0.001 的检验，很好地拟合了三者之间的关系。进一步采用逐步回归策略(Stepwise)，城市用地规模由于对方程的解释性较弱被剔除出二元回归方程，因此方程转变为地铁建设规模与城市人口规模的一元回归方程。城市用地规模对二元回归方程的解释贡献不显著。

通过以上分析，对城市地铁建设规模产生较大影响的是城市人口规模，而城市用地规模对其的影响相对较小。在大多数城市中，城市用地规模对城市地铁建设规模并不起决定性作用，在建设地铁时更多的是基于对城市人口规模(即人口所产生的交通需求)的考虑。

进一步探讨前文所述聚类后的各类城市地铁系统中地铁建设规模与城市人口规模、城市用地规模之间的关系(表 5-6)。第一类城市地铁系统的建设规模与城市人口规模的相关系数仅为 0.179，远低于其与城市用地规模的相关系数 0.515。对于系统网络发育成熟、规模庞大的第一类城市地铁系统，城市用地规模的增长对地铁建设规模的影响要强于城市人口规模增长的影响。当城市地铁系统发展到成熟阶段，城市用地规模将是影响地铁建设规模的重要因素。第二类城市地铁系统的建设规模与城市人口规模、城市用地规模呈现弱的负相关性，显示该类地铁系统的建设规模受城市人口以及城市用地规模的影响较小，地铁建设规模的增长不取决于人口规模和用地规模的增长，甚至还会在一段时间内出现停滞现象。第三类城市地铁系统的建设规模与城市人口规模、城市用地规模的相关性也较低，地铁建设规模与城市人口规模的相关性要强于地铁建设规模与城市用地规模的相关性。结果显示，对于高等级地铁系统，用地规模是影响地铁建设规模的主要因素，而低等级地铁系统与人口规模的关系更为紧密。

表 5-6　各类城市地铁系统的相关分析

	样本数(个)	项目	地铁建设规模与城市人口规模相关性	地铁建设规模与城市用地规模相关性
第一类城市地铁系统	10	皮尔逊相关系数	0.179	0.515
		双尾检验显著性	0.620	0.129
第二类城市地铁系统	4	皮尔逊相关系数	−0.515	−0.067
		双尾检验显著性	0.485	0.933
第三类城市地铁系统	95	皮尔逊相关系数	0.288**	0.028
		双尾检验显著性	0.005	0.791

注：** 表示相关系数的显著性概率水平为 0.01。其中第三类城市地铁系统共有样本 107 个，剔除 12 个城市用地规模数据缺失的样本，该类地铁系统相关分析中的样本数为 95 个。

5.2.2　世界城际轨道交通的发展规律

1）城际轨道交通的时空与网络

城际轨道交通是指服务于城市区域的网络化快速轨道交通系统，采取小编组、高密度、公共交通化运行的行车组织方式，主要承担沿线各城市和主要中心城镇之间的客流，并兼顾各城市组团和次中心城镇之间的客流。城际轨道交通主要包括三种技术类型，即轻轨、通勤(市郊)铁路和高速铁路。

20 世纪 70 年代开始，城际轨道交通逐渐成为欧洲和北美洲各大都会区解决客运交通问题的重要方式，并被越来越多的国家和地区采用。本书在世界范围内选取 251 个城际轨道交通样本，包括轻轨样本 102 个，通勤(市郊)铁路样本 139 个，高速铁路样本 10 个(图 5-4)。由于轻轨和高速铁路并不一定属于城际轨道交

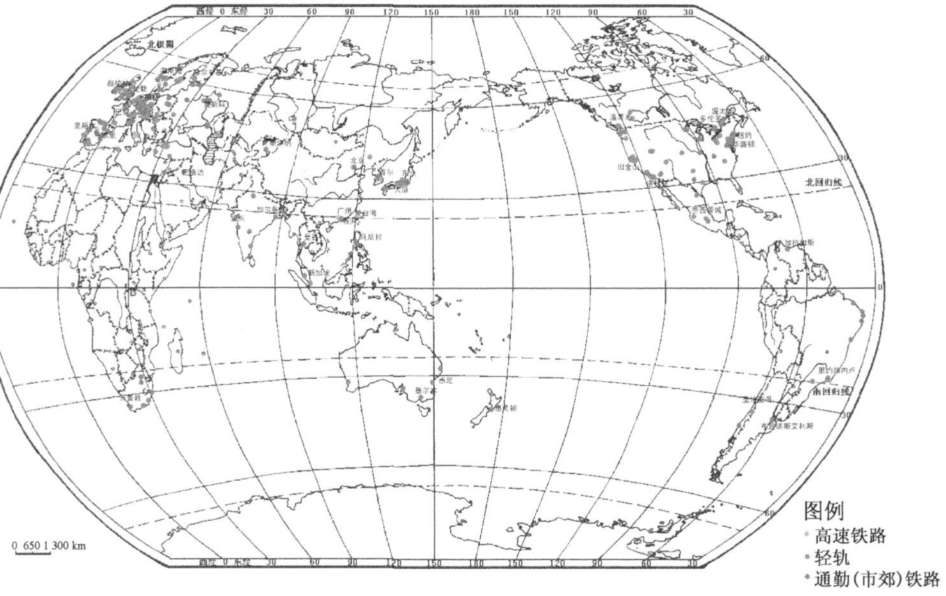

图 5-4　2009 年世界区域城际轨道交通分布示意图

通的范围，但在实际统计中又难以将这些类型剥离出来，因此，本书分别进行总体样本和分类样本分析，对照显示，误差很小，对结果影响不大。本书研究的基础数据包括城际轨道交通的开通时间、通车里程、站点数目、线路数目、轨道交通图、所覆盖大都会区的人口规模、土地规模和经济规模等。

就所收集的255个城际轨道交通样本而言，区域城际轨道交通最早为1834年建设于美国纽约的通勤(市郊)铁路，将1834—2010年这100多年划分为6个时间段，对各阶段开通的轨道交通项目进行统计，结果如图5-5和图5-6所示，从中可以发现：在城际轨道交通中，通勤(市郊)铁路开始建设的时期最早，即从19世纪30年代就开始了建设，而轻轨建设开始于19世纪中期，高速铁路则最早建设于1964年。区域城际轨道交通随着时间的发展，技术不断进步，速度也不断提高，但轻轨和通勤(市郊)铁路仍占主导地位。

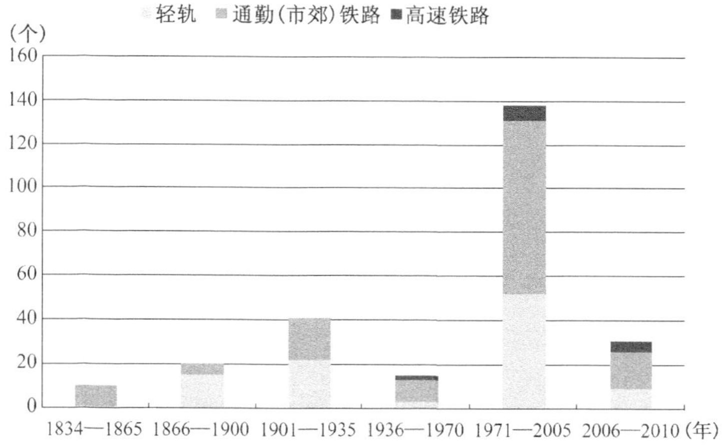

图5-5　世界城际轨道交通建设时序图

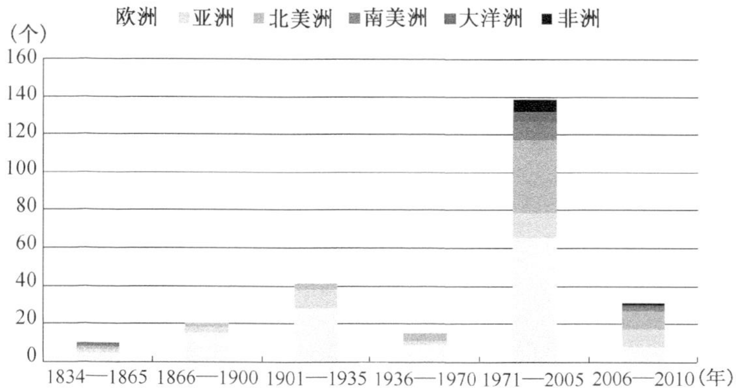

图5-6　世界城际轨道交通建设分布图

从发展历程来看，1970年前除了两次世界大战期间，城际轨道交通的建设处于停滞状态以外，发展基本保持平稳。但是，第二次世界大战以后，汽车技术得到改进，高速公路大量建成，民航普及，铁路运输走下坡路，世界出现了拆除轻轨系统的风潮，除了欧洲大陆仍然保持建设轻轨以外，英国、北美洲、新西兰等地都陆续拆除已建的轻轨。到了20世纪60年代初，各地的轻轨系统被拆除殆尽，但是在60年代末期，一些规划师开始意识到交通机动化和公共交通边缘化所带来的弊端，包括交通拥挤、城市中心衰退、环境污染严重等。于是，欧洲大陆以公共交通为主的城市给了规划师以启示。到了1970年以后，区域城际轨道交通重现建设高潮，尤其是轻轨交通的建设。根据样本统计，1970年后建设的轨道交通项目多达169个，约占总样本量的2/3，尤其是2 000年以后，建设项目多达61个，约占总样本量的1/4。

从地域分布来看，欧洲一直是区域城际轨道交通建设的重点地区，1970年开始，北美洲也成为重点发展地区，其城际轨道交通项目的数量仅次于欧洲，其他地区包括众多发展中国家的城际轨道交通建设项目也逐渐增多。以非洲为例，大量的轻轨项目正在建设，中国的高速铁路也在飞速发展，有人称中国将成为未来世界“高速铁路的领跑者”。

从空间分布来看，各地区在城际轨道交通发展水平上存在差异。欧洲的城际轨道交通项目数量最大，占世界总量的一半以上，总通车里程也最长，约27 006 km，除通勤(市郊)铁路长度略低于亚洲以外，轻轨、高速铁路均居世界首位。亚洲的区域轨道交通在数目上虽然少于北美洲，但其通车总里程近23 850 km，居世界第二位，其高速铁路的发展规模也仅次于欧洲。除了日本的区域城际轨道交通发展较早且规模较大以外，亚洲的其他很多国家和地区都还在积极地发展区域城际轨道交通，尤其是中国，未来将会成为亚洲轨道交通重点发展的地区之一。北美洲在区域轨道交通项目上居第二位，但规模上小于欧洲和亚洲，排名第三，这与其小汽车交通发达，重视高速公路，而对轨道交通发展不够重视有关。美国的高速铁路相对滞后，在美国，时速在127 km以上即可称为高速；而在欧洲和日本，高速则意味着要在320 km以上。新提出的美国高速铁路计划，将引来未来北美洲高速铁路的迅速发展。南美洲、大洋洲和非洲的区域城际轨道交通发展相对较晚，规模也较小，但未来仍有很大的发展空间。目前，非洲有大量的城际轨道交通项目处于建设或规划阶段，2010年以来已有大量项目投入使用(表5-7)。

表5-7　2009年世界各地区城际轨道交通规模概况

	项目数量(个)				总通车里程(km)			
	合计	轻轨	通勤(市郊)铁路	高速铁路	合计	轻轨	通勤(市郊)铁路	高速铁路
欧洲	129	53	68	8	27 005.78	1 855.20	19 201.78	5 948.80
亚洲	39	14	19	6	23 849.99	276.06	20 032.03	3 541.90
北美洲	60	32	28	—	10 149.00	1 506.90	8 642.10	—
南美洲	13	2	11	—	2 097.80	52.90	2 044.90	—
大洋洲	7	—	7	—	3 877.00	0.00	3 877.00	—
非洲	7	1	6	—	2 674.00	23.00	2 651.00	—

从网络特征来看，各地区的城际轨道交通网络发展水平存在差异。其中，连接率最高的是欧洲，达 1.132，说明平均每个节点连接的线路数超过 1 条，网络呈回路网络结构，但区域发展的均衡性也相差较大。其次是非洲的连接率较高，这与样本量偏少有关。再次是亚洲和大洋洲，都超过了 1。但北美洲和南美洲的网络连接率都低于 1，说明网络的连接程度总体而言较低，大多呈树状结构。从环路指数来看，与连接率类似，欧洲的网络成环水平最高，达到 15.537，南美洲的成环水平最低，仅为 0.692。从区域内部差异性来看，欧洲和亚洲的不均衡性最大，其次是非洲，而大洋洲和南美洲的内部差异最小。从网络发展潜力来看，南美洲和大洋洲的扩展潜力较大，而欧洲的内部差异性较大(表 5-8)。

表 5-8　世界各地区城际轨道交通网络发展程度的指标比较

地区	样本量(个)	连接率		环路指数		实际成环率		实际结合率	
		平均值	标准差	平均值	标准差	平均值	标准差	平均值	标准差
北美洲	60	0.973	0.101	1.950	4.601	0.016	0.039	0.368	0.032
大洋洲	7	1.015	0.025	2.571	1.618	0.014	0.015	0.347	0.011
非洲	7	1.103	0.166	12.571	17.756	0.065	0.081	0.383	0.052
南美洲	13	0.946	0.044	0.692	2.213	0.001	0.004	0.357	0.016
欧洲	121	1.132	0.680	15.537	64.850	0.093	0.364	0.411	0.236
亚洲	33	1.035	0.327	6.212	21.901	0.044	0.166	0.381	0.110

注：由于高速铁路整体网络为全国范围，样本中排除了高速铁路样本。

2）城际轨道交通规模的影响因素

本书选取城际轨道交通的长度(L)作为衡量区域城际轨道交通规模的指标，选取大都会区人口规模(P)、用地规模(S)、经济规模 GDP 总量(G)作为区域社会与经济指标，对 254 个城际轨道交通的总体样本(其中 1 个样本缺区域人口、用地数据)进行相关分析。由于部分轻轨和高速铁路不在区域城际轨道交通的范畴内，为了减少误差，本书选取 7 类样本进行相关分析，以便相互对照、检验，包括对轻轨、通勤(市郊)铁路、高速铁路的逐类分析和两类合并分析，得到的结果如表 5-9 所示。

表 5-9　城际轨道交通规模与大都会区人口、用地和经济规模的相关关系

	样本选取(样本量)	项目	区域人口规模(P)	区域用地规模(S)	区域经济规模(G)
区域城际轨道交通长度(L)	总体样本(254 个)	皮尔逊相关系数	0.418**	0.407**	0.422**
		双尾检验显著性	0.000	0.000	0.000
	轻轨样本(102 个)	皮尔逊相关系数	−0.056	0.148	0.105
		双尾检验显著性	0.579	0.138	0.295

续表 5-9

	样本选取（样本量）	项目	区域人口规模（P）	区域用地规模（S）	区域经济规模（G）
区域城际轨道交通长度（L）	通勤（市郊）铁路样本（138 个）	皮尔逊相关系数	0.426**	0.342**	0.383**
		双尾检验显著性	0.000	0.000	0.000
	高速铁路样本（14 个）	皮尔逊相关系数	0.634*	0.800**	0.796**
		双尾检验显著性	0.015	0.001	0.001
	轻轨、通勤（市郊）铁路样本（240 个）	皮尔逊相关系数	0.368**	0.334**	0.344**
		双尾检验显著性	0.000	0.000	0.000
	轻轨、高速铁路样本（116 个）	皮尔逊相关系数	0.655**	0.705**	0.764**
		双尾检验显著性	0.000	0.000	0.000
	通勤（市郊）、高速铁路样本（152 个）	皮尔逊相关系数	0.432**	0.408**	0.431**
		双尾检验显著性	0.000	0.000	0.000

注：** 表示相关系数的显著性概率水平为 0.01；* 表示相关系数的显著性概率水平为 0.05。

由以上数据可知，除了轻轨样本单独分析的相关性很弱以外，其余相关性都较高，均超过 0.3，有些甚至达到 0.7 以上，并且通过了显著性概率水平 0.01 或 0.05 的检验。总体样本的统计显示，城际轨道交通的规模与大都会区经济规模的相关系数最高，相关系数达到 0.422；其次是人口规模，相关系数为 0.418；而用地规模的影响相对较小，相关系数为 0.407，均通过了显著性概率水平 0.01 的检验。

进一步对相关的样本进行回归分析，除去只包含轻轨的样本，对余下六类样本分别建立回归模型，先采用全部进入策略（Enter），再采取逐步回归策略（Stepwise），得到的结果如表 5-10 所示。

表 5-10　城际轨道交通规模与大都会区人口、用地和经济规模的回归分析

样本选取	回归方程	模型	判定系数 R^2	F 检验统计量观测值	概率 P 值
总体样本	$L=87.205+0.168P+0.024G+0.059S^{***}$	(a)	0.214	22.674	0.000
	$L=138.001+0.104G^{***}$	(b)	0.178	54.592	0.000
	$L=108.086+0.066G+0.060S^{***}$	(c)	0.202	31.832	0.000

注：*** 表示相关系数的显著性概率水平为 0.001。通过对不同类型样本的回归分析，一共可建立 16 个回归方程，表中选取的是基于总体样本建立的回归方程。判定系数 R^2 的值偏低主要是因为选取的变量较少，只包括区域人口、用地和经济变量，而影响城际轨道交通规模的因素还有区域内的许多其他因素，如政策、投资、技术、自然条件等，但本书重点研究的是区域轨道交通规模与区域社会、经济背景之间的关系，故其他因素对本书的研究影响不大。

考虑到城际轨道交通的规模除了受大都会区社会、经济总量的影响以外，还与人口密度、人均 GDP 等人均和地均指标有关。因此，本书消除人口和用地的影响，对人口密度(P/S)、人均GDP(G/P)与人均城际轨道交通长度(L/S)和地均城际轨道交通长度(L/P)的相关性做进一步分析。结果显示，人均城际轨道交通长度(L/P)与人均GDP(G/P)呈正相关，相关系数为0.172，通过了显著性概率水平0.01的检验，与人口密度(P/S)呈负相关。而考察地均城际轨道交通长度(L/S)与人口密度(P/S)、人均GDP(G/P)之间的关系发现，其相关性却并不显著(表5-11)。可见，区域轨道交通的人均发展水平同时受到经济发展水平和人口密度的影响，即经济发展水平高的地方，人均轨道交通里程较长，而人口密度高的地方，区域轨道交通的密度反而低。

表5-11 城际轨道交通密度与大都会区人口密度、人均GDP的相关关系

	项目	区域人口密度(P/S)	区域人均GDP(G/P)
区域人均城际轨道交通长度(L/P)	皮尔逊相关系数	−0.162**	0.172**
	双尾检验显著性	0.010	0.006
区域地均城际轨道交通长度(L/S)	皮尔逊相关系数	0.064	0.041
	双尾检验显著性	0.311	0.516

注：** 表示相关系数的显著性概率水平为0.01；* 表示相关系数的显著性概率水平为0.05。

进一步进行回归分析，同时建立线性模型、指数模型和三次函数模型，对比三类模型，发现指数模型的解释量最大，且通过显著性概率水平0.001的检验，因此确定指数模型为人均轨道交通规模的匡算模型(d)和模型(e)(表5-12)。

表5-12 城际轨道交通人均规模与大都会区人口密度、人均GDP的回归分析

	回归方程	模型	判定系数 R^2	F 检验统计量观测值	概率 P 值
指数	$L/P=0.228e^{0.230(G/P)}$ ***	(d)	0.053	14.034	0.000
模型	$L/P=0.828e^{-1.152(P/S)}$ ***	(e)	0.137	40.056	0.000

注：*** 表示相关系数的显著性概率水平为0.001。

5.3 世界轨道交通站点及其周边地区发展

自18世纪60年代以来，随着英国工业革命的开始，世界上第一条铁路在英国诞生，开创了世界运输史上新的一页。19世纪末期，随着工业革命的逐步发展，铁路和火车站日益成为工业化城市基础服务设施的重要组成部分，其后修建了许多大型火车站，极大地促进了城市的快速发展，同时还形成了以火车站为中心的城市次中心区域。对火车站与其周边环境关系的研究日益引起西方城市和交通学界的重视。早在1956年，英国学者卡罗尔·米克就在其经典著作《火车站》一书中提出了早期车站一般都建设在城市的边缘，并对城市和区域的发展起到巨大的促进作用。其后的贝尔托里尼(Bertolini)、王尔德(Wilde)、彼得(Peter)、安德烈(Andre)、史蒂文(Steven)等一大批著名的城市和交通领域的学者也就火车站地区的土地利用和空间结构、火车站与经济发展以及火车站对周边地区的社会影响等方面展开了深入的研究探讨。但后来,由于公路运输的巨大发展,铁路运输逐渐萎缩,相关研究也逐渐减少。直到20世纪末,由于人们对生态的关注和新的铁路技术的发展,铁路车站逐渐复苏,相关研究才日益增多。本书主要针对轨道交通站点中火车站与城市、区域发展关系研究的主要观点和内容进行回顾和阐述。

5.3.1 火车站地区土地利用结构和形态

20世纪,铁路交通是城市空间增长的重要方式,而火车站则成为城市发展的重要节点。众多学者就火车站建设与其周边的土地结构和形态展开了多方面研究。

赛维罗(Cervero, 1992)提出运输能够使一个城市利用市场的力量来增强火车站地区的土地利用密度,从而有利于创造出更多有效率的次中心,同时还可以减弱城市的空间扩张。彼得(Peter)于1996年在对北美洲的范库弗峰的案例研究中发现火车站地区出现了不同功能用地的综合,包括商业、办公、居住、零售和市场基础设施等,同时还指出,火车站地区高速公路的缺乏,往往会增强火车站地区的吸引力,进而有利于火车站地区的居住用地和商业用地的发展。史蒂文(Steven)于1999年就公共交通对土地利用的影响进行了研究,他把交通设施建设对土地利用的影响归结为三类:第一类是直接的交通影响,即可达性的改善;第二类是间接影响,即辅助政策的实施;第三类是次要影响,即动力和促进力。史伦森(Sorensen,2000)在对火车站地区土地利用的研究过程中,逐渐形成了火车站地区圈层式的横向空间结构理论,他将火车站地区分为三个圈层:首先是最核心圈层式车站中心区(Station Centred),主要包括车站本身及其相邻区域;其次是步行合理区(Station Walkable),主要是车站中心区外围,即与车站主要以步行方式衔接的区域;最后是汽车外围区(Automobile Oriented),主要是指步行合理区外围,即与车站以搭乘小汽车等交通方式衔接的区域,一般没有确定的外围边界。贝尔托里尼(Bertolini)于2005年通过对荷兰火车站的应用研究,提出了"可持续通达性"的概念框架,即使车站地区的经济、社会和环境目标能够联系起来,从而达到火车站与地区土地利用规划整合的目的。在对中国火车站地区的研究中,张小星(2001)指出由于火车站地区在土地利用功能、空间、交通构成上存在核心—扩展的组合关系,形成了火车站地区以圈层分布的空间结构形态,即核心枢纽区、枢纽外围区和扩散影响区,并在对广州火车站地区的研究中把火车站地区的土地利用功能划分为交通枢纽功能、交通配套功能和城市功能(主要包括商业、旅业、办公、居住和城市公共服务等)。武廷海(2002)就大型基础设施对区域形态的影响研究做了一个研究评述,提出了大型基础设施建设影响区域的形态变化至少有两种途径:一是大型基础设施建设带来区域空间的结构性变化,从而带来区域形态的演变;二是大型基础设施建设带来区域可达性变化，区域产业结构随之变迁，最终导致区域形态的变化。

与此同时，部分学者还对火车站地区的纵向空间利用进行了研究。戈埃尔等人(Goel et al, 1999)指出在大都市的火车站地区可利用地下空间建设大型的商品城是世界的共同趋势。塞巴斯蒂安(Sebastiaan)于 2004 年指出火车站地区的空间利用效率、功能多样性和环境状况是火车站地区发展的关键。刘等人(Lau et al, 2005)以九龙交通城(Kowloon Station)为例进行研究并提出了火车站地区综合交通体的基本模式。

也有学者关注对火车站站前广场交通、管理和经营模式的研究。李勇(2000)以广州火车站为例，对站前地区人流的交通设计进行了完整的系统性研究，在分析火车站地区的人流构成及其特点的基础上提出火车站地区人流交通设计的要求，即解决大量人流的迅速集散、符合人流量巨大的周期性变化的特点、解决大量的车流与人流的分离，并归纳总结出火车站站前地区三种人流交通模式，即平面分流模式、立体或半立体分流模式、综合交通体模式。黄建中(2002)以无锡火车站为例，提出孤立地考虑车站地区交通组织的影响是不够的，必须综合研究该地区的土地利用、规划布局、交通设施供应、多种交通方式的构成及交通需求的预测，另外还应做出交通影响分析评价。此外，王望(2003)还对中国大型铁路旅客站站前集散空间的建设模式进行了探索式研究，提出应当把火车站的站前集散空间视为城市资产(土地资本)的一部分，运用"经营城市"的理念探寻合理的建设模式，最终将站前区域建设成为一个积极的城市公共空间。

5.3.2 火车站与地区经济社会发展

火车站的建设加强了城市和车站地区与外面的人流、物流和信息流，有利于城市的工业、商业以及物流业等产业的发展，同时还更易于吸引优秀人才，从而对地区经济发展产生深刻的影响。1997 年，克里斯托弗(Christopher)以亚特兰大铁路车站为例分析了车站对地区的经济影响，主要是通过调查车站地区的人口及其就业状况建立模型，然后分析其经济效果。研究发现车站没有带来可辨别的效果，但改变了车站地区的人口就业结构。2003 年，程姜权(Jiangquan Cheng)以中国武汉的汉口火车站为例，指出火车站的建设不仅增强了火车站地区的交通中心地位，而且由于其系统通达性的增强，大大改善了火车站地区的投资环境，从而吸引了大量的国外投资，使火车站地区的土地价值得以实现。2004 年，塞巴斯蒂安(Sebastiaan)在伦敦的案例研究中发现信息技术的发展为火车站周边办公业的发展创造了条件，同时他还指出在火车站周边开发房地产是政府增加财政收入的有效来源。

火车站是现代城市的一项大型基础设施，车站的有效运营能有效地提高城市的通达性和可进入性，从而可以直接扩大城市的潜在消费市场和需求市场，同时，车站还可以间接地改变人们的出行和消费行为。2001 年，大卫(David)就铁路车站建设对周边居民的财产价值的关系进行了定量研究，指出车站建设有利于减少周边居民交通花费和吸引零售业向车站集中。2005年，奥斯卡(Oskar)在对火车站建设的市场影响研究中还指出：车站建设影响较深刻的两个市场是住房市场和劳动力市场，而房地产市场和人才市场都是城市发展的重要方面；火车站周边的居民会提高公共交通的出行比例，在一定程度上缓解了城市交通的阻塞状况，有利于城市经济的发展。

国外还有学者关注火车站对周边地区的环境影响研究，主要包括地面水污染、空气污染、道路交通阻塞等，其中地面水污染和空气污染是最严重也是受到最多关注的方面。2000年，查林吉(P. Tjallingii)从生态学的角度分析了火车站的交通网络(Traffic Network)与其周边的水网络(Water Network)之间的关系，并提出了一个合理配置两个网络的方案，这种方案能为火车站地区的土地利用创造一个有弹性的空间结构。卡发等人(Corfa et al, 2004)以法国巴黎的一个火车站为例定量研究了其空气污染状况，并将其和其他非机动的排放物进行了对比研究。2005年，利策玛(Ritsema)还就火车站地区的空间结构对周边居民的生活形式和生活质量的影响进行了研究，他以荷兰一个新镇为研究对象，通过车站地区与其土地利用、空间结构的比较，发现车站地区集中了大量服务设施，增加了车站地区的空间密度，从而提高了实现日常活动的机会，并给车站地区增加了旅游时间和旅游距离效率的潜力；同时他还指出车站地区的空间结构对其周边不同类型居民的生活质量都有影响，需要加强车站地区的空间规划。此外，有的学者还就火车站地区的文化遗产保护进行了初步探讨。

5.3.3 火车站地区与城市空间结构

随着火车站地区土地利用研究的深入，学者们逐渐认识到了车站地区对城市空间结构也有一定的影响。许学强(1998)对香港地区基础设施与环境关系进行了研究，提出要把地方发展的积极性和区域发展的必要性结合起来，形成一个充满活力的交通设施建设机制，以促进香港地区与珠江三角洲交通设施配套、联网、协调地发展。郭笑平等人(2000)介绍了德国斯图加特火车站的改建经验，提出火车站犹如城市的窗口，轨道设施从地面的下移为内城开发及城市的连接提供了一个特殊的机会，这个新的城市部分与已有城市结构的完美结合对于一个持续而有效的城市发展有着决定性的作用。姜旭(2004)指出火车站主体布置在地面对城市产生了巨大的分割，造成被分割的两部分缺乏有效的联系，同时两部分与火车站的辐射影响关系也有很大不同，直接造成两部分的城市形态特征有很大差异。

此外，有部分学者注意到对火车站地区空间结构演化模式的了解将有助于车站地区的有序发展和管理。张复明(2001)对区域性交通枢纽及其腹地的城市化模式进行了研究，通过分析概括出交通枢纽及其腹地区域城市化发展的四个阶段的动态演进模式：交通职能产生，城市节点出现阶段；交通职能及相关职能发展，城市迅速扩张，城市的区域影响不断增强阶段；城市职能体系基本形成，城市经济区的格局渐具雏形阶段；城市职能—规模发展机制定型，城市—区域经济一体化阶段。

总的来看，国内外关于火车站及其周边环境的关系研究涉及土地、空间、经济、社会影响等方面，但主要集中在火车站地区的土地利用和空间结构两个方面，它们可以说是火车站地区经济、社会影响的主要根源。各国学者对其进行了较深入的研究，尽管学者们在类型界定和研究方法上存在差异，但车站地区土地利用与空间结构基本类型的划分还是比较清楚的，即按接驳方式的不同，可被分为车站中心区（核心枢纽区）、步行合理区（枢纽外围区）、汽车外围区（扩散影响区）。进入 21 世纪城市快速发展的今天，许多发展中国家的车站地区建设呈现出粗放式发展，给城市发展带来了很多负面效应：地区土地利用规划、建设均围绕着经济利益最大化的原则展开，车站地区的道路与周边地块的开发始终无法协调一致，高度的土地利用迫使交通逐步走向困境。

5.4 非洲城市化发展

5.4.1 非洲城市化发展历程

非洲是世界上城市发展最快的地区，城市人口年均增长率达到 4.87%。1950 年非洲的城市居民约占总人口的 14.7%，到 1980 年该比例增长到 28%，1990 年为 34%，2000 年增加到 37.2%。根据相关研究预测，到 2025 年非洲的城市人口将达到 5 亿人。因此，随着新的城市化进程的推进，届时非洲大陆可能有一半的人口将居住于城市。非洲的城市化发展历程按照历史阶段，主要可以分为三大发展时期：前殖民时代、殖民时代和后殖民时代。

1）前殖民时代

已知非洲最早的城市出现在尼罗河谷周围，最著名的是埃及的亚历山大市。古埃及王朝时期的技术、历史和政治系统的领先水平广为人知。在撒哈拉以南非洲也有很多早期著名城市，如繁荣于公元前 14 世纪到公元 4 世纪之间的库什王国都城麦罗埃（现在的苏丹），该城市在石器、铁技术、建筑及灌溉农业方面具有先进水平。再如埃塞俄比亚帝国的都城阿克苏姆，从公元 1 世纪一直到 10 世纪均与罗马地中海、南阿拉伯和印度建立了广泛的贸易网络，进行象牙、珍贵金属、衣服和香料贸易。700—1600 年，通过跨撒哈拉贸易，西部非洲大草原开始产生城市，其早期的城市主要发源于西部非洲森林区域的约鲁巴、豪萨、阿善提和贝宁帝国。中部非洲赤道区域的城市早期发源于目前的刚果（布）、刚果（金）、安哥拉、赞比亚、卢旺达和布隆迪。在东部非洲沿海地区产生了斯瓦希里伊斯兰文化，该区域重要的城市有摩加迪沙、马林迪、格迪、蒙巴萨、桑给巴尔、基卢瓦。南部非洲则有大津巴布韦。

2）殖民时代

非洲的殖民时代从19世纪后期开始一直持续到20世纪60年代早期。殖民对非洲城市的发展模式和结构产生了重要影响。阿比让、约翰内斯堡、内罗毕等目前非洲的主要城市，都是在殖民时期开始建立并作为商务和行政中心发展起来的。殖民主义导致了非洲新城市体系的产生，取代了传统的贸易网络，其影响持续了几个世纪。新城市体系是对殖民经济的反映，强调对非洲矿产资源、初级农业产品、交通和交流活动的剥削。新的商业和贸易模式导致了非洲移民的新模式，提高了非洲移民的水平。殖民时期的城市化也影响了许多非洲城市的物质空间结构和布局。殖民时期城市规划最显著的特征，就是将城市空间划分为两类不平等的区域：一是拥有高水平城市基础设施和服务的欧洲空间；另一类是仅有少量服务的本地空间。因此，忽视大多数非洲人民的需求根植于殖民政府的城市规划特征中。直到1914年，除了埃塞俄比亚和利比里亚独立外，非洲大陆的其余部分都处于英国、法国、葡萄牙、德国、比利时、意大利和西班牙的殖民控制之下。

经济和行政政治对城市化有很大的影响，重要的出口产品如经济作物和矿产都需要通过海港城镇进行。物品运输到海港城镇的主要交通方式为铁路，需要配置殖民行政部门和人员，因此中央行政通常位于海港城镇，但是没有形成任何中小型城市网络。新的城市要么在已有城市的基础上形成，要么在一个完全新的地点形成。全新的城市集中在铜矿发展区，目的是安置矿区工人，南非的约翰内斯堡和金伯利、赞比亚的恩多拉和基特韦、刚果(金)的卢本巴希都是这样发展起来的。同时殖民力量意识到了城市化所带来的问题，农村—城市移民将劳动力从农村拉到重要的出口产品生产地。非洲人通常居住在规模小和卫生条件差的地区，从而易于感染疾病如疟疾。对于产生的一系列问题，殖民政府采取的措施并不是改善非洲人的居住条件，而是将欧洲人、亚洲人和非洲人进一步地隔离开来，建立聚集控制法规。

20世纪30年代的经济萧条使非洲的出口产品价格下降，进一步导致经济衰落和失业率上升。在经济萧条时期之前，非洲的矿区工人大部分为临时或者季节性的，也有强制劳动力，工人通常居住在矿产城市。从20世纪20年代起比利时、刚果(布)及从20世纪40年代起南非、北罗德西亚矿产公司开始更倾向于使用长久工人，当局为了适应这个变化，出台了新政策允许矿产工人的家庭迁移到城市中来。这一政策促进了非洲城市化水平的提高，此外种族隔离和其他类似政策也影响到这一时期的城市化水平。20世纪50年代南部非洲的城市增长率为3.3%，而整个非洲的城市增长率达到为4.6%。

3）后殖民时代

在独立初期，非洲城市的人口快速增长主要由国家人口大量增长和大量空间移民导致，缺乏工业化的带动。独立以后，新成立的非洲公共部门提供了大量的工作机会，加上更好的医疗和教育服务，以及初级产品和工业产品之间的贸易均使得城市生活更具吸引力。

进入20世纪70年代后，非洲的城市增长受到了区域经济危机的影响，导致非洲城市中出现了农业和工业生产率下降、外贸交易缺乏、负债增长、平衡收支状况恶化和实际工资下降等一系列的问题。同时，由于非洲一些国家长期的国内战争和长年的经济管理不善，导致了大量人口快速涌入城市，使得城市经济处于崩溃边缘。长期的经济问题使得许多撒哈拉以南非洲国家被迫在国际货币基金组织的帮助下实施稳定和调整政策。虽然非洲的城市化过程中出现了诸多问题，但总的来看，非洲的城市化特征并不同于亚洲和拉丁美洲城市。非洲城市虽然处于全球经济的边缘，宏观经济表现不佳，但城市仍在增长。

后殖民时代，非洲新城市建立的诱因不同于殖民时代，如加纳的特马最初建立的目的是为了促进工业的快速增长。同时，这一时期在巴西新首都巴西利亚的激励下，许多国家开始建立新的首都，如马拉维的利隆圭、科特迪瓦的亚穆苏克罗和尼日利亚的阿布贾。

农村—城市移民的流动控制政策也是这一时期非洲城市化发展的重要原因。南非加强了农村—城市移民的流动控制政策，使其城市增长在1950—1990年稳步下降。而在新成立的其他非洲国家中却弱化了农村—城市移民的流动控制政策，刺激了人口从农村涌入城市，使得城市化水平在一定程度上得以提高。

此外，与世界其他地区一样，非洲的城市化主要是受到了经济的影响。殖民力量将港口、铁路和矿区放置到了战略地位，使得这些城市在殖民和后殖民时代都具有经济优先地位，从而吸引大量人口来到这些地区进行工作、行政、教育和社会服务。

5.4.2 非洲城市化发展主要特征

1）城市化速度快

尽管非洲目前仍是世界上城市化水平最低的大洲，但其城市化发展的显著特点却是速度快，高居世界之首（表5-13）。在过去的50年里，非洲拥有较高的城市化增长速度。1950年，仅有15％的非洲人口居住在城市或城镇，亚洲为17％，拉丁美洲为41％。而到2000年，非洲区域有37％的人口居住在城市地区，亚洲为37％，拉丁美洲为75％。就绝对数量而言，非洲的城市人口由1950年的0.32亿人增长到1975年的1.02亿人，再到2000年的2.95亿人。调查显示，全球城市布局正在迅速变化，在20世纪初100个发展最快的城市中，欧洲城市占到一半以上，而目前其所占比例已跌至不到10％，非洲、亚洲和拉丁美洲成为了城市化进程最快的地区。非洲城市人口数量已经超过北美洲，全球发展最快的100个城市中有25个在非洲。1950年，撒哈拉以南非洲的城市人口仅占非洲总人口的14.5％，1980年增长到28％，1990年增长到34％。1960年，撒哈拉以南非洲仅有约翰内斯堡的人口超过100万人；1970年，人口超过100万人的城市达到4个，分别为开普敦、约翰内斯堡、金沙萨和拉各斯；20世纪80年代，人口超过100万人的城市包括阿比让、阿克拉、亚的斯亚贝巴、达喀尔、达累斯萨拉姆、德班、东兰特、哈拉雷、伊巴丹、喀土穆、罗安达和内罗毕。

如果说20世纪20—50年代拉丁美洲城市化在世界上尚处领先地位的话,那么自60年代起,非洲已经后来居上,并加速发展,到70—80年代,非洲城市化速度始终位居世界前列。2003年12月在喀麦隆召开的第三届非洲城市峰会中曾提及,现在非洲的城市化增长率是全球最高的,年均增长率为4%,几乎是拉丁美洲和亚洲的2倍。截至2003年,已有38.68%的非洲人口生活在城市地区,预计到2030年这一比例将上升到53%。非洲的快速城市化进程,使得城市人口的增长速度远远高出住房的建设速度。联合国非洲经济委员会预计,从1990—2010年的20年间,非洲城市人口将从2.01亿人增加到4.68亿人;到2025年,非洲将有一半人口居住在城市。

表5-13 部分非洲国家和世界其他地区的城市化比较

国家	城市人口(万人)		城市人口比例(%)		城市人口增长率(%)
	1990年	2004年	1990年	2004年	1990—2004年
美国	240	190	67	64	−1.4
加拿大	2 130	2 580	77	81	1.4
澳大利亚	510	540	66	66	0.4
中国	31 100	51 300	27	40	3.6
法国	4 200	4 620	74	76	0.7
日本	7 790	8 380	63	66	0.5
埃塞俄比亚	650	1 110	13	16	3.8
加纳	560	990	36	46	4.0
肯尼亚	580	1 360	25	40	6.1
尼日利亚	3 170	6 110	35	47	4.7
塞内加尔	3 200	570	40	50	4.2
坦桑尼亚	5 700	1 370	22	36	6.3
乌干达	200	340	11	12	3.9

2) 城市人口高度集中

非洲城市化的另一个重要特征就是城市人口高度集中,城市人口集中于为数不多但规模较大的首都和大城市。最大城市的人口规模通常为第二大城市的两倍以上,占该国城市人口的1/3多,而且大城市人口迅速增长的趋势仍在继续。

在非洲各类规模等级的城市中,10万人以上城市的发展快于较小规模的城市,而且地位越来越重要。据统计,20世纪50年代,非洲城市人口的平均增长率为4.4%,而10万人口以上城市的人口增长率则达8.6%;60年代,10万人以上城市的人口增长率进一步上升为10%—15%;70年代,有些大城市这一比例高达20%。如此高的增长率意味着一些非洲大城市的人口在10余年内即翻一番,这种趋势加剧了城市人口的集中程度。20 世纪六七十年代，赞比亚的卢萨卡和基特韦两城人口占全国城市人口的31.2%，马拉维的布兰太尔城人口占全国城市人口的 55%，坦桑尼亚的达累斯萨拉姆占全国城市人口的 40%，肯尼亚的内罗毕和蒙巴萨两市占全国城市人口的 70%，埃塞俄比亚的亚的斯亚贝巴占全国城市人口的50%，几内亚的科纳克里占全国城市人口的 86.6%，塞拉利昂的弗里敦占全国城市人口的 82.8%，科特迪瓦的阿比让占全国城市人口的40%。另外，据统计，作为尼日利亚首都和该国最大城市的拉各斯，在 1975—2000 年的 25 年中，人口年均增长率达 5.6%，而在此期间，尼日利亚整个国家的人口增长率仅为 3%。

3）城市化与经济发展不同步

一般来说，持续的经济增长和城市化水平提高是同步的，但在非洲，快速的城市化却并未带来相应的经济增长（表 5-14）。1970—1995 年，非洲国家的城市人口年均增长率为 5.2%，但人均 GDP 却每年持续下降 0.66%。在喀麦隆召开的第三届非洲城市峰会上，当阐述非洲城市危机的严重性时，蒂贝琼卡夫人曾指出，在撒哈拉沙漠以南非洲地区，只有 48%的城市家庭能够用上自来水，而在非正规住区只有 19%的家庭能够用上自来水；整个地区只有 31%的家庭连接到了市政排水系统，而在非正规住区，这一比例只有 7%；整个地区只有 54%的家庭用上了电，而在非正规住区，这一比例只有 20%；整个地区只有 15.5%的家庭安装了电话，而在非正规住区，只有 3%的家庭能够用上这种“奢侈品”。所有的这些都说明，非洲的快速城市化不但没有创造出更多的财富来促进经济发展，相反却带来了一系列的城市发展问题，如城市基础设施严重滞后、涌现大量的城市贫民窟等。目前，仍有 2/3 的非洲城市人口居住在条件恶劣的住宅里，城市无能力为其提供便利的交通、充足的水源、方便的基础设施以及基本的健康保障服务。非洲城市中的住宅福利系统要么不存在，要么只为高收入阶层服务。非洲城市的高犯罪率已经成为一个主要的社会问题，而随着贫困现象的加剧和居住条件的恶化，这种现象将愈益严重。

表 5-14　世界部分国家和地区的人均 GDP、城市化水平和人口增长速度比较

国家和地区	人均 GDP（美元）（1999 年）	城市化比率（%）（2000 年）	人口增长比率（%）（1995—2000 年）
撒哈拉以南非洲	500	37.9	2.36
拉丁美洲和加勒比海中南部地区	3 840	75.3	1.57
亚洲发展中国家地区	1 000	36.7	1.38

4）城镇分布和城市化水平地区差异明显

由于社会经济基础、城镇发展历史和自然条件不同，非洲各地区和各国之间的城市化发展水平以及城镇分布存在明显差异。就城镇分布而言，非洲城镇集中于沿海地区、工矿地带和主要交通干道沿线。北非的地中海沿岸，埃及的尼罗河三角洲及河谷地带和苏伊士运河沿岸，西非的几内亚湾，中非的铜带（赞比亚铜带和扎伊尔沙巴区），南非东部的沃特瓦特斯兰矿区和沿海地带，是非洲城市化水平最高的地区，这些地区集中了非洲几乎全部的 50 万人口以上的大城市和大部分的 10 万人口以上的中等城市。其中非洲西北部大西洋沿岸起自塞内加尔河河口东南至几内亚湾的塞拉利昂至尼日利亚间的 11 个国家，共占热带非洲面积的 1/5、城镇人口的 38%以上。在本格拉铁路东段、赞比亚铁路、津巴布韦铁路沿线、中非铜带内铁路以及南非沃特瓦特斯兰矿区交通沿线，城镇分布成串成组，形成城镇群。

就各地区城市化水平而言，非洲的城市化水平空间差异较大。东部非洲和西部非洲的城市化率相似，大约有 1/3 的人口居住在城市，但是东部非洲的城市化速度要快于西部非洲，它是非洲地区城市人口增长最快的区域。1950—2000 年，东部非洲城市人口的比例增长了 6 倍多。南部和中部非洲是非洲城市化水平最高的区域，大多数人口都居住在城市，同时南部非洲的城市化水平又高于中部非洲。据有关数据统计，2000 年整个非洲地区的城镇人口占总人口的比例为 37.9%，而北部非洲和南部非洲分别为 50.8%和 48.1%，超过整个非洲和世界的平均水平；东部非洲仅为 26.1%，远低于非洲整体水平。

城市增长率不仅在区域之间有很大的差别（表 5-15），在国与国之间也有很大的差别。2000 年，南非 66%的人口居住在城市，成为撒哈拉以南非洲城市化水平最高的国家，而布基纳法索、布隆迪和卢旺达的城市人口仅在 10%左右。南非、尼日利亚 2000 年的城市化率分别为 66%和 43%，而埃塞俄比亚仅为17%，乌干达仅为 14%。

表 5-15　1960—2000 年撒哈拉以南非洲各国城市化趋势

国家	城市人口占总人口的比例(%)			城市人口年均增长率(%)	
	1960 年	1991 年	2000 年	1961—1991 年	1991—2000 年
安哥拉	10	28	36	5.9	5.4
贝宁	9	38	45	7.4	5.0
博茨瓦纳	2	28	42	13.5	7.9
布基纳法索	5	9	12	4.6	6.3
布隆迪	2	6	7	5.5	6.1
喀麦隆	14	41	51	6.5	5.7
佛得角	16	29	36	4.1	5.6
中非	23	47	55	4.8	4.6
乍得	7	30	39	7.1	5.4
刚果(金)	22	40	46	4.8	5.0
刚果(布)	32	41	47	3.6	4.9
科特迪瓦	19	40	47	6.5	5.5
吉布提	50	81	84	7.3	3.5

续表 5-15

国家	城市人口占总人口的比例(%)			城市人口年均增长率(%)	
	1960 年	1991 年	2000 年	1961—1991 年	1991—2000 年
赤道几内亚	25	29	33	1.5	4.0
埃塞俄比亚	6	13	17	4.8	5.8
加蓬	17	46	54	6.3	4.9
冈比亚	13	23	30	5.2	5.3
加纳	23	33	38	3.9	4.6
几内亚	10	26	33	5.3	5.8
几内亚比绍	14	20	25	3.2	4.7
肯尼亚	7	24	32	7.7	7.0
莱索托	3	20	28	8.6	6.3
利比亚	19	46	57	6.2	5.5
马达加斯加	11	24	31	5.6	6.0
马拉维	4	12	16	6.5	6.5
马里	11	19	23	4.4	5.2
毛里塔尼亚	6	47	59	9.8	5.3
毛里求斯	33	41	42	2.3	1.3
莫桑比克	4	27	41	9.5	7.2
纳米比亚	15	28	34	4.8	5.4
尼日尔	6	20	27	7.4	6.7
尼日利亚	14	35	43	6.3	5.4
卢旺达	2	8	11	7.4	7.6
塞舌尔	32	38	45	3.5	4.4
塞拉利昂	13	32	40	5.2	5.1
索马里	17	36	44	5.8	4.7
南非	47	58	66	3.2	3.2
苏丹	10	22	27	5.4	4.8
斯威士兰	4	33	45	10.5	6.7
坦桑尼亚	5	33	47	10.3	7.5
多哥	10	26	33	6.2	6.0
乌干达	5	10	14	6.1	6.6
赞比亚	17	50	59	7.1	5.5
津巴布韦	13	28	35	5.9	5.4
撒哈拉以南非洲	15	31	38	5.2	5.3

5.4.3 非洲城市化发展趋势

非洲的城市化速度是世界上最高的。到 2025 年，将有超过一半的非洲人口成为城市居住者，而在未来的四分之一世纪里，非洲城市人口的增长速度几乎是总人口增长速度的两倍，在 1990 年的水平上将再增加超过 5 亿人的城市人口。快速增长的城市人口必然使城市的大小和数量快速增长。到 2020 年，非洲将有 11 个特大城市(500 万人以上)，近 3 000 个城市的人口超过 2 万人，较 1990 年几乎增加了 300%(表 5-16、表 5-17)。

表 5-16　2025 年撒哈拉以南非洲地区城市人口增长预测　(百万人)

年份	1990	2010	2025	2025/1990(倍)
撒哈拉以南非洲地区总人口	527	937	1 362	2.58
其中:城市人口	149	387	705	4.73
城市人口占总人口比例(%)	28	41	52	—

表 5-17　2020 年撒哈拉以南非洲地区城市增长预测　(个)

规模	1990 年	2020 年	2020 年/1990 年(倍)
500 万以上	0	11	11.00
100 万—500 万	18	59	3.28
50 万—100 万	26	75	2.88
10 万—50 万	180	585	3.25
2 万—10 万	790	2 200	2.78
所有城市	1 014	2 930	2.89

根据发展中国家城市化发展的一般规律与当前非洲城市化所呈现出的特点，未来非洲城市化预计将出现以下发展趋势:

1) 中小城市迅速发展，大城市的相对重要性有所减弱

非洲城市化增长速率已呈下降趋势，但非洲城市化水平仍将继续上升。由于大城市承载能力的有限，中小城市的发展成为一种必然趋势。随着非洲城市人口的不断上涨，可以预见在未来 20 年里，非洲城市将不得不为越来越多的城市人口提供各种生活与服务设施。因此对于非洲国家来讲，发展中小城市对于缓解大城市的人口压力是一条可选途径。

当前中小城市迅速崛起、大城市相对重要性减弱的趋势在非洲已经显现。目前非洲城市增长人口中的 2/3 都被人口在 50 万人以下的中小城镇所吸纳。这种形势的出现一方面是由于政策的影响，如以埃及为代表的非洲国家为了缓解首都开罗的人口压力，在开罗外围兴建大批卫星城，如十月六日城、萨达特城等;另一方面农村人口向城市迁移率的下降也是促使中小城市发展的一个原因。近来一些东非中小城市发展的经验表明，中小城市完全有可能成为区域内新的发展核心，如肯尼亚的埃尔多雷特和基西，坦桑尼亚的阿鲁沙和姆万扎，乌干达的恩德培，马达加斯加的塔马塔夫和马任加。这些中小城市的发展显示，如果政府能为中小城市的发展创造良好环境，如加强对公共领域的投资(尤其是基础设施方面)，那么这些城市有可能吸引更多的私人企业进入。这些中小城市在生产、分配、商贸以及生活服务等方面所承担的职能，在地缘上将有利于国内城市发展的平衡，有利于区域内部经济与社会发展的平衡。总之，中小城市的迅速发展是未来非洲城市发展的一大趋势。

2）跨国走廊的发展是非洲城市化的必然趋势

目前大多数非洲城市走廊主要集中于一国范围内，如埃及的开罗、亚历山大、塞得港、伊斯梅利亚和苏伊士间的城市走廊；尼日利亚的拉各斯—伊巴丹走廊；摩洛哥的盖尼特拉—卡萨布兰卡走廊；南非的豪登走廊。可以预见在不久的将来，随着非洲区域一体化的加强，城市走廊的发展将跨越国界。这一趋势已初见端倪，最显著的例子是伊巴丹—拉各斯—科都努—洛美—阿克拉城市走廊。该走廊将尼日利亚、贝宁、多哥以及加纳等国重要的沿海城市连接起来。随着非洲城市化水平的提高以及各城市间的协调发展，跨国走廊的形成将成为必然。从国家角度来看，跨国走廊的形成可能是自发的、偶然的、无序的，此外由于跨国走廊规模巨大，再加上跨国走廊所面临的领土边境、主权等方面的复杂问题，必将给其带来诸多管理上的困难。但是跨国走廊的经济潜能巨大。

3）气候变迁将成为困扰非洲城市化发展的又一重要因素

当前大部分非洲城市缺乏对生产和生活废物的有效管理。据一项调查显示，非洲城市垃圾填埋场中所释放的温室气体是美国城市的三倍。可以断言，在今后一段时间里，随着城市化进程的深入，非洲城市将产生更多的垃圾，释放出更多的温室气体。如果这一趋势不引起各国政府的注意，届时非洲城市将不仅仅是改变这片大陆生态气候的始作俑者，还将成为气候变迁的最大受害者。除温室气体排放外，由于城市本身相对于农村其植被覆盖率低，再加上城市建设时大量防热材料的使用，都会提高城市地区的局部气候。另外，城市地下水位也会因此下降，这将会使本身安全用水问题就很突出的非洲城市更加捉襟见肘。最后，气候变迁所带来的强降水等极端气候以及海平面的上升将对阿克拉、德班、拉各斯、罗安达及马普托等大城市的城市安全带来极大隐患。特别是非洲有些城市的贫民窟往往建在小山脚下并且不断蔓延，一旦遭遇暴雨、洪水等气象灾害，这些经济基础薄弱的贫困家庭将首当其冲。

由于城市化的历史基础薄弱，拉动城市化的动力机制畸形，非洲城市化的发展现状很难在短时间内有所改善。2012 年非洲城市化的发展速度仍然过快，主要表现为迅猛增长的城市人口难以为有限的城市就业岗位所吸纳；而城市人口的年轻化趋向不但对城市发展提出了更高的要求，还对城市社会的稳定提出了挑战；城市等级体系的缺乏以及城乡二元社会的分化无不显示着非洲社会发展中的不平等因素；未来非洲城市的发展趋向既有积极因素，也有消极因素，如何趋利避害应是非洲城市政府关注的主要内容。

5.5 非洲城市可持续交通战略

5.5.1 非洲可持续城市交通的挑战

1）可持续城市机动性的挑战

毋庸置疑，交通是未来非洲城市社会经济发展的关键构成要素。如同世界其他地区一样，功能良好的交通运输网络是非洲经济运行、社会交流以及就业和财富产生的重要基础。

非洲迅速发展的城市化对交通服务的需求大大增加。非洲总人口占世界总人口的比例超过了 13%，而且仍然以 2.7%的比例迅速增加。2000—2030 年，非洲城市区域平均年人口增长预计将会翻两倍。与此同时，非洲城市在实现可持续城市机动性方面也面临着特殊挑战。在过去的几十年里，非洲城市经历了快速的机动化，并由此带来了长期的交通拥堵、严重污染、低水平的公共交通以及交通基础设施短缺等问题。日益增长的人口、贫困的蔓延和不公平问题，加上有限的公共资源，更加剧了非洲实现客货高效流动的难度。交通拥堵作为一个日常问题，阻碍了非洲的经济发展。抛开收入和社会地位等因素，非洲城市居民的日常出行变得越来越困难，接近难以容忍的地步，并且往往还是在经济和社会上处于相对弱势的人群支付了高昂的出行成本。

一个城市的交通系统与日益增长的出行需求的匹配程度对于该城市经济生产力的提高、社会公平以及环境保护等方面具有重要的影响。以内罗毕为例，作为世界上发展最快的城市，其城市人口正在以 5%的速度增长，该市在应对日益增加的出行需求方面面临着巨大的挑战（图 5-7）。

图 5-7 肯尼亚内罗毕吉克姆巴（Gikomba）市场多种运输方式共存的街道

然而，非洲基础设施短缺问题也极其严重，导致其可持续城市机动性的发展受到严重挑战。公路运输是非洲大陆超过 10 km 通勤的主导运输方式。非洲铺装道路严重缺乏，据统计，非洲大陆的铺装公路网密度仅为 7 km/100 km^2，欧洲则达到了 170 km/100 km^2，而且非洲 40%的铺装公路还处于脆弱态势。在非洲大陆的城市里，普遍缺乏非机动车的交通设施，如自行车道、步行道等使步行更加安全的设施。如何才能够促进非洲城市可持续发展？除了提高公路基础设施供应水平外，引导未来的交通增长向公共交通和非机动交通方式转变值得重视。与此相对应，如果不能够将二者很好地结合起来，单一地提高公路基础设施将会刺激私人交通方式的增加，进而带来交通拥堵、污染和其他负面效应。

如今的非洲在基础设施发展和城市规划方面所采取的政策将会直接影响非洲城市在未来 30—50 年的出行行为模式。因此，尤其凸显了这些决策导向不应沿用传统的基于化石燃料的经济增长模式，而是应以低碳发展为目的。然而，非洲城市管理者通常在设计和执行有效的可持续交通规划和政策方面受到了极大的限制。例如，缺少关于机动化发展趋势和温室气体排放方面可靠的数据；有限的财政资源和规划能力；不完善的制度框架和基层政府有限的经验；缺少政治上对于可持续城市交通的热情；缺少各项政策之间的协调；缺少对于现有工程的经验总结；薄弱的能力或者缺乏监管和评估已有措施的能力等。

2）解决交通能源需求挑战

随着全球能源短缺，如何解决交通能源短缺也成为一大挑战。在未来的 20 年，交通运输将成为未来世界能源需求增加的主要驱动因素，尤其在发展中国家和新型经济体国家。随着资源消耗速度的加快、污染以及能源进口成本的上升，低碳发展模式成为一个必然选择。因此，要提供接近市场、就业、教育的高生活质量的机动出行模式，必须发展资源节约型和环境友好型的可持续发展模式。非洲城市如何响应？必须要从规划、管理以及执行等方面增强可持续机动性，减少负面环境问题。

3）发展多种出行方式的机动模式的挑战

任何有效率的和可靠的交通系统都依赖于多种方式形成并存、互补，相反，仅仅依靠有限的出行方式选择的交通系统必然是低效率、脆弱性的。据此，在城市空间内部提供多样的出行选择以适应多样化的需求，将会大大提高生活质量、空间利用效率和减少贫困。

高质量的公共交通系统服务为城市居民提供了安全和可靠的接近住房和就业的机会。然而，在大多数的非洲城市中，目前的公共交通系统仍然主要被非正规的部门所垄断。这就为获取这些部门运营的经济数据及其所产生的经济、环境和社会负面效应方面增加了很多困难。例如，非正规部门在利益最大化和成本最小化原则的驱使下，所提供的工作环境非常差，同时也对其所产生的负面环境效应熟视无睹。

一般来说，在公共交通系统工作的员工的安全性往往存在很大问题。在这些部门中，员工往往仅接受了极少的服务技能和安全培训。在非洲，可以采取多种形式使得现有公共交通系统趋向于正规化。例如，在达喀尔、拉各斯可以去整合不同的公共交通系统运营组织，使得它们归于单一的交通管理部门。正规化对安全性的提高、薪水的保证都产生了很大的促进作用。同时，如果新的公共交通系统得到规划，尽可能采取正规化措施就显得尤为必要。例如，对于大容量公共交通系统的运营来说，运营部门的正规化就显得尤为必要。

4）公共交通系统运营困境

在非洲，非正规公共交通系统占到了现在非洲城市公共交通系统的很大比例。非洲非正规公共交通系统所提供的服务缺乏长远打算，主要基于每日的实际交通情况，公共交通服务缺乏固定的运营规律，很容易改变甚至取消。同时，非正规公共交通系统占主导的地位也造成了正规公共交通系统工作人员极度缺乏的局面，特别是中层管理人员的短缺，如乘客服务人员、技术操作和维护人员等。众所周知，在非洲地区，铁路客运服务占到了非常小的比例，但铁路服务在南非却相对较为流行。南非豪登省连接行政首都茨瓦内和约翰内斯堡的铁路开通运营标志着该国铁路运输的兴起。与道路公共交通系统相比，一方面，铁路系统建设需要大量的资金，同时其运营和维护也需要拥有专门技术的人员。另一方面，铁路系统一旦建成以后，其维护周期在 30 年左右，而公路系统则在 5 年左右。除步行和自行车外，公共交通车辆主要承担了非洲城际间的旅客运输。在埃塞俄比亚首都亚的斯亚贝巴、科特迪瓦首都阿比让和肯尼亚首都内罗毕等正规公共交通系统运营占较大比例的城市，其公共交通所承担的负荷非常大。因此，这些公共交通系统车辆的日常维护、修缮都存在着非常大的技术缺乏。

在正规公共交通系统中，公共交通车辆的运营年限基本上为 5—15 年。而对于私人公共交通部门的运营车辆年限则无法获知。例如，在塞内加尔首都达喀尔，在公共交通系统改革前，几乎所有的公共交通车辆的运营年限都在 28 年左右。一般来说，公共交通公司拥有的车辆都主要是二手车。脆弱的城市道路是导致新公共交通车辆损坏的主要因素，这从侧面促使这些公共交通服务部门倾向于选择二手车提供出行服务。

根据泛非（TransAfrica）项目对非洲公共交通部门运营成本的统计数据，超过 30％的运营成本都集中在汽车零配件和轮胎的更换上。如果将能源支出考虑在内，二者的支出成本合计占到了公共交通运营成本的很大比例。这也使得采用先进技术和改善路面状况的努力变得无能为力。

同时，TransAfrica 项目研究也显示，购买二手车所带来的长期成本非常高，而且也带来了更多的环境问题。有趣的是，科特迪瓦首都阿比让一家名为阿比让运输公司（SOTRA）的公共交通公司对购买新车（0—4 年）和旧车（4—7 年）的经济合理性进行了研究，结果显示，利用高成本购买新车提供公共交通服务后，将会在 2—4 年就会收回成本，而利用低价购买旧车提供公共交通服务所需要的成本回收期则更长。

5.5.2 非洲城市交通可持续发展战略选择

非洲城市化发展速度在近几十年来一直保持世界领先水平。特别是 20 世纪 90 年代以来，非洲大陆经历了生机勃勃的、最快速的经济发展时期，整个非洲的 GDP 增速连续多年保持在 5%左右，增速超过了全球的平均增速。城市化对推动非洲现代化进程发挥了重要作用，但也带来了交通拥堵、环境污染、交通事故频发等城市交通问题，成为非洲各国实现可持续发展的巨大障碍。因此，建设一个更加绿色、环保、安全和人性化的新型城市交通系统成为当代非洲交通发展的重要课题。

1）实现交通与土地利用的有效整合

城市交通系统的主要任务是服务于人和货物商品在城市不同地区之间的运输。因此，要保证交通系统持续发展和快捷高效，就必须要求实现交通与土地利用的有效整合。

在非洲城市中，交通与土地利用规划政策通常都是分开考虑，其直接结果就是导致了资源的低效利用和环境破坏。由于二者之间缺乏协调，非洲新建的交通基础设施常常侵占了社区，进而导致该社区的原住居民被迫搬迁至城市边缘地带，大大增加了这部分居民的出行距离与交通花费支出，而且低收入住区的居民非常易于受到上述影响，对于长距离通勤模式也最为敏感。

为了达到可持续机动性的目标，必需要将基础设施规划和土地利用规划统筹进行考虑。近年来，越来越多的非洲城市政府意识到了这一问题。以蒙巴萨为例，该市近年来提出了低碳城市发展战略（Low-Carbon City Development Strategy），具体的发展战略包括了公共交通导向型规划、在城市历史中心区进行停车管制和创造高质量步行街区的措施等方面。而且，更好的规划措施也越来越体现在区域和国家尺度层面。近年来，非洲一大批交通与城市发展战略规划被提出来。以南非为例，南非国家通过的 2050 年国家交通发展战略规划指出，规划的最重要目标就是增强全国范围内土地利用和交通规划的整合度。未来的实践将会证明该项举措如何扩张和提高南非城市居民的出行机动性。

整合土地使用和交通规划以充分提高土地利用的效率，减少路网建设的盲目性，建立完整有效的道路交通网络是未来非洲可持续城市交通发展战略的必然选择。

2）建立快捷高效的城市公共交通运输体系

建立一个快捷高效的城市公共交通运输体系是实现非洲城市交通可持续发展的内在要求。虽然面临了很多挑战，但迅速增长的非洲城市在促进本身发展以及构建可持续机动性模式方面还存在很多机遇，尤其是在构建包容性、公共交通出行模式方面。如前所述，非洲的城市交通逐渐呈现出了良好的发展趋势。例如，快速公共交通系统（BRT）在南非约翰内斯堡、尼日利亚拉各斯以及坦桑尼亚达累斯萨拉姆都正在规划运营。塞内加尔达喀尔于1997年启动了公共交通系统改革，改革措施包括对非正规公共交通部门的重组、取缔大量的高排放量的运营车辆和整合约500辆新型中巴和400辆城市巴士等措施。在很多工业化国家，第二次世界大战后的城市设计理念大多都强调为小汽车的出行提供配套条件，但却恰恰忽视了非机动出行和公共交通出行的方式。在非洲，大部分都市区正处在城市化道路的起步阶段，它们完全有机会避免发达国家发展过程中的失误。

在非洲建立快捷高效的城市公共交通运输体系需要从以下两方面着手：

首先要构建出合理的制度框架来组织高效的公共交通运输系统，以及制定相应的政策以整合现有的非正规公共交通服务。目前，非洲大部分城市中的集中客运方式主要由一些非正规的出租车或小汽车来提供，而且90%都被私人经营者所占据。非正规公共交通部门是市场导向型的，缺乏规范，主要提供低容量和低质量的服务。在利益最大化和成本最小化的驱动下，私人经营者所提供的公共交通运输服务水平极其低下。随着非洲城市规模的扩张，这一问题更加凸显。公共交通的出行需求愈来愈大，公共交通使用者经常面临着不规范运营所带来的运营时间随意变换、安全性不高等问题。同时，在非洲，非正规部门占据主导地位大大降低了正规部门的收入，进而引起正规部门设施维护费用投入的增加。因此，构建合理的制度框架来组织高效的公共交通运输系统在非洲极为迫切。在达喀尔和杜阿拉，制度改革已经帮助它们形成了较为有效的公共交通运营系统。以达喀尔为例，1999年，达喀尔的公共交通被非正规部门所垄断，使得该市的公共交通系统整体上呈现出破碎化，难以管理。1997年，达喀尔市开始推行改革，政府成立了交通执行委员会，到2001年，原有的446个公共交通运营者被重组成13个组织。

其次要大力推广大容量公共交通系统的建设。近些年来，快速公共交通系统(BRT)成功地在拉丁美洲许多国家得到成功推行，这一理念也逐渐在非洲城市扩散开来。截至目前，非洲已有两个BRT工程开始实施，也取得了很多有益的经验。南非首都约翰内斯堡和尼日利亚首都拉各斯成为非洲最先推广该系统的国家(图5-8)。以南非为例，为了准备2010年世界杯，约翰内斯堡市认识到了建立有效的大容量BRT的重要性。由于存在大量的通勤者需要穿梭在外围郊区城镇和中心城区之间，中巴和摩托车出租车是当时这些人的主要选择。制度改革是南非推广大容量公共交通系统的第一步，名为约翰内斯堡公共交通公司(Rea Vaya)的BRT最先在约翰内斯堡建设，在初期阶段，使用欧洲型公共交通车辆的25 km长的BRT走廊代替了至少1 100辆中巴车。在运营的第一阶段，BRT至少承担了34 000名乘客的日常出行，同时连接了外围小镇索韦托和约翰内斯堡中心城区。约翰内斯堡市投资新建了大量的BRT配套设施，包括道路和站台、公共交通车辆动态实时运营信息以及售票系统。约翰内斯堡私人承包商以合约的形式承担BRT的运营，提供公共交通运营、收取费用以及维护站台等工作。BRT的开通运营大大改善了约翰内斯堡的空气污染和交通拥堵问题，同时由于BRT的竞争，客观上促进了其中巴和出租车服务水平的提高。更重要的是，约翰内斯堡政府强调了其在设计、监管和执行等方面的作用。值得一提的是，在约翰内斯堡 BRT 的运营中，最值得推广的经验是该系统通过合理的政策有效地吸收原有的出租车和中巴运营者共同成为 BRT 的运营者，有效地解决了这部分人的就业问题。

图 5-8　南非约翰内斯堡 BRT

2008 年，拉各斯在市内交通拥堵严重的地段开通了第一条长 22 km 的 BRT，该条 BRT 走廊设计日载客流量超过 200 000 人。虽然这条名为简化(Lite)的 BRT 并非全封闭型 BRT，仅在部分地段与其他运输通道隔离开来，但自从这条快速公共交通走廊运营以后，其载客量相当于 35%的小汽车载客总量，节省了将近 32%的能源消耗，换句话说，每年降低了约 25 000 t CO_2 排放量。与约翰内斯堡一样，拉各斯在开通运营 BRT 之前，首先创新了其本身的制度和规定措施，在规划阶段，注重对该地段原有的中巴和出租车运营者的整合，主要采取将这些个体运营者作为股东加入到新 BRT 的运营组织部分或者给予他们新路线的特许经营权。拉各斯 BRT 基础设施的建设和日常维护的职责主要由地方政府负责，而 BRT 的日常运营管理则交给私人部门负责，这些私人部门负责购买和维护运营车辆和获取利润。此外，拉各斯 BRT 的成功运营也得力于开通之前广泛的媒体宣传，包括地方广播和电视两种渠道。与非正规公共交通服务相比，拉各斯的 BRT 在价格、出行时间、平均站台等候时间和高峰期站台等候时间等方面分别降低了将近 30%、35%、55%和 73%。

BRT 以其独特的优势在南非具有广阔的发展空间。第一，可缓解城市化发展带来的交通供需矛盾。随着城市化进程的迅速推进，城市人口的数量不断增加，城市规模不断扩张，导致居民出行总量迅速增长，出行距离增加，对机动化出行的依赖逐渐增加，城市交通恶化。这就需要建立一种大容量的公共交通系统以解决城市居民的出行问题，缓解交通压力。综合各方面考虑，BRT 具有运量大、投资小、建设周期短、运营和布设灵活等优点，这使得在目前城市交通问题迫切需要解决、居民不断增强的高品质出行需求下，发展城市 BRT 成为一种必要措施。

第二，可有效引导城市土地的开发利用。以 BRT 的建设来引导城市土地的开发，是践行城市土地公共交通导向型开发（TOD）模式的重要途径，可以从根本上解决城市交通的拥堵问题。一方面，在城市发展的轴线上规划布设快速公共交通网络，可以带动周边沿线的经济发展，使城市增长趋于合理化再分配；另一方面，提高公共交通网络的服务范围，提高公共交通出行的比例，可以使城市客流分布更加均匀，引导城市紧凑发展；此外，围绕快速公共交通进行城市土地公共交通导向型开发，可以使城市的经济区域得到更加合理的扩张，城市空间布局更加完善。

第三，可弥补轨道交通建设的不足。轨道交通的建设耗时较长，约需 5 km/年，且需要的投资较大，折算建设每千米地铁所需资金可以建成 10—20 km 的快速公共交通线路。因此，发展 BRT，可以以其投资小、建设周期短的优势弥补轨道交通建设的不足。在人口密度小、条件有限的地区可以发展 BRT，既可作为轨道交通的替代，又能够发挥大容量、高品质、运营灵活的优点；同时，BRT 也可以作为轨道交通的延伸，对轨道交通线网进行补充，降低投资与公共交通运营成本，共同发挥公共交通的服务功能。

第四，可使资金有限的情况下缓解交通压力变得可行。BRT 的总体投资较低，可以分阶段分区域实施，并且可以在短时间内形成网络效应，能够有效降低并分解资金的需求压力，在资金并不宽裕的情况下使得改善城市客流走廊的交通问题、增加公共交通对城市居民的吸引力、优化城市交通结构变得更可行。

实践表明，BRT 已经成为拉各斯、约翰内斯堡、开普敦等大城市解决当前城市道路交通问题最行之有效的办法，但其在南非国家尚处于起步阶段。积极开展符合南非各城市特色的 BRT 的相关理论和应用研究，是保证其充分发挥效益的关键。

3）控制交通需求，促进城市可持续发展

经济发展必然刺激人们对私人汽车的消费愿望，利用一系列的政府行为和政策手段来调控交通需求和实现平衡发展，是十分必要的。随着非洲城市化水平的提高和人均收入的增加，城市交通需求总量和机动车的拥有量将会继续增长。欧洲、北美洲和亚洲等区域的实践已经证明，城市日渐增长的交通需求不能仅仅依靠增加道路设施的供给来解决。由著名的当斯（Downs）定律可知，即使道路允许改扩建，但新建和改建的道路并不会降低原有道路的拥挤水平，因为诱发的交通量将很快占据新增加的局部道路设施，而这部分潜在的交通量是由于先前受到道路供给的制约而没有得到实现。交通需求管理是不需要投资或是只需少量投资就可以提高运输系统的效率、缓解交通拥挤、改善环境质量的高效办法，主要是利用规划、管制、经济、信息、技术等措施，对交通需求进行管理、控制或诱导，以减少出行总量、降低个体出行时空消耗并建立平衡可达的交通系统，进而对交通需求长期和短期、静态和动态进行了有效的调控。高效的交通需求管理将有力保证非洲城市交通可持续发展战略的实施。以交通需求为目标的城市交通系统规划和建设不可能解决交通问题，因为城市交通质量的整体提升需要从交通设施建设和交通需求管理两方面同时入手来达到交通系统的整体平衡(表 5-18)。

表 5-18　交通需求管理工具

规划措施	交通与土地利用整合规划；公共交通优先；非机动车出行战略	例如，公共交通导向型发展；枢纽节点优先开发；自行车优先政策
管制措施	空间限制措施；交通管理措施；停车设施供应管制；划定低排放区域；速度限制(30 km/h)	例如，步行街区划定；智能交通系统；城市中心区、建成区最大停车限制
经济措施	公路定价；税收刺激；停车定价	例如，高峰时间管制；清洁汽车使用；不同路段停车
信息措施	公共交通扩展行动；司机培训/绿色驾驶；机动性管理	例如，发动机动出行活动宣传；对城市司机开展绿色驾驶培训；灵活安排工作时间
技术措施	推广清洁能源技术	绿色能源推广

如果按照城市交通管理的目标，则可将交通需求管理措施分为三类：减少出行需求、压缩出行时空消耗、平衡交通时空分布。通过控制用地规模、人口数量或是出行替代等方式，可以在一定程度上达到减少出行需求的目的；通过多中心用地布局、赋予公共交通尽可能大的优先权、控制小汽车的拥有和使用、静态停车限制供给配合高收费等措施，可以实现压缩出行时耗的目的；通过错时上下班、货车白天限行、弹性工作日等时间分配，区域执照、差异化收费、限制过境车辆等空间分配的方法，可以起到平衡时空交通分布的作用。

4）改善非机动交通设施服务水平和出行环境

对于个人来说，任何一次出行的方式选择都不是完全自由的，而是经常受到自身经济能力的限制的。同时，出行方式选择的形成也受到了社区机动性水平、机动性选择的质量和数量、就业机会分布或者服务和住房承担能力等因素的影响。虽然非洲经历了快速机动化，但总体上有 80%的城市居民没有个人机动车，很大一部分人甚至没有机会接触机动化的公共交通服务(图 5-9)。非机动车出行模式(如自行车和步行)在整个城市出行方式中的比例非常大，仅有的小部分的机动车出行主要依靠小型公共汽车或者非正规摩托车出租车来完成。在非洲，大部分的出行都集中在步行和骑自行车两种方式上。例如，在塞内加尔首都达喀尔，步行出行方式所占比例达到了 71%。由于非洲现行国家官方统计中没有涉及非机动车的出行方式，因此并没有精确的数据来表明非洲其他国家出行方式的结构特征，但步行出行方式占主导地位的现象是一致的。

很多居住在城市郊区的低收入居民每天都会面对出行问题。他们到达就业地点、商业服务业地点或者学校都需要经历长距离通勤，每天在路途中花费 4 小时时间是非常普遍的。缺乏适宜的交通出行选择产生了时间浪费和效率浪费。据统计，非洲城市中的贫困居民花费了将近 30%的收入在每日的通勤上。在非洲，步行和骑自行车等非机动车出行常常与贫困相联系，而不像在发达国家那样，步行和骑自行车是进步与效率的象征。因此，在现有的非洲大部分城市基础设施规划中，环境友好型的出行方式经常被忽视。

图 5-9　尼日利亚拉各斯城市的不同出行方式

总体来说，非洲城市的道路设计缺乏对于安全和高效方面的考虑。在脆弱的公路运输条件下，非机动车出行和机动车出行方式并存，这带来了非常严重的安全问题。步行者、骑自行车者、开车者共同存在于道路空间中，交通事故发生率大大提高，特别是对于步行者而言，由于街道上没有专门设置步行道，其安全性受到了最大威胁。另外一个值得关注的是机动摩托车的大量增加。例如，在喀麦隆首都杜阿拉，摩托车出租车利用率得到了大幅度增加，占出行结构的比例达到了 30%。由于这些驾驶者没有经过专门的安全和载客培训，甚至很多驾驶员没有驾驶许可证，这大大增加了安全事故的发生率。

因此，城市管理者需要改变现有的步行和自行车出行环境，使其在 15 km 以内的出行中发挥主导作用。公共自行车租赁业务现在已经在发达国家和一些发展中国家得到了扩展，也可以将其在非洲国家城市中予以推广。同时，这种新的出行方式还会增加慢行系统日常维护的就业岗位。

6 结语

交通作为人类社会发展进程中的一个基本要求，其本质是能够克服时空障碍将人与物资从一个地点移送到另一个地点。就从一个地方到另一个地方所需的时间而言，世界毫无疑问已经被大大缩小了。在人类的发展历程中，交通的速度和效率随技术的进步在不断变化，消除距离障碍的成本也在逐渐变化。技术的变革作用常常被作为决定空间发展的关键，像马力驱动—蒸汽动力—汽油驱动—新远程通讯系统的转变一样。蒸汽机的出现以及利用钢铁制造的火车、铁路和海运轮船的出现，大大缩小了全球的地理距离。铁路和蒸汽轮船把人类的活动带进了一个全新的、显著扩大的空间范围。原料和产品的流动性大幅度提高，大大促进了空间专业化的可能性。交通技术的变革是 19 世纪以来全球经济大范围扩展的主要原因。

虽然要对城市下一个定义是比较困难的事情，但城市在空间上集中的表现却体现在交通能力上。传统的城市交通能力有两类，一类是对外的交通能力，是指在一定的时间内，比如几小时、几天或者几周内从城市疏散出去的能力，或者是与其他城市交通联系的能力；另一类尤指其内部交通能力，即在城市向居民提供的多种便利服务（工作、购物、娱乐、交往）中可获取的交通能力。现代的城市交通能力已远远超过交通本身的含义，已涵盖了经济、社会、文化、政治等方面。

尽管世界在相对意义上的确在缩小，但这种缩小一直是非常不均衡的，而且这种不均衡还将继续持续下去。交通技术的发展有很强的空间集中倾向，时空压缩对某些地区的影响比其他地区要大。一方面，主要发达地区的经济联系日益密切，各大城市越来越靠拢，形成巨型城市区域；另一方面，欠发达区域或者小城镇和农村却被远远抛在后面。这种空间压缩的不均衡性在全球范围内都有发生。时空表面是可以高度延展的：虽然某些部分的距离缩小了，但另一部分的距离实际上扩展了，不可能每一个地方都从交通技术变革中受益。

同样在城市交通中也存在众多的不均衡。城市交通的核心概念包括通达性与机动性、居住与工作方式、公平性。通达性是指在确定的距离或出行时间内到达活动场所机会的多少，机动性是指在不同的活动场所之间移动的能力。城市的通达性、机动性与城市交通系统及其自身发展、社会文化的交流密切相关，同时与土地使用方式也紧密联系在一起。交通运输与土地使用的共生关系是城市交通所要关注的重点方向。居住与工作是城市区域内的主要活动方式，城市居住方式与工作方式的变化与社会变化紧密联系。社会变化如老年人口与外来移民人口的增加、收入悬殊的加剧、信息技术的发展等以及工作地点的变化都会对城市交通的运输发展产生影响。人口在空间上的变化、住户类型的变化（涉及年龄、贫富、性别等）、工作方式的变化均与城市交通运输紧密联系在一起，所以居住与工作方式始终是城市交通问题的焦点。

城市交通对城市生活结构的重要性在很大程度上体现了社会公平问题，所以城市交通运输始终贯穿着公正性这个概念。城市交通使用的缺乏会造成社会排斥，在空间上的排斥通常发生在低密度地区，那里的公共交通运行在经济上缺乏可行性，或者发生在城市周边地区，那里的服务设施不完善或是需求大于供给；在时间上的排斥牵涉到的问题主要是针对夜晚出行者，他们或者是很早出行，或者是周末出行，这时公共交通服务往往没有或者不充足；造成个体排斥主要是因为性别、年龄、种族背景、疾病或残疾等个人原因；在经济上造成排斥是指人们没有能力来支付交通费用。城市交通移动水平和约束性的范围主要是依赖于出行者的个人因素，例如健康、金融资源和交通基础设施的应用。每个人的生活圈在不同的阶段都经历不同的机会和需求。实际目前的移动性由个人的移动能力所决定，移动能力又由个人资源和交通基础设施所决定，个人资源和基础设施又与区位是紧密联系在一起的。这一切的综合又体现着社会的公平性。

当汽车消费普及到一定程度，特别是当轿车大规模进入家庭后，随着个人交通手段的变化，距离和时间的概念就发生了变化。在此过程中，不仅会改变人们的生产和出行方式，而且会改变城市结构、乡村结构和就业结构，改变人们的区域概念、住地选择、消费结构、商业模式、生活方式和休闲方式，改变人们的社会关系、沟通方式、活动节奏以及知识结构、文化习俗，逐步形成所谓的“汽车文化”。汽车，这个由上万个零件组合而成的机电产品，是凝结了人类智慧的结晶，和谐地将科学技术与艺术相统一，绽放出绚丽的文化光芒。汽车文化是人类在社会历史实践过程中所创造的精神财富和物质财富，是人类行为的精神内涵。在制造和使用汽车的实践活动中，形成了一套行为方式、习俗、法规、价值观念等，这些就构成了汽车文化。汽车文化以汽车产品为载体并与之结合，影响着人们的思想观点和行为。在汽车的设计、生产和使用中，从汽车外表到内饰，从风格到品质，都被深深打上了文化的烙印。

历经百年的汽车形成了丰富的文化内涵。汽车历史是一面文明之镜，它反映了人类社会变迁的兴衰、人们对生存环境的追求和人们改造环境的情况。刚刚诞生时的汽车，是权力、地位和富有的象征，到了流水线方式进行大规模生产的时代，汽车才成为平民大众能够接受的消费品。平民的思想意识、生活方式也融入到汽车之中，这为汽车文化的形成奠定了基础。每一种文化都有自己的表现方式和内涵。汽车作为一种划时代的现代巨业产品，从诞生那天起，就被赋予了人类的价值观、生活形态、情感需求等，折射出了不同时代、不同人群的审美取向，形成了汽车文化的特有观念。然而事实上，中国的汽车消费还停留在汽车社会的初级阶段，甚至还有点丛林社会规则的味道，谁胆大、谁得先，谁狠、谁得势。由此而来的结果是整个社会付出惨重的代价。中国的道路交通安全形势非常严峻，我们的车祸死亡率是世界之最。

一个发人深省的问题是小汽车给我们带来了什么？整个城市公共交通能力有无改善，答案是肯定的，但在城市公共交通能力的改善过程中，整个城市交通是在逐渐恶化的。小汽车交通的真实情况是许多小汽车出行只有一个人或两个人，造成巨大的交通资源的浪费。小汽车成为社会地位的形象工具，但却没有解决大众的交通问题。汽车消费的高速增长，汽车社会的提前到来，令我们措手不及，不论是给交通基础建设，还是给能源消耗与环境治理，都带来很多问题。车辆急速增加，到处车满为患，这是中国大大小小的城市里每个人的困惑。除了硬件，更为重要的是人文素质，不论是驾驶者还是道路上的行人，不论是从业者还是管理者，我们的汽车文化离真正的汽车社会相距甚远。

从人类存在的意义上来看，城市交通本身就是一种终极关怀的体现，指的是整体的、无限的、最终的、普遍的人文关怀。

参考文献

·中文文献·

阿尔弗雷德·马歇尔.2005. 经济学原理[M].廉运杰,译.北京:华夏出版社.

艾建国.1999.对城市经济适用房建设用地选址的分析与思考[J].经济地理,19(5):67-70.

奥兹·谢伊.2002.网络产业经济学[M].张磊,等,译.上海:上海财经大学出版社.

曹小曙,等.2006.穗深港巨型城市走廊空间演化研究[M].北京:商务印书馆.

曹小曙,林强.2011.基于结构方程模型的广州城市社区居民出行行为[J].地理学报,66(2):167-177.

曹小曙,马林兵,颜廷真.2007.珠江三角洲交通与土地利用空间关系研究[J].地理科学,27(6):743-748.

曹小曙,彭灵灵.2006.中国交通运输地理学近十年研究进展[J].人文地理,20(3):104-109.

曹小曙,任慧子,黄晓燕.2014.经济发达地区乡村贫困的地方特征及其影响因素分析——以广东省连州市为例[J].地域研究与开发,33(1):34-40.

曹小曙,王大鹏,李矿辉.2008.小汽车交通与城市空间发展[J].现代城市研究,(7):78-81.

曹小曙,薛德升,阎小培.2005.中国干线公路网络联结的城市通达性[J].地理学报,60(6):903-910.

曹小曙,薛德升,阎小培.2006.城市交通运输地理发展趋势[J].地理科学,26(1):111-117.

曹小曙,阎小培.2003.经济发达地区交通网络演化对通达性空间格局的影响——以广东省东莞市为例[J].地理研究,22(3):305-312.

曹小曙,阎小培.2003.20世纪走廊及交通运输走廊研究进展[J].城市规划,27(1):50-56.

曹小曙,杨帆,阎小培.2000.广州城市交通与土地利用研究[J].经济地理,20(3):74-77.

曹小曙,张凯,马林兵,等.2007.火车站地区建设用地功能组合及空间结构——以广州站和广州东站为例[J].地理研究,26(6):1265-1273.

曹小曙,张利敏,薛德升,等.2007.中国城市交通运输发展水平等级差异变动特征[J].地理学报,62(10):1034-1040.

曹信孚.2000.达累斯萨拉姆市的道路交通[J].交通与运输,(6):31-32.

柴彦威,沈洁,赵莹.2010.城市交通出行行为研究方法前沿[J].中国科技论文在线,5(5):402-409.

陈明星,沈非,查良松,等.2005.基于空间句法的城市交通网络特征研究——以安徽省芜湖市为例[J].地理与地理信息科学,21(2):39-42.

陈尚和,刘小明.2007.基于逻辑增长模型的北京市小汽车发展趋势研究[J].公路交通科技,24(9):132-135.

陈文娟,蔡人群.1996.广州城市郊区化的进程及动力机制[J].热带地理,16(2):122-129.

丛艳国，魏立华. 2001. 中心辐射型城际快速列车对城市旅游的促进作用——以河北省承德市为例[J]. 现代城市研究，(4)：59-61.
邓毛颖，谢理. 2000. 广州市居民出行特征分析及交通发展的对策[J]. 城市规划，24(11)：45-49.
丁金学，金凤君，王成金，等. 2011. 中国交通枢纽空间布局的评价、优化与模拟[J]. 地理学报，66(4)：504-514.
董昕. 2001. 城市住宅区位及其影响因素分析[J]. 城市规划，25(2)：33-39.
杜德斌，崔裴，刘小玲. 1996. 论住宅需求、居住选址与居住分异[J]. 经济地理，16(1)：82-90.
杜德斌，徐建刚. 1997. 影响上海市地价空间分布的区位因子分析[J]. 地理学报，52(5)：403-411.
段进. 2006. 城市空间发展论[M]. 南京：江苏科学技术出版社.
冯长春，李维瑄，赵蕃蕃. 2011. 轨道交通对其沿线商品住宅价格的影响分析——以北京地铁5号线为例[J]. 地理学报，66(8)：1055-1062.
冯健. 2012. 杭州城市郊区化发展机制分析[J]. 地理学与国土研究，18(2)：88-92.
顾政华，李旭宏，于世军. 2005. 区域高速公路网布局结构的连通度研究[J]. 公路交通科技，22(2)：86-89.
关宏志，严海，李洋. 2008. 考虑停车费用支付者的出行方式选择模型[J]. 土木工程学报，41(4)：91-94.
郭笑平，李纯. 2000. 膜结构的空间创造——介绍21世纪斯图加特火车站创作构思[J]. 世界建筑，(9)：70-72.
韩彪. 1994. 交通运输发展理论[M]. 大连：大连海事大学出版社.
韩增林，杨荫凯，张文尝，等. 2000. 交通经济带的基础理论及其生命周期模式研究[J]. 地理科学，20(4)：295-300.
韩增林，尤飞，张小军. 2001. 高速公路经济带形成演化机制与布局规划方法探讨[J]. 地理研究，20(4)：471-478.
何保红，陈峻，王炜. 2005. 城市小汽车出行特性调查及分析——以南京市为例[J]. 城市规划学刊，(4)：83-87.
贺崇明，邓毛颖. 2001. 广州市内环路建成后对周边地区社会经济影响研究[J]. 经济地理，21(4)：435-441.
胡天军，申金升. 1999. 京沪高速铁路对沿线经济发展的影响分析[J]. 经济地理，19(5)：101-104.
胡序威，周一星，顾朝林，等. 2000. 中国沿海城镇密集地区空间集聚与扩散研究[M]. 北京：科学出版社.
黄吉乔. 2001. 上海市中心城区居住空间结构的演变[J]. 城市问题，(4)：30-34.
黄建中. 2002. 无锡火车站地区综合客运交通组织[J]. 新建筑，(4)：64-67.
黄建中. 2005. 1980年代以来我国特大城市居民出行特征分析[J]. 城市规划学刊，(3)：71-75.
黄晓燕，曹小曙，李涛. 2011. 海南省区域交通优势度与经济发展关系[J]. 地理研究，30(6)：985-999.
黄晓燕，曹小曙，李涛. 2012. 中国城市私人汽车发展的时空特征及影响因素[J]. 地理学报，67

(6):745-757.
黄晓燕,张爽,曹小曙. 2014. 广州市地铁可达性时空演化及其对公交可达性的影响[J]. 地理科学进展,33(8):1078-1089.
姜旭. 2004. 长春火车站站北轴心地区城市形态塑造[D]. 大连:大连理工大学.
解云,叶鹰. 2005. 关于全国私人汽车拥有量的分析[J]. 应用数学,18(S1):206-210.
金凤君. 1991. 我国空间运输联系的实验研究——以货流为例[J]. 地理学报,46(1):16-25.
金凤君. 2001. 我国航空客流网络发展及其地域系统研究[J]. 地理研究,20(1):31-39.
金凤君,戴特奇,王姣娥. 2005. 中国交通投资经济效应的量化甄别[J]. 铁道学报,27(3):9-14.
金凤君,王姣娥. 2004. 20 世纪中国铁路网扩展及其空间通达性[J]. 地理学报,59(2):293-302.
金赛男,苏良军. 2006. 我国轿车保有量的预测研究[J]. 统计与决策,(2):59-60.
净文常. 2008. 西非国家交通展望[J]. 山西建筑,34(18):200-201.
坎尼斯·鲍威尔. 1995. 铁路建筑的发展方向[J]. 王明贤,译. 世界建筑,(3):67-71.
肯尼斯·巴顿. 2002. 运输经济学[M]. 冯宗宪,译. 北京:商务印书馆.
雷芳. 2008. 当代非洲人口增长对经济发展的负面影响研究(1960—至今)[D]. 上海:上海师范大学.
李琳娜,曹小曙,黄晓燕. 2012. 世界大都会区城际轨道交通的发展规律[J]. 地理科学进展,31(2):221-230.
李萌,王伊丽,陈学武. 2009. 城市居民个人属性与出行方式链相关性分析[J]. 交通与运输(学术版),(1):11-14.
李娜. 2010. 拉各斯市城市发展中道路交通问题探析[D]. 上海:华东师范大学.
李沛权,曹小曙. 2011. 广佛都市圈公路网络通达性及其空间格局[J]. 经济地理,31(3):371-378.
李涛,曹小曙,黄晓燕. 2012. 珠江三角洲交通通达性空间格局与人口变化关系[J]. 地理研究,31(9):1661-1672.
李涛,黄晓燕,曹小曙. 2014. 珠江三角洲陆路运输网络效率测度及其演化[J]. 人文地理,29(2):76-82.
李铁立. 1997. 北京市居民居住区位选址行为分析[J]. 人文地理,(6):38-42.
李文翎,阎小培. 2002. 城市轨道交通发展与土地复合利用研究——以广州为例[J]. 地理科学,22(5):574-580.
李文翎. 2003. 城市交通与房地产开发的关联与协调——以广州市为例[J]. 热带地理,23(4):354-358.
李雪铭,杜晶玉. 2007. 基于居民通勤行为的私家车对居住空间影响研究——以大连市为例[J]. 地理研究,26(5):1033-1042.
李雪铭,李双建,徐丛春. 2004. 基于 Surfer 7.0 的城市居住小区区位条件评价研究[J]. 经济地理,24(5):638-642.
李雪铭,张馨,张春花,等. 2004. 大连商品住宅价格空间分异规律研究[J]. 地域研究与开发,23(6):35-39.
李勇. 2000. 广州火车站站前地区人流交通设计研究[D]. 广州:华南理工大学.

廖赤眉，霍宏. 1994. 南宁市房地产价格分布规律的机助制图研究与开发方向的探讨[J]. 人文地理，9(4)：86-89，81.
林强，曹小曙. 2008. 广州城市社区交通特征空间分异研究[J]. 现代城市研究，(4)：74-82.
刘长岐，王凯. 2004. 影响北京市居住空间分异的微观因素分析[J]. 西安建筑科技大学学报(自然科学版)，36(4)：403-407，412.
刘长歧，甘国辉，李晓江. 2003. 北京市人口郊区化与居住用地空间扩展研究[J]. 经济地理，23(5)：666-670.
刘海隆，包安明，陈曦，等. 2008. 新疆交通可达性对区域经济的影响分析[J]. 地理学报，63(4)：428-436.
刘红萍，杨钢桥. 2005. 城市住宅用地空间扩张机制与调控对策[J]. 经济地理，25(1)：109-112，116.
刘建强，何景华. 2002. 交通运输业与国民经济发展的实证研究[J]. 交通运输系统工程与信息，2(l)：82-86.
刘金玲. 2004. 城市轨道交通与土地利用协调发展的研究[D]. 北京：北京交通大学.
刘俊娟，王炜，程琳. 2010. 单中心大城市土地利用对居民出行方式的影响[J]. 交通信息与安全，28(2)：74-78.
刘玲玉. 2010. 西非国家经济共同体一体化研究[D]. 上海：上海师范大学.
刘望保，阎小培，曹小曙. 2010. 转型期中国城镇居民住房类型分化及其影响因素——基于CGSS(2005)的分析[J]. 地理学报，65(8)：949-960.
刘贤腾，潘海啸. 2009. 提高公共交通竞争力的措施分析[J]. 城市规划学刊，(2)：44-49.
卢为民. 2003. 居住郊区化的发展及其对住宅建设的影响[J]. 中国房地产，(2)：68-69.
陆大道. 1990. 中国工业布局的理论与实践[M]. 北京：科学出版社.
陆大道. 1995. 区域发展及其空间结构[M]. 北京：科学出版社.
陆庭恩. 2005. 非洲问题论集[M]. 北京：世界知识出版社.
罗福建，黄新民，等. 2010. 当代非洲交通[M]. 北京：世界知识出版社.
罗鹏飞，徐逸伦，张楠楠. 2004. 高速铁路对区域可达性的影响研究——以沪宁地区为例[J]. 经济地理，24(3)：407-411.
马小毅. 2009. 广州市小汽车发展策略研究[J]. 交通与运输(学术版)，(7)：78-81.
毛蒋兴，阎小培. 2002. 我国城市交通系统与土地利用互动关系研究述评[J]. 城市规划汇刊，(4)：34-37.
毛蒋兴，阎小培. 2004. 广州城市交通系统与空间格局互动影响研究[J]. 地理与地理信息科学，20(6)：76-80.
毛蒋兴，阎小培. 2004. 城市交通干道对土地利用的廊道效应研究——以广州大道为例[J]. 地理与地理信息科学，20(5)：58-61.
孟路. 2003. 轨道交通与城市土地利用相互作用的研究[D]. 成都：西南交通大学.
欧国立. 2008. 基于三维层面的综合交通运输认识论[J]. 综合运输，(7)：4-8.
潘海啸，刘贤腾，约翰·扎卡赖亚斯(John Zacharias)，等. 2003. 街区设计特征与绿色交通的选择——以上海市康健、卢湾、中原、八佰伴四个街区为例[J]. 城市规划汇刊，(6)：42-48.

潘裕娟,曹小曙.2010.乡村地区公路网通达性水平研究——以广东省连州市12乡镇为例[J].人文地理,25(1):94-99.
潘裕娟,曹小曙.2011.城市物流业对经济增长的影响及其作用机制——以广州为例[J].城市观察,(5):148-154.
彭火元,彭敏林.2011.西非集装箱港口布局发展趋势[J].中国港口,(2):62-63.
邱晓军.2009.试析东非共同体发展历程(20世纪60年代—至今)[D].上海:上海师范大学.
任慧子,曹小曙,李丹.2012.传承性视角下乡村聚落历史时空格局特征及演化研究——以广东省连州市为例[J].人文地理,27(2):87-91.
任慧子,曹小曙.2012.隐藏性乡村贫困空间探析——以广东省连州市为例[J].地理研究,31(5):955-963.
荣朝和.1993.论运输化[M].北京:中国社会科学出版社.
荣朝和.2001.关于运输业规模经济和范围经济问题的探讨[J].中国铁道科学,22(4):97-104.
荣朝和.2005.关于我国尽快实行综合交通运输管理体制的思考[J].中国软科学,(2):10-16.
邵德华.2002.试论城市轨道交通对土地空间的利用[J].经济前沿,(4):21-23.
沈德熙,吴新纪,张鉴,等.1998.高速公路与城市布局的关系——以江苏省为例[J].城市规划汇刊,(4):33-41, 59.
沈培钧.2002.进一步发展和完善综合运输体系——访国家计委基础产业发展司副司长王庆云[J].综合运输,(9):4-6.
世界银行.2006.畅通的城市——世界银行城市交通战略评估报告[M].北京:中国财政经济出版社.
宋伟,李秀伟,修春亮.2008.基于航空客流的中国城市层级结构分析[J].地理研究,27(4):917-926.
万霞,陈峻,王炜.2009.我国私人小汽车的使用和城市经济相关性研究[J].城市规划,33(1):74-79.
王成金.2008.1950年代以来中国铁路物流的交流格局及演变特征[J].地理科学进展,27(1):46-55.
王峰.2002.私人小汽车的发展对城市交通的影响与对策——以广州城市交通为例[J].规划师,18(11):26-28.
王宏伟.2003.大城市郊区化、居住空间分异与模式研究——以北京市为例[J].建筑学报,(9):11-13.
王望.2003.探索我国大型铁路旅客站站前集散空间的建设模式[D].成都:西南交通大学.
王武林,曹小曙,黄晓燕.2013.1980—2010年中国乡村公路发展及其影响因素研究[J].经济地理,33(3):22-27, 51.
王霞,朱道林,张鸣明.2004.城市轨道交通对房地产价格的影响——以北京市轻轨13号线为例[J].城市问题,(6):39-42.
王瀛.2005.2004—2005年世界城市状况:撒哈拉沙漠以南的非洲发展趋势[J].人类居住,(3):20-23.
卫明.2000.我国城市家庭小汽车的发展规模研究[J].同济大学学报(社会科学版),(S1):

74-77.
吴琪，黄新民. 2010. 非洲交通发展的历史演变[J]. 中国商界(上半月)，(9)：392.
武进. 1990. 中国城市形态：结构、特征及其演变[M]. 南京：江苏科学技术出版社.
武廷海. 2002. 大型基础设施建设对区域形态的影响研究述评[J]. 城市规划，26(4)：18-22.
香港基础设施与环境研究课题组. 1997. 香港基础设施与环境研究[M]. 广州：广东高等教育出版社.
熊永钧. 1998. 运输与经济发展[M]. 北京：中国铁道出版社.
徐建刚，尹海伟，钟桂芬，等. 2006. 基于空间自相关的非洲经济格局[J]. 经济地理，26(5)：771-775，791.
徐巍，黄民生. 2007. 福建省交通运输与经济发展关系的定量分析[J]. 福建师范大学学报(哲学社会科学版)，(6)：115-119，125.
徐旭，曹小曙，阎小培. 2007. 不同指标下的穗港城市走廊潜在通达性及其空间格局[J]. 地理研究，26(1)：179-186.
许庆斌，荣朝和，马运，等. 1995. 运输经济学导论[M]. 北京：中国铁道出版社.
许晓晖. 1997. 上海市商品住宅价格空间分布特征分析[J]. 经济地理，17(1)：80-87.
许学强，周一星，宁越敏. 2003. 城市地理学[M]. 北京：高等教育出版社.
许学强. 1988. 珠江三角洲的发展与城市化[M]. 广州：中山大学出版社.
阎小培，郭建国，胡宇冰. 1997. 穗港澳都市连绵区的形成机制研究[J]. 地理研究，16(2)：22-29.
阎小培，周春山，邓世文，等. 2001. 广州市及周边地区商品房的开发与分布[J]. 地理学报，56(5)：570-580.
阎小培，周素红，毛蒋兴，等. 2006. 高密度开发城市的交通系统与土地利用——以广州为例[M]. 北京：科学出版社.
阎建忠，张镱锂，刘林山，等. 2003. 高原交通干线对土地利用和景观格局的影响——以兰州至格尔木段为例[J]. 地理学报，58(1)：34-44.
杨洪年. 1994. 交通经济[M]. 北京：人民出版社.
杨盛元. 1996. 大城市居住区位演变浅议——以重庆为例[J]. 经济地理，16(2)：12-17.
杨吾扬. 1994. 北京市零售商业与服务业中心和网点的过去、现在和未来[J]. 地理学报，49(1)：9-17.
姚士谋，陈振光，朱英明，等. 2006. 中国城市群[M]. 合肥：中国科学技术大学出版社.
姚士谋. 1998. 中国大都市的空间扩展[M]. 合肥：中国科学技术大学出版社.
于红蕾. 2004. 居住区区位模糊综合评价法[J]. 山西建筑，30(23)：20-21.
袁虹，陆化普. 2001. 综合交通枢纽布局规划模型与方法研究[J]. 公路交通科技，18(3)：101-105.
张春花，李雪铭，张馨. 2005. 大连居住空间的扩散及郊区化研究[J]. 地域研究与开发，24(1)：66-69.
张复明. 2001. 区域性交通枢纽及其腹地的城市化模式[J]. 地理研究，20(1)：48-54.
张国伍. 1991. 交通运输系统分析[M]. 成都：西南交通大学出版社.
张凯，曹小曙. 2007. 火车站及其周边地区空间结构国内外研究进展[J]. 人文地理，22(6)：

6-9，84.
张楠楠，徐逸伦. 2005. 高速铁路对沿线区域发展的影响研究[J]. 地域研究与开发，24(3)：32-36.
张尚武. 1995. 城镇密集地区城镇形态与综合交通[J]. 城市规划汇刊，(1)：35-37.
张文尝，金凤君，樊杰. 2002. 交通经济带[M]. 北京：科学出版社.
张文尝，金凤君，荣朝和，等. 1992. 空间运输联系——理论研究・实证分析・预测方法[M]. 北京：中国铁道出版社.
张文尝，王成金，马清裕. 2007. 中国城市居民出行的时空特征及影响因素研究[J]. 地理科学，27(6)：737-742.
张文忠，刘盛和. 2000. 住宅区位选择的机理研究[J]. 北京规划建设，(3)：45-47.
张文忠，刘旺，李业锦. 2003. 北京城市内部居住空间分布与居民居住区位偏好[J]. 地理研究，22(6)：751-759.
张文忠，孟斌，吕昕，等. 2004. 交通通道对住宅空间扩展和居民住宅区位选择的作用——以北京市为例[J]. 地理科学，24(1)：7-13.
张文忠. 2001. 城市居民住宅区位选择的因子分析[J]. 地理科学进展，20(3)：268-275.
张小星. 2001. 有轨交通转变下的广州火车站地区城市形态研究[D]. 广州：华南理工大学.
张小星. 2002. 有轨交通转变下的广州火车站地区城市形态发展[J]. 华南理工大学学报(自然科学版)，30(10)：24-28，37.
张学良. 2007. 中国交通基础设施与经济增长的区域比较分析[J]. 财经研究，33(8)：51-63.
张镱锂，刘林山，摆万奇，等. 2002. 青藏公路对区域土地利用和景观格局的影响——以格尔木至唐古拉山段为例[J]. 地理学报，57(3)：253-266.
张永蓬. 2010. 中部非洲国家经济发展探析[J]. 西亚非洲，(10)：58-62.
郑思齐，符育明，刘洪玉. 2004. 利用排序多元 Logit 模型研究城市居民的居住区位选择[J]. 地理科学进展，23(5)：86-93.
郑思齐，符育明，刘洪玉. 2005. 城市居民对居住区位的偏好：支付意愿梯度模型的估计[J]. 地理科学进展，24(1)：97-104.
郑思齐，符育明，刘洪玉. 2005. 城市居民对居住区位的偏好及其区位选择的实证研究[J]. 经济地理，25(2)：194-198.
郑芷青. 2001. 广州市商品住宅价格分布特征研究[J]. 热带地理，21(1)：22-26.
周琴，周志华. 2004. 广州流花地区的交通问题及改善建议[J]. 公路运输文摘，(8)：25-29.
周素红，阎小培. 2005. 广州城市空间结构与交通需求关系[J]. 地理学报，60(1)：131-142.
朱松丽. 2005. 私人汽车拥有率预测模型综述[J]. 中国能源，27(10)：37-40.
朱英明. 2004. 城市群经济空间分析[M]. 北京：科学出版社.
庄焰，吕杰，曾松. 2007. 深圳经济特区居民小汽车拥有率与居民收入的相关关系分析[J]. 中国科技信息，(5)：212-213，210.
邹卓君. 2003. 大城市居住空间扩展研究[J]. 规划师，19(11)：108-110.

・外文文献・

Adair A，McGreal S，Smyth A，et al. 2000. House prices and accessibility：The testing of

relationships within the Belfast urban area[J]. Housing Studies, 15(5): 699-716.
Africa Region, The World Bank. 2015. Poverty and Urban Mobility in Douala[EB/OL]. [2015-06-18]. http://www4. worldbank. org/afr/ssatp/Resources/PapersNotes/Douala_en. pdf.
African Development Bank. 2015. United Republic of Tanzania: Country Strategy Paper 2011—2015[EB/OL]. [2015-06-18]. http://www. afdb. org/fileadmin/uploads/afdb/Documents/Project-and-Operations/TANZANIA-%202011—2015%20CSP. pdf.
African Development Bank. 2011. African Statistical Yearbook 2011[Z].
African Development Bank. 2015. Central Africa: Regional Integration Strategy Paper 2011—2015[EB/OL]. [2015-06-18]. http://www. afdb. org/fileadmin/uploads/afdb/Documents/Policy-Documents/RISP% 20CENTRAL% 20AFRICA-ECCAS% 20English% 20FINAL. pdf.
African Development Bank. 2015. Eastern Africa: Regional Integration Strategy Paper 2011—2015[EB/OL]. [2015-06-18]. http://www. afdb. org/fileadmin/uploads/afdb/Documents/Policy-Documents/East%20Africa%20-%20Rev%20RISP%20. pdf.
African Development Bank. 2015. Republic of South Africa: Results-Based Country Strategy Paper, 2008—2012[EB/OL]. [2015-06-18]. http://www. afdb. org/fileadmin/uploads/afdb/Documents/Project-and-Operations/South% 20Africa% 20Country% 20Strategy% 20Paper%202008—2010%20Mid%20Term%20Review%20and%20Update____05. pdf.
African Development Bank. 2015. Review of the Implementation Status of the Trans African Highways and the Missing Links[EB/OL]. [2015-06-18]. http://www. afdb. org/fileadmin/uploads/afdb/Documents/Project-and-Operations/00473235-EN-TAH-FINAL-VOL1. PDF.
African Development Bank. 2015. Southern Africa: Regional Integration Strategy Paper 2011—2015[EB/OL]. [2015-06-18]. http://www. afdb. org/fileadmin/uploads/afdb/Documents/Project-and-Operations/2011—2015% 20-% 20Southern% 20Africa% 20-% 20Regional%20Integration%20Strategy%20Paper. pdf.
Ahmed Y, O'Sullivan P, Sujono W D. 1979. Road Investment Programming for Developing Countries: An Indonesian Example[D]. Evanston: Northwestern University.
Alsnih R, Hensher D A. 2003. The mobility and accessibility expectations of seniors in an aging population[J]. Transportation Research Part A: Policy and Practice, 37(10): 903-916.
Antle J M. 1981. Infrastructure and aggregate agricultural productivity: International evidence [J]. Economic Development and Cultural Change, 31(3): 609-619.
Bade R, Parkin M, No C, et al. 2003. Foundations of Microeconomics[M]. Boston: Pearson Addison Wesley.
Bae C H C, Jun M J, Park H. 2003. The impact of Seoul's subway Line 5 on residential property values[J]. Transport policy, 10(2): 85-94.
Baerwald T J. 1981. The site selection process of suburban residential builders[J]. Urban

Geography, 2(4): 339-357.

Bagley M N, Mokhtarian P L. 2002. The impact of residential neighborhood type on travel behavior: A structural equations modeling approach[J]. The Annals of Regional Science, 36(2): 279-297.

Banister D, Berechman Y. 2001. Transport investment and the promotion of economic growth [J]. Journal of Transport geography, 9(3): 209-218.

Baxter R D. 1866. Railway extension and its results[J]. Journal of the Statistical Society of London, 29(4): 549-595.

Benjamin J D, Sirmans G S. 1996. Mass transportation, apartment rent and property values[J]. Journal of Real Estate Research, 12(1): 1-8.

Ben-Akiva M E, Lerman S R. 1985. Discrete Choice Analysis: Theory and Application to Travel Demand[M]. Cambridge, MA: MIT Press.

Bertolini L, Le C F, Kapoen L. 2005. Sustainable accessibility: A conceptual framework to integrate transport and land use plan-making, two test-applications in the Netherlands and a reflection on the way forward[J]. Transport policy, 12(3): 207-220.

Bhat C R, Guo J Y. 2007. A comprehensive analysis of built environment characteristics on household residential choice and auto ownership levels[J]. Transportation Research Part B: Methodological, 41(5): 506-526.

Black J, Conroy M. 1977. Accessibility measures and the social evaluation of urban structure [J]. Environment and Planning A, 9(9): 1013-1031.

Blaikic P, Cameron J, Seddon D. 1979. The Relation of Transport Planning to Rural Development[R]. University of East Anglia, Development Studies Discussion Paper No. 50.

Blum U. 1982. Effects of transportation investments on regional growth: A theoretical and empirical investigation[J]. Papers in Regional Science, 49(1): 169-184.

Boarnet M G, Crane R. 2001. Travel by Design: The Influence of Urban Form on Travel[M]. Oxford: Oxford University Press.

Boarnet M G, Sarmiento S. 1998. Can land-use policy really affect travel behaviour? A study of the link between non-work travel and land-use characteristics[J]. Urban Studies, 35(7): 1155-1169.

Bollinger C R, Ihlanfeldt K R. 1997. The impact of rapid rail transit on economic development: The case of Atlanta's MARTA[J]. Journal of Urban Economics, 42(2): 179-204.

Botham R W. 1980. The regional development effects of road investment[J]. Transportation Planning and Technology, 6(2): 97-108.

Bowes D R, Ihlanfeldt K R. 2001. Identifying the impacts of rail transit stations on residential property values[J]. Journal of Urban Economics, 50(1): 1-25.

Bowman J L, Ben-Akiva M E. 2001. Activity-based disaggregate travel demand model system with activity schedules[J]. Transportation Research Part A: Policy and Practice, 35(1):

1-28.

Brixiova Z, Mutambatsere E, Ambert C, et al. 2011. Closing Africa's infrastructure gap: Innovative financing and risks[J]. Africa Economic Brief, 2(1): 1-8.

Bryan J, Hill S, Munday M, et al. 1997. Road infrastructure and economic development in the periphery: The case of A55 improvements in North Wales[J]. Journal of Transport Geography, 5(4): 227-237.

Bunch D S, Bradley M, Golob T F, et al. 1993. Demand for clean-fuel vehicles in California: A discrete-choice stated preference pilot project[J]. Transportation Research Part A: Policy and Practice, 27(3): 237-253.

Bunch D S. 2000. Automobile demand and type choice[J]. Handbook of Transport Modelling, (1): 463-479.

Burghouwt G, Hakfoort J. 2001. The evolution of the European aviation network, 1990—1998 [J]. Journal of Air Transport Management, 7(5): 311-318.

Business Monitor International. 2015. Kenya Freight Transport Report 2011[EB/OL]. [2015-06-18]. http://www.researchandmarkets.com/reports/1533177/kenya_freight_transport_report_2011.

Business Monitor International. 2015. Nigeria Infrastructure Report[EB/OL]. [2015-06-18]. http://store.businessmonitor.com/nigeria-infrastructure-report.html.

Button K J. 1977. Employment and industrial decline in the inner city areas of British cities: The experiences of 1962—1977[J]. Journal of Industrial Affairs, (6):1-6.

Button K. 1990. The Channel Tunnel: The economic implications for the South East of England [J]. Geographical Journal, 156(2): 187-199.

Callegari F. 2003. Sustainable development prospects for Italian coastal cultural heritage: A Ligurian case study[J]. Journal of Cultural Heritage, 4(1): 49-56.

Cao X, Handy S L, Mokhtarian P L. 2006. The influences of the built environment and residential self-selection on pedestrian behavior: Evidence from Austin, TX [J]. Transportation, 33(1): 1-20.

Cervero R, Kockelman K. 1997. Travel demand and the 3Ds: Density, diversity, and design [J]. Transportation Research Part D: Transport and Environment, 2(3): 199-219.

Cervero R. 1992. Transportation Shapes the City[R]. Perth Beyond 2000: A Challenge for a City Proceedings of The City Challenge Conference.

Cervero R. 2006. Alternative approaches to modeling the travel-demand impacts of smart growth[J]. Journal of the American Planning Association, 72(3): 285-295.

Chambers R. 1983. Rural Development: Putting the Last First[M]. New York: Longman Scientific Technical.

Chau K W, Ng F F. 1998. The effects of improvement in public transportation capacity on residential price gradient in Hong Kong[J]. Journal of Property Valuation and Investment, 16(4): 397-410.

Cheng J, Masser I. 2003. Urban growth pattern modeling: A case study of Wuhan city, PR China[J]. Landscape and urban planning, 62(4): 199-217.

Christaller W. 1966. Die Zentralen Orte in Suddeutchland, Jena: Gustav Fischer (English Translation)[Z].

Cisse D A. 2008. The Urbanization Challenge in Africa: Growth and Management of Its Large Cities[D]. Shanghai: East China Normal University.

Coatsworth J H. 1979. Indispensable railroads in a backward economy: The case of Mexico[J]. The Journal of Economic History, 39(4): 939-960.

Corfa E, Maury F, Segers P, et al. 2004. Short-range evaluation of air pollution near bus and railway stations[J]. Science of the Total Environment, (334-335):223-230.

Dargay J, Gately D. 1999. Income's effect on car and vehicle ownership, worldwide: 1960—2015[J]. Transportation Research Part A: Policy and Practice, 33(2): 101-138.

Dargay J, Hanly M. 2004. Land use and mobility[R]. Istanbul, Turkey: The World Conference on Transport Research.

Dieleman F M, Dijst M, Burghouwt G. 2002. Urban form and travel behaviour: Micro-level household attributes and residential context[J]. Urban Studies, 39(3): 507-527.

Dobbelsteen V D A, Wilde D S. 2004. Space use optimisation and sustainability—Environmental comparison of international cases[J]. Journal of environmental management, 73(2): 91-101.

Dodgson J S. 1974. Motorway investment, industrial transport costs, and sub-regional growth: A case study of the M62[J]. Regional Studies, 8(1): 75-91.

Domencich T A, McFadden D. 1975. Urban Travel Demand: A Behavioral Analysis, a Charles River Associates Research Study[M]. Amsterdam: North-Holland Pub. Co..

Dominguez C, Foster V. 2015. Cameroon's Infrastructure: A Continental Perspective[EB/OL]. [2015-06-18]. http://siteresources. worldbank. org/CAMEROONEXTN/Resources/AICD-Cameroon_Country_Report. pdf.

Douglas G B. 1991. Planning on the Fringe: The Impact of Land Use Strategies on Congestion [R]. Burlington, Vermont: The Third National Conference: Transportation Solutions for Small and Medium-Sized Areas.

Dupuy G, Stransky V. 1996. Cities and highway networks in Europe[J]. Journal of Transport Geography, 4(2): 107-121.

East African Community. 2015. EAC Development Strategy 2006—2010[EB/OL]. [2015-06-18]. http://www. eac. int/.

East African Community. 2015. East African Railways Master Plan Study[EB/OL]. [2015-06-18]. http://www. eac. int/.

East African Community. 2015. The East African Road Network Project[EB/OL]. [2015-06-18]. http://www. eac. int/.

Eck J R, Burghouwt G, Dijst M. 2015. Lifestyles, spatial configurations and quality of life in daily travel: An explorative simulation study[J]. Journal of Transport Geography, 13(2): 123-134.

ECMT. 1997. Glossary for Transport Statistics: Intemodal Transport[R]. The Intersecretariat Working Group on Transport Statistics. European Conference of Ministers of Transport.

ECMT. 1998. Terminology on Combined Transport [R]. Paris: European Conference of Ministers of Transport.

Economic Commission for Africa, African Union, African Development Bank. 2015. Assessing Regional Integration in Africa IV: Enhancing Intra-African Trade[EB/OL]. [2015-06-18]. http://siteresources. worldbank. org/INTAFRREGINICOO/Resources/1587517-1271810608103/UNECA-4th-Africa-RI-Assessment-May2010. pdf

Economic Community of West Africa States. 2004. Document on ECOWAS: Regional Road Transport Programme[Z].

ECOWAS Executive Secretariat, WAEMU Commission. 2015. Regional Integration for Growth and Poverty Reduction in West Africa: Strategies and Plan of Action[EB/OL]. [2015-06-18]. http://www. ecowas. int/publications/en/macro/srrp. pdf.

Espey M, Lopez H. 2000. The impact of airport noise and proximity on residential property values[J]. Growth and Change, 31(3): 408-419.

Evers G H M, Meer D V P H, Oosterhaven J, et al. 1987. Regional impacts of new transport infrastructure: A multisectoral potentials approach[J]. Transportation, 14(2): 113-126.

Evers G H M, Oosterhaven J. 1988. Transportation, frontier effects and regional development in the common market[J]. Papers in Regional Science, 64(1): 37-51.

Ewing R, Cervero R. 2001. Travel and the built environment: A synthesis[J]. Transportation Research Record: Journal of the Transportation Research Board, 1780(1): 87-114.

Filani M O. 1993. Transport and rural development in Nigeria[J]. Journal of Transport Geography, 1(4): 248-254.

Fishlow A. 1965. American railroads and the transformation of the Ante-bellum economy[M]. Cambridge, MA: Harvard University Press.

Florax R, Folmer H, Rey S J. 2003. Specification searches in spatial econometrics: The relevance of Hendry's methodology[J]. Regional Science and Urban Economics, 33(5): 557-579.

Fogel R W. 1963. Railroads and American economic growth: Essays in econometric history[D]. Baltimore: Johns Hopkins University.

Folmer H, Nukamp P. 1987. Investment premiums: Expensive but hardly effective[J]. Kyklos, 40(1):43-72.

Foster V, Garmendia C B. 2010. Africa's Infrastructure: A Time for Transformation[M]. Washington, DC: World Bank Publications.

Foster V, Pushak N. 2011. Nigeria's Infrastructure: A Continental Perspective[EB/OL]. (2011-07-20). http://www. infrastructureafrica. org/system/files/library/2011/07/CR%

20Nigeria. pdf.
Frank L D, Pivo G. 1994. Impacts of mixed use and density on utilization of three modes of travel: Single-occupant vehicle, transit, and walking[J]. Transportation Research Record, (1466): 44-52.
Freeman P, Schutte I, Page O, et al. 2015. Southern Africa Transport Network: Comparative Transit Transport Cost Analysis[EB/OL]. [2015-06-19]. http://pdf. usaid. gov/pdf_docs/PNACN849. pdf.
Fromm G. 1965. Transport Investment and Economic Development[M]. Washington, DC: Brookings Institution.
Fröidh O. 2005. Market effects of regional high-speed trains on the Svealand line[J]. Journal of Transport Geography, 13(4): 352-361.
Gatzlaff D H, Smith M T. 1993. The impact of the Miami metrorail on the value of residences near station locations[J]. Land Economics, 69(1): 54-66.
Geurs K T, Van Wee B. 2004. Accessibility evaluation of land-use and transport strategies: Review and research directions[J]. Journal of Transport Geography, 12(2): 127-140.
Giuliano G, Narayan D. 2003. Another look at travel patterns and urban form: The US and Great Britain[J]. Urban studies, 40(11): 2295-2312.
Giuliano G. 1989. Research policy and review 27: New directions for understanding transportation and land use[J]. Environment and Planning A, 21(2):145-159.
Givoni M, Rietveld P. 2009. Airline's choice of aircraft size-explanations and implications[J]. Transportation Research Part A: Policy and Practice, 43(5): 500-510.
Givoni M. 2007. Environmental benefits from mode substitution: Comparison of the environmental impact from aircraft and high-speed train operations[J]. International Journal of Sustainable Transportation, 1(4): 209-230.
Glahe F R, Smith A. 1993. An Inquiry into the Nature and Causes of the Wealth of Nations [M]. Langham, MD: Rowman & Littlefield Pub. Inc..
Goel R K, Dube A K. 1999. Status of underground space utilisation and its potential in Delhi [J]. Tunnelling and Underground Space Technology, 14(3): 349-354.
Goodwin P. 1996. Simple arithmetic[J]. Transport Policy, 3(3): 79-80.
Gordon P, Kumar A, Richardson H W. 1989. The influence of metropolitan spatial structure on commuting time[J]. Journal of Urban Economics, 26(2): 138-151.
Gordon P, Richardson H W, Yu G. 1998. Metropolitan and non-metropolitan employment trends in the US: Recent evidence and implications[J]. Urban Studies, 35(7): 1037-1057.
Graham B. 1995. Geography and Rir Transport[M]. New York: John Wiley & Sons.
Grass R G. 1992. The estimation of residential property values around transit station sites in Washington, DC[J]. Journal of Economics and Finance, 16(2): 139-146.
Greene D L, Wegener M. 1997. Sustainable transport[J]. Journal of Transport Geography, 5 (3): 177-190.

Guest A M, Cluett C. 1976. Workplace and residential location: A push-pull model[J]. Journal of Regional Science, 16(3): 399-410.

Gulyani S, Talukdar D, Jack D. 2010. Poverty, Living Conditions, and Infrastructure Access: A Comparison of Slums in Dakar, Johannesburg, and Nairobi[R]. The World Bank, World Bank Policy Research Working Paper Series.

Gutierrez J, Gomez G. 1997. The impact of orbital motorways on intra-metropolitan accessibility: The case of Madrid's M-40[J]. Journal of Transport Geography, 7(1): 1-15.

Gutierrez J, Gonzalez R, Gomez G. 1996. The European high-speed train network: Predicted effects on accessibility patterns[J]. Journal of Transport Geography, 4(4): 227-238.

Gutierrez J, Monzon A, Piñero J M. 1998. Accessibility, network efficiency, and transport infrastructure planning[J]. Environment and Planning A, 30(8): 1337-1350.

Gwilliam K M. 1979. Transport infrastructure investments and regional development[M]// Brown A J, Bowers J K. Inflation, Development and Integration: Essays in Honour of AJ Brown. Leeds: Leeds University Press.

Halla F. 2007. A SWOT analysis of strategic urban development planning: The case of Dar es Salaam city in Tanzania[J]. Habitat International, 31(1): 130-142.

Hamilton K, Jenkins L. 2000. A gender audit for public transport: A new policy tool in the tackling of social exclusion[J]. Urban Studies, 37(10): 1793-1800.

Handy S L, Boarnet M G, Ewing R, et al. 2002. How the built environment affects physical activity: Views from urban planning [J]. American Journal of Preventive Medicine, 23(2): 64-73.

Handy S. 1992. How land use patterns affect travel patterns: A bibliography[M]. Chicago: Council of Planning Librarians.

Handy S. 1996. Methodologies for exploring the link between urban form and travel behavior [J]. Transportation Research Part D: Transport and Environment, 1(2): 151-165.

Henneberry J. 1998. Transport investment and house prices[J]. Journal of Property Valuation and Investment, 16(2): 144-158.

Hess S, Bierlaire M, Polak J W. 2005. Estimation of value of travel-time savings using mixed logit models[J]. Transportation Research Part A: Policy and Practice, 39(2): 221-236.

Hine J L, Riverson J D N, Kwakye E A. 1983. Accessibility and Agricultural Development in the Ashanti Region of Ghana[R]. Crowthorne: Transport and Road Research Laboratory, TRRL Supplementary Report SR 791 Monograph.

Hine J L, Riverson J D N, Kwakye E A. 1983. Accessibility, Transport Costs and Food Marketing in the Ashanti Region of Ghana[R]. Crowthorne: Transport and Road Research Laboratory, TRRL Supplementary Report SR 809 Monograph.

Hine J L. 1982. Road Planning for Rural Development in Developing Countries: A Review of Current Practice[R]. Crowthorne: Transport and Road Research Laboratory, LR 1046

Monograph.

Hjorth-Andersen C. 1978. Road noise and property values: some evidence from the Copenhagen area[J]. The Scandinavian Journal of Economics, 80(4): 454-460.

Holguín-Veras J, Jara-Díaz S. 1998. Optimal pricing for priority service and space allocation in container ports[J]. Transportation Research Part B: Methodological, 33(2): 81-106.

Horner M W, O'Kelly M E. 2001. Embedding economies of scale concepts for hub network design[J]. Journal of Transport Geography, 9(4): 255-265.

Howe J, Richards P. 1984. Rural Roads and Poverty Alleviation[M]. London: Intermediate Technology Publications.

Hoyle B S, Knowles R D. 1992. Modern Transport Geography[M]. London: Belhaven Press.

Hughes W T, Sirmans C F. 1992. Traffic externalities and single-family house prices[J]. Journal of Regional Science, 32(4): 487-500.

Hughes W T, Sirmans C F. 1993. Adjusting house prices for intra-neighborhood traffic differences[J]. The Appraisal Journal, 61(4): 533-538.

Hunter H. 1965. Transport in Soviet and Chinese development[J]. Economic Development and Cultural Change, 14(1): 71-84.

Hurd J. 1975. Railways and the expansion of markets in India, 1861—1921[J]. Explorations in Economic History, 12(3): 263-288.

Ingram G K. 1998. Patterns of metropolitan development: What have we learned [J]. Urban studies, 35(7): 1019-1035.

International Association of Public Transport. 2009. Overview of Public Transport in Sub-Saharan Africa [EB/OL]. (2009-09-21). http://114.64.255.75/www.uitp.org/knowledge/pics/2009/transafrica.pdf? y=yjwt08.

International Association of Public Transport. 2015. Public Transport in Sub-saharan Africa: Major Trends and Case Studies [EB/OL]. [2015-06-19]. http://www.uitp.org/knowledge/pdf/PTinSSAfr-Majortrendsandcasestudies.pdf.

International Association of Public Transport. 2015. Report on Statistical Indicators of Public Transport Performance in Africa[EB/OL]. [2015-06-19]. http://114.64.255.23/www.uitp.org/knowledge/pdf/Report_on_statistical_indicators_of_publictransportperformanceinS-SA.pdf? y=yjwt08.

Itua E. 2007. Vehicular Emission (Air Quality) Monitoring Study in Lagos, Nigeria[EB/OL]. (2007-06-09). http://www.environmental-expert.comS.

Johannesburg Government. 2015. City of Johannesburg Integrated Transport Plan 2003/2008 [EB/OL]. [2015-06-09]. http://www.joburg.org.za/index.php? option=com_content&task=view&id=1250&Itemid=78.

Jones P M, Dix M C, Clarke M I, et al. 1983. Understanding Travel Behaviour [M]. Brookfield: Gower Publishing.

Jong G, Fox J, Daly A, et al. 2004. Comparison of car ownership models[J]. Transport

Reviews, 2004, 24(4): 379-408.

Kitamura R, Fujii S. 1998. Two computational process models of activity-travel behavior[M]// Garling T, Laitila T, Westin K. Theoretical Foundations of Travel Choice Modeling. Oxford: Pergamon Press: 251-279.

Kockelman K M. 1997. Travel behavior as function of accessibility, land use mixing, and land use balance: Evidence from San Francisco Bay Area[J]. Transportation Research Record: Journal of the Transportation Research Board, 1607(1): 116-125.

Konings P. 2006. Solving transportation problems in African cities: Innovative responses by the youth in Douala, Cameroon[J]. Africa Today, 53(1): 35-50.

Koppelman F S, Lyon P K. 1981. Attitudinal analysis of work/school travel[J]. Transportation Science, 15(3): 233-254.

Koutsopoulos K C. 1977. The impact of mass transit on residential property values[J]. Annals of the Association of American Geographers, 67(4): 564-576.

Krizek K J. 2003. Neighborhood services, trip purpose, and tour-based travel [J]. Transportation, 30(4): 387-410.

Krugman P R. 1991. Geography and Trade[M]. Cambridge, MA: MIT Press.

Kulash W. 1987. Comparison of Activity Center Development Versus Sprawl[R]. New York: ITE Compendium of Technical Papers, 57th Annual Meeting.

Kumar A, Barrett F. 2008. Stuck in Traffic: Urban Transport in Africa[R]. The World Bank.

Kumar A, Zimmerman S, Agarwal O. 2012. International Experience in Bus Rapid Transit Implementation: Synthesis of Lessons Learned from Lagos, Johannesburg, Jakarta, Delhi, and Ahmedabad[EB/OL]. (2012-02-21). https://openknowledge. worldbank. com/handle/10986/13049.

Kumar A. 2015. Understanding the Emerging Role of Motorcycles in African Cities: A Political Economy Perspective[EB/OL]. [2015-06-19]. http://siteresources. worldbank. org/EXTAFRSUBSAHTRA/Resources/1513929 - 1262811948762/DP13-Role-Motorcycles.pdf.

Laakso S. 1992. Public transport investment and residential property values in helsinki[J]. Scandinavian Housing and Planning Research, 9(4): 217-229.

Lakshmanan T R, Chatterjee L R. 2005. Economic consequences of transport improvements [J]. Access, (26):28-33.

Langley C J. 1976. Adverse impacts of the Washington beltway on residential property values [J]. Land Economics, 52(1): 54-65.

LASTMA. 2005. Transportation Management in Nigeria[Z].

LASTMA. 2012. Low-carbon Frameworks: Transport[Z].

Lau S S Y, Giridharan R, Ganesan S. 2005. Multiple and intensive land use: Case studies in Hong Kong[J]. Habitat International, 29(3): 527-546.

Leinbach T R, Cromley R G. 1983. A goal programming approach to public investment decisions: A case study of rural roads in Indonesia[J]. Socio-Economic Planning Sciences, 17(1): 1-10.

Leinbach T R. 1995. Transport and third world development: Review, issues, and prescription [J]. Transportation Research Part A: Policy and Practice, 29(5): 337-344.

Levinson H S, Roberts K R. 1965. System configurations in urban transportation planning[J]. Highway Research Record, (64): 71-83.

Levinson H S, Wynn F H. 1963. Effects of density on urban transportation requirements[J]. Highway Research Record, (2): 38-64.

Liew C K, Liew C J. 1985. Measuring the development impact of a transportation system: A simplified approach[J]. Journal of Reginal Science, 25(2): 241-257.

Limtanakool N, Dijst M, Schwanen T. 2006. The influence of socioeconomic characteristics, land use and travel time considerations on mode choice for medium-and longer-distance trips [J]. Journal of Transport Geography, 14(5): 327-341.

Linneker B J, Spence N A. 1992. An accessibility analysis of the impact of the M25 London orbital motorway on Britain[J]. Regional Studies, 26(1): 31-47.

Lowty I S. 1964. A Model of Metropolis[R]. Santa Monica: Rand Corporation.

MacGee T G. 1993. Footprints in space: Spatial restructuring in the East Asian NICs 1950—1990[M]//Dixon C, Drakakis-Smith D. Economic and Social Development in Pacific Asia. London & New York: Routledge: 128-151.

Matas A, Raymond J L, Roig J L. 2009. Car ownership and access to jobs in Spain[J]. Transportation Research Part A: Policy and Practice, 43(6): 607-617.

Mbuli E V. 2007. Improving Transit Transport in East Africa: Challenges and opportunities [R]. Ouagadougou, Burkina Faso: United Nations Conference on Trade and Development Thematic Meeting on Transit Transport Infrastructure.

McDonald J F, Osuji C I. 1995. The effect of anticipated transportation improvement on residential land values[J]. Regional science and urban economics, 25(3): 261-278.

McMillen D P, McDonald J. 2004. Reaction of house prices to a new rapid transit line: Chicago's midway line, 1983—1999[J]. Real Estate Economics, 32(3): 463-486.

McMillen D P. 2004. House prices and the proposed expansion of Chicago's O'Hare Airport[J]. Economic Perspectives, (Q III): 28-39.

McNally M G, Kulkarni A. 1997. Assessment of influence of land use-transportation system on travel behavior [J]. Transportation Research Record: Journal of the Transportation Research Board, 1607(1): 105-115.

Meow S C. 1977. Infrastructural growth and developmental planning: A comparative study of road infrastructure in the national development of ASEAN countries[R]. Hague: Transport Decision in an Age of Uncertainty: Proceedings of the 3rd World Conference on Transport Research: 502-511.

Messenger T, Ewing R. 1996. Transit-oriented development in the sun belt[J]. Transportation

Research Record: Journal of the Transportation Research Board, 1552(1): 145-153.
Metzer J. 1974. Railroad development and market integration: The case of Tsarist Russia[J]. The Journal of Economic History, 34(3): 529-550.
Meurs H, Haaijer R. 2001. Spatial structure and mobility[J]. Transportation Research Part D: Transport and Environment, 6(6): 429-446.
Millard R S. 1959. Road development in the overseas territories[J]. Journal of the Royal Society of Arts, 107(5032): 270-291.
Miller F. 1968. Highway improvements and agricultural production: An Argentine case study [J]. Traffic Quarterly, 22(3): 104-124.
Mills E S, Carlino G. 1989. Dynamics of County Growth[R]. North-Holland, Amsterdam: Advances in Spatial Theory and Dynamics: 195-205.
Mitchell R B, Rapkin C. 1954. Urban Traffic: A Function of Land Use[M]. New York: Columbia University Press.
Muller P O. 1995. Transportation and urban form: Stages in the spatial evolution of the American metropolis[M]//Hanson S. The Geography of Urban Transportation. New York: Guilford Press: 26-52.
Murayama Y. 1994. The impact of railways on accessibility in the Japanese urban system[J]. Journal of Transport Geography, 2(2): 87-100.
Newbold K B, Scott D M, Spinney J E L, et al. 2005. Travel behavior within Canada's older population: A cohort analysis[J]. Journal of Transport Geography, 13(4): 340-351.
Newman P W G, Kenworthy J R. 1996. The land use-transport connection: An overview[J]. Land Use Policy, 13(1): 1-22.
Ohlin B. 1967. Interregional and International Trade[M]. Cambridge, MA: Harvard University Press.
Okunlola P. 2007. The Power and Heartbeat of West Africa's Biggest Urban Jungle[EB/OL]. (2007-06-09). http://www. habitat. orgS.
Owen W. 1964. Strategy for Mobility[M]. Washington, DC: Brookings Institution.
Owen W. 1987. Transportation and World Development[M]. Baltimore: Johns Hopkins University Press.
Owen W. 1992. Strategy for Mobility: Transportation for the Developing Countries[M]. Honolulu: East-West Center Press.
O'Connor K. 1995. Airport development in southeast Asia[J]. Journal of Transport Geography, 3(4): 269-279.
O'Kelly M E, Bryan D L. 1998. Hub location with flow economies of scale[J]. Transportation Research Part B: Methodological, 32(8): 605-616.
O'Kelly M E. 1998. A geographer's analysis of hub-and-spoke networks[J]. Journal of transport Geography, 6(3): 171-186.
Pachner H. 1995. Railway construction in phases of transport development in Argentina and

Venezuela[J]. Applied Geography and Development, 45(46): 37-54.

Pagliara F, Preston J. 2003. The Impact of Transport on Residential Location-Final Report (TN6)[R]. Oxford: Transport Studies Unit, University of Oxford.

Peck F W. 1996. Regional development and the production of space: The role of infrastructure in the attraction of new inward investment[J]. Environment and Planning A, 28(2): 327-339.

Polzin S E. 1999. Transportation/land-use relationship: Public transit's impact on land use[J]. Journal of Urban Planning and Development, 125(4): 135-151.

Priemus H, Nijkamp P, Banister D. 2001. Mobility and spatial dynamics: An uneasy relationship[J]. Journal of transport geography, 9(3): 167-171.

Putman S H. 1979. Urban Residential Location Models[M]. Boston: Kluwer Academic Publishers.

Pálsson G, Harding A, Raballand G. 2007. Port and Maritime Transport Challenges in West and Central Africa[R]. The World Bank.

Ranganathan R, Foster V. 2011. East Africa's Infrastructure: A Continental Perspective[EB/OL]. (2011-10-13). http://www-wds. worldbank. org/servlet/WDSContentServer/WDSP/IB/2011/10/13/000158349_2011101312 1848/Rendered/PDF/WPS5844. pdf.

Ranganathan R, Foster V. 2011. ECCAS's Infrastructure: A Continental Perspective[EB/OL]. (2011-10-25). http://www-wds. worldbank. org/servlet/WDSContentServer/WDSP/IB/2011/10/25/000158349_2011102514 4312/Rendered/PDF/WPS5857. pdf.

Ranganathan R, Foster V. 2011. ECOWAS's Infrastructure: A Regional Perspective[EB/OL]. (2011-12-05). http://www-wds. worldbank. org/servlet/WDSContentServer/WDSP/IB/2011/12/05/000158349_2011120514 5616/Rendered/PDF/WPS5899. pdf.

Ranganathan R, Foster V. 2012. The SADC's Infrastructure: A Regional Perspective[EB/OL]. (2012-02-20). http://www. infrastructureafrica. org/system/files/library/2012/02/REC%20SADC. pdf.

Recker W W, Golob T F. 1976. An attitudinal modal choice model[J]. Transportation Research, 10(5): 299-310.

Rhoda R. 1977. Analysis of urban residential location behavior[J]. Review of Public Data Use, 5(4): 11-19.

Rietveld P, Wagtendonk A J. 2004. The location of new residential areas and the preservation of open space: Experiences in the Netherlands[J]. Environment and Planning A, 36(11): 2047-2064.

Rietveld P. 1994. Spatial economic impacts of transport infrastructure supply[J]. Transportation Research Part A: Policy and Practice, 28(4): 329-341.

Rizzo M. 2002. Being taken for a ride: Privatisation of the Dar es Salaam transport system 1983—1998[J]. The Journal of Modern African Studies, 40(1): 133-157.

Robert S R A, El J A. 2004. The effect of freight railroad tracks and train activity on residential property values[J]. Appraisal Journal, 72(3): 223-233.

Rosenstein-Rodan P N. 1943. Problems of industrialisation of eastern and south-eastern Europe [J]. The Economic Journal, 53(210/211): 202-211.

Rostow W W. 1990. The Stages of Economic Growth: A Non-Communist Manifesto[M]. Cambridge, MA: Cambridge University Press.

Saith A. 1992. The Rural Non-Farm Economy: Processes and Policies[R]. International Labour Organization.

Salon D, Aligula E M. 2012. Urban travel in Nairobi, Kenya: Analysis, insights, and opportunities[J]. Journal of Transport Geography, 22: 65-76.

Sammer G. 1981. Transport Accessibility and Regional Economic Strength[M]. Aldershot: Gower Publishing Company: 275-287.

Schalekamp H, Behrens R. 2010. Engaging paratransit on public transport reform initiatives in South Africa: A critique of policy and an investigation of appropriate engagement approaches[J]. Research in Transportation Economics, 29(1): 371-378.

Schimek P. 1996. Household motor vehicle ownership and use: How much does residential density matter[J]. Transportation Research Record: Journal of the Transportation Research Board, 1552(1): 120-125.

Schwanen T, Dijst M, Dieleman F M. 2002. A microlevel analysis of residential context and travel time[J]. Environment and Planning A, 34(8): 1487-1508.

Schwanen T, Dijst M, Dieleman F M. 2004. Policies for urban form and their impact on travel: The Netherlands experience[J]. Urban studies, 41(3): 579-603.

Shindler R, Ferreri M G. 1967. Auto ownership as affected by transportation system alternatives[J]. Traffic Engineering, 38(1): 24-28.

Shkaratan M. 2012. Tanzania's Infrastructure: A Continental Perspective[EB/OL]. (2012-02-08). http://econ.worldbank.org/external/default/main?pagePK=64165259&theSitePK=469382&piPK=64165421&menuPK=64166093&entityID=000158349_20120208110410.

Simma A, Axhausen K W. 2001. Within-household allocation of travel: Case of upper Austria [J]. Transportation Research Record: Journal of the Transportation Research Board, 1752 (1): 69-75.

Simon D. 1987. Spanning muddy waters: The Humber Bridge and regional development[J]. Regional Studies, 21(1): 25-36.

Slack B. 1990. Internodal transportation in north America and the development of inland load centers[J]. The Professional Geographer, 42(1): 72-83.

Smersh G T, Smith M T. 2000. Accessibility changes and urban house price appreciation: A constrained optimization approach to determining distance effects[J]. Journal of Housing Economics, 9(3): 187-196.

So H M, Tse R Y C, Ganesan S. 1997. Estimating the influence of transport on house prices: Evidence from Hong Kong[J]. Journal of Property Valuation and Investment, 15(1):

40-47.
So K S, Orazem P F, Otto D M. 2001. The effects of housing prices, wages, and commuting time on joint residential and job location choices[J]. American Journal of Agricultural Economics, 83(4): 1036-1048.
Sorensen A. 2000. Land readjustment and metropolitan growth: An examination of suburban land development and urban sprawl in the Tokyo metropolitan area[J]. Progress in Planning, 53(4): 217-330.
Sorguç V D, Şener E. 1976. The Relation between socio-economic development and transportation in Turkey[M]//Stringer P, NATO Scientific Affairs Division. Nato Conference Series: Transportation Planning for a Better Environment. New York: Plenum Press: 93-100.
Stead D, Marshall S. 2001. The relationships between urban form and travel patterns: An international review and evaluation[J]. European Journal of Transport and Infrastructure Research, 1(2): 113-141.
Strand J, Vågnes M. 2001. The relationship between property values and railroad proximity: A study based on hedonic prices and real estate brokers' appraisals[J]. Transportation, 28(2): 137-156.
Sutton C J. 1999. Land use change along Denver's I-225 beltway[J]. Journal of Transport Geography, 7(1): 31-41.
Taaffe E J, Gauthoer H L, O'Kelly M E. 1996. Geography of Transportation[M]. 2nd ed. Englewood Cliffs, NJ: Prentice Hall.
Taaffe E J, Morrill R L, Gould P R. 1963. Transport expansion in underdeveloped countries: A comparative analysis[J]. Geographical Review, 53(4): 503-529.
The World Bank. 2009. Railways in Sub-Saharan Africa[Z].
The World Bank. 2015. Douala Infrastructure Project[EB/OL]. [2015-06-23]. http://web.worldbank.org/external/projects/main? menuPK=64870309&pagePK=51351038&piPK=51351152&theSitePK=40941&projid=P074490& enableDHL=TRUE.
The World Bank. 2015. Lagos Urban Transport Project[EB/OL]. [2015-06-23]. http://www.shihang.org/projects/P074963/lagos-urban-transport-project? lang=zh.
The World Bank. 2015. Tanzania Country Brief[EB/OL]. [2015-06-23]. https://openknowledge. worldbank. org/bitstream/handle/10986/2629/486010PUB0Tanz101Official0U se0Only1. pdf? sequence=1.
The World Bank. 2015. Tanzania Transport Sector Support Project[EB/OL]. [2015-06-23]. http://www. worldbank. org/projects/P126206/tanzania-transport-sector-support-project-additional-financing? lang=en.
The World Bank. 2015. West Africa Transport and Transit Facilitation Project[EB/OL]. [2015-06-23]. http://www. worldbank. org/projects/P079749/west-africa-regional-transport-transit-facilitation-project? lang=en.

Theebe M A J. 2004. Planes, trains, and automobiles: The impact of traffic noise on house prices[J]. The Journal of Real Estate Finance and Economics, 28(2-3): 209-234.

Tjallingii S P. 2000. Ecology on the edge: Landscape and ecology between town and country [J]. Landscape and Urban Planning, 48(3): 103-119.

Tomkins J, Topham N, Twomey J, et al. 1998. Noise versus access: The impact of an airport in an urban property market[J]. Urban studies, 35(2): 243-258.

Train K E. 2003. Discrete Choice Methods with Simulation[M]. Cambridge, MA: Cambridge University Press.

United Nations Economic Commission for Africa. 2009. Africa Review Report on Transport [R]. Addis Ababa, Ethiopia: Sixth Session of the Committee on Food Security and Sustainable Development Regional Implementation Meeting for the Eighteenth Session of the Conference on Sustainable Development 27—30 October 2009.

Vance J E. 1970. The Merchant's World: The Geography of Wholesaling[M]. Englewood Cliffs, NJ: Prentice-Hall.

Vickerman R W. 1987. The channel tunnel: Consequences for regional growth and development [J]. Regional Studies, 21(3): 187-197.

Vickerman R W. 1989. Measuring changes in regional competitiveness: The effects of international infrastructure investments[J]. The Annals of Regional Science, 23(4): 275-286.

Vickerman R, Spiekermann K, Wegener M. 1999. Accessibility and economic development in Europe[J]. Regional studies, 33(1): 1-15.

Vickerman R. 1995. Location, accessibility and regional development: The appraisal of trans-European networks[J]. Transport Policy, 2(4): 225-234.

Vickerman R. 1997. High-speed rail in Europe: Experience and issues for future development [J]. The Annals of Regional Science, 31(1): 21-38.

Voith R. 1991. Transportation, sorting and house values[J]. Real Estate Economics, 19(2): 117-137.

Waddell P. 2000. A behavioral simulation model for metropolitan policy analysis and planning: Residential location and housing market components of UrbanSim[J]. Environment and Planning B, 27(2): 247-264.

Walters J. 2008. Overview of public transport policy developments in South Africa[J]. Research in Transportation Economics, 22(1): 98-108.

Wang D, Chai Y. 2009. The jobs-housing relationship and commuting in Beijing, China: The legacy of Danwei[J]. Journal of Transport Geography, 17(1): 30-38.

Weisbrod G, Lerman S R, Ben-Akiva M. 1980. Tradeoffs in residential location decisions: Transportation versus other factors[J]. Transport Policy and Decision Making, 1(1): 13-26.

White C M. 1976. The concept of social saving in theory and practice[J]. The Economic History

Review，29(1)：82-100.

Wide R M. 1992. Transportation costs in regional models of foreign trade：An application to Canada-U. S. Trade[J]. Journal of regional science，32(2)：185-207.

Wilhelmsson M. 2000. The impact of traffic noise on the values of single-family houses[J]. Journal of Environmental Planning and Management，43(6)：799-815.

Wilson A G. 1971. A family of spatial interaction models，and associated developments[J]. Environment and Planning，3(1)：1-32.

Wilson G W. 1966. Towards a theory of transport and development[M]//Wilson G W，Bergmann B R，Hirsch L V，et al. The Impact of Highway Investment on Development. New York：Greenwood Press：208-230.

Yauri N M. 2011. Foreign direct investment and manufacturing export in Nigeria[J]. Business Review，6(1)：51-60.

Yiu C Y，Wong S K. 2005. The effects of expected transport improvements on housing prices [J]. Urban studies，42(1)：113-125.

Zafar A，Kubota K. 2015. Regional Integration in Central Africa：Key Issues[EB/OL]. [2015-06-23]. http://www.worldbank.org/afr/wps/wp52.pdf.

图片来源

图 1-1 至图 1-3 源自：黄晓燕，曹小曙，李涛. 2012. 城市小汽车拥有及使用对策研究述评[J]. 地理科学进展，31(12)：1608-1609

图 2-1、图 2-2 源自：非洲发展银行《非洲发展报告 2010》

图 2-3、图 2-4 源自：联合国非洲经济委员会、非洲联盟委员会、非洲发展银行《评估非洲区域一体化 IV：提高非洲内部的贸易》

图 2-5、图 2-6 源自：笔者根据非洲发展银行《非洲统计年鉴 2011》数据整理绘制

图 2-7 至图 2-9 源自：爱丽丝（Alice Nabalamba）和穆勒（Mulle Chikoko）《非洲老龄化人口挑战》

图 2-10、图 2-11 源自：笔者根据非洲发展银行《非洲统计年鉴 2011》、《非洲 2010 年年度报告》数据整理绘制

图 2-12 源自：世界银行《2009 年世界发展报告摘要》

图 2-13 源自：笔者根据非洲发展银行《非洲 2010 年年度报告》数据整理绘制

图 2-14 源自：笔者根据非洲发展银行《非洲统计年鉴 2011》数据整理绘制

图 2-15 源自：世界银行《2009 年世界发展报告摘要》

图 2-16 源自：徐建刚，尹海伟，钟桂芬，等. 2006. 基于空间自相关的非洲经济格局[J]. 经济地理，26(5)：771-775，791

图 2-17 源自：非洲发展银行、联合国非洲经济委员会、非洲联盟委员会、韩国国际经济政策研究所《实现在非洲危机后的全球经济强劲、持续和共享增长》

图 2-18 源自：笔者根据地理信息系统软件(DIVA-GIS)数据整理绘制

图 2-19 至图 2-21 源自：根据 Foster V，Garmendia C B. 2010. Africa's Infrastructure：A Time for Transformation [M]. Washington，DC：World Bank Publications 整理绘制

图 2-22 源自：维基百科

图 2-23 源自：笔者根据 Foster V，Garmendia C B. 2010. Africa's Infrastructure：A Time for Transformation[M]. Washington，DC：World Bank Publications 整理绘制

图 2-24 至图 2-26 源自：The World Bank. 2009. Railways in Sub-Saharan Africa[Z]

图 2-27 源自：笔者根据 Foster V，Garmendia C B. 2010. Africa's Infrastructure：A Time for Transformation[M]. Washington，DC：World Bank Publications 整理绘制

图 2-28 至图 2-33 源自：世界银行《非洲航空运输的增长挑战》

图 2-34、图 2-35 源自：笔者根据 Foster V，Garmendia C B. 2010. Africa's Infrastructure：A Time for Transformation[M]. Washington，DC：World Bank Publications 整理绘制

图 4-1 源自：维基百科，https://en.wikipedia.org/wiki/Lagos

图 4-2 源自：谷歌地图，http://www.google.cn/maps/@6.5482201,3.3975005,11z

图 4-3 源自：拉各斯欲成“非洲香港”

图 4-4 源自：LASTMA，http://www. lamata-ng. com

图 4-5、图 4-6 源自：LASTMA. 2012. Low Carbon Frameworks：Transport[Z]

图 4-7、图 4-8 源自：LASTMA，http://www. lamata-ng. com

图 4-9 源自：Kumar A，Zimmerman S，Agarwal O. 2012. International Experience in Bus Rapid Transit Implementation：Synthesis of Lessons Learned from Lagos，Johannesburg，Jakarta，Delhi，and Ahmedabad[EB/OL].（2012-02-21）. https://openknowledge. worldbank. com/handle/10986/13049

图 4-10、图 4-11 源自：国际公共交通协会和非洲公共交通协会《基于统计指标的非洲公共交通运营情况报告》

图 4-12 源自：http://www. reavaya. org. za/

图 4-13 源自：金凤君，刘鹤，赵桑. 2013. 南非交通基础设施建设的潜力与方向评估[J]. 世界地理研究，22(2)：18-26

图 5-1 源自：Gilbert R. 2000. Sustainable Mobility in the City[R]. Berlin，Germany：In Proceedings of URBAN21，Global Conference on the Urban Future：4-6

图 5-2 至图 5-6 源自：曹小曙，林强. 2008. 世界城市地铁发展历程与规律[J]. 地理学报，63(12)：1257-1267

图 5-7 至图 5-9 源自：Gilbert R. 2000. Sustainable Mobility in the City[R]. Berlin，Germany：In Proceedings of URBAN21，Global Conference on the Urban Future：4-6

表格来源

表 2-1 源自:联合国非洲经济委员会、非洲联盟委员会、非洲发展银行《评估非洲区域一体化Ⅳ:提高非洲内部的贸易》

表 2-2、表 2-3 源自:笔者根据非洲发展银行《非洲统计年鉴 2011》数据整理绘制

表 2-4 源自:非洲发展银行、联合国非洲经济委员会、非洲联盟委员会、韩国国际经济政策研究所《实现在非洲危机后的全球经济强劲、持续和共享增长》

表 2-5 源自:笔者根据 Foster V, Garmendia C B. 2010. Africa's Infrastructure: A Time for Transformation[M]. Washington, DC: World Bank Publications 整理绘制

表 2-6 源自:笔者根据 The World Bank. 2009. Railways in Sub-Saharan Africa[Z]整理绘制

表 2-7 源自:The World Bank. 2009. Railways in Sub-Saharan Africa [Z]

表 2-8 源自:Bank W. 2009. Railways in sub-Saharan Africa[J]. World Bank Other Operational Studies, 4(1): 127-128

表 2-9 至表 2-13 源自:笔者根据 Foster V, Garmendia C B. 2010. Africa's Infrastructure: A Time for Transformation[M]. Washington, DC: World Bank Publications 整理绘制

表 3-1 源自:2010 年联合国教科文组织调查报告"非洲减贫与经济发展——基础设施的作用"

表 4-1 至表 4-3 源自:笔者根据国际公共交通协会和非洲公共交通协会《基于统计指标的非洲公共交通运营情况报告》数据整理绘制

表 5-1 源自: Robert S. 2012. Urbanrail[EB/OL]. (2012-01-25)[2012-02-10]. http://www.urbanrail.net/index.html

表 5-2 至表 5-6 源自:曹小曙,林强. 2008. 世界城市地铁发展历程与规律[J]. 地理学报,63(12):1257-1267

表 5-7 源自:笔者根据 http://domstat.net/yoyv.com.html 整理绘制

表 5-8 至表 5-12 源自:曹小曙,林强. 2008. 世界城市地铁发展历程与规律[J]. 地理学报,63(12):1257-1267

表 5-13 源自:2006 World Development Indicators

表 5-14 源自:World Bank, World Development Report

表 5-15 源自:笔者根据 CISSE D A. 2008. The Urbanization Challenge in Africa: Growth and Management of Its Large Cities[Z]整理绘制

表 5-16 至表 5-18 源自:张增玲,甄峰,刘慧. 2007. 20 世纪 90 年代以来非洲城市化的特点和动因[J]. 热带地理,27(5):455-460